U0506103

战争与史学家

WAR and HISTORIAN

史学家

李维历史书写中的
汉尼拔战争

The Hannibalic
War
in
Livy's
Historical Writing

王悦 ◎ 著

上海人民出版社

目　录

序 言

罗马帝国始于台伯河畔的蕞尔小邦，面对强邻环伺的周边环境，罗马克敌制胜，不断扩张，从意大利走向地中海，从城邦走向帝国，在共和国时代成长为一个幅员辽阔的地中海帝国，在帝国时代不断推进欧洲帝国的边疆，成就古代文明的发展高峰，成为古代帝国的集大成者。罗马的扩张之路经常险象环生，其中与北非迦太基人的布匿战争给罗马带来的威胁最为严峻，远胜过征服地中海东部希腊化国家马其顿和塞琉古的战争。[①]

[①] 罗马人称迦太基人为 Poeni（单数 Poenus），该拉丁单词的形容词形式为 Poenicus，后来变为 Punicus，现代英语中的 Punic（音译为"布匿"）一词即由此而来，因此罗马与迦太基的战争也被称为"布匿战争"（The Punic Wars）。Poenus 来源于希腊语 Φοινιξ（意为腓尼基人），因为迦太基是东地中海的腓尼基人在北非建立的殖民地之一。"迦太基"（Qart-Hadasht）在腓尼基语的布匿方言中意为"新城"，用拉丁语 Carthago 表示。迦太基后来在西班牙建立新迦太基，希腊史家波利比乌斯用 Καινη Πόλις（意为新城）指代该城，罗马人则用 Carthago Nova（新迦太基）指代，实际上都重复了"新"的意思。Poenus 和 Carthaginiensis 在拉丁语中都用来指代迦太基人，但前者常带有贬义，后者为中性词，参见 G. F. Franko, "The Use of Poenus and Carthaginiensis in Early Latin Literature," *Classical Philology*, Vol. 89, No. 2, pp. 153—158。

罗马与迦太基的布匿战争分为三次，第一次布匿战争（公元前264—前241年）以罗马在海战中失利为开端，却以罗马重振雄威为结果。布匿政府被迫放弃对西西里的所有权，缴纳大笔赔款，罗马建立西西里行省，这标志着罗马向创建地中海帝国，以及最后建立统治西方海域的海军迈出了第一步。第二次布匿战争（公元前218—前201年）中，迦太基统帅汉尼拔首先将战火引向罗马本土。他出其不意地翻越阿尔卑斯山，进攻意大利，经特拉西美诺湖战役和坎尼战役给罗马以沉重一击。罗马及时调整战略战术，切断迦太基企图以西班牙为基地向汉尼拔输送给养及援军的后路，逐渐扭转了不利形势。最终，罗马将领西庇阿率军直捣迦太基本土，在扎马战役中打败被召回国的汉尼拔，双方签订和约。迦太基丧失非洲以外的所有领土，赔款1万塔兰特，只保留10艘用于巡逻的战船，答应不经罗马允许不得与他国开战。第三次布匿战争（公元前149—前146年）是罗马蓄意发动的一场侵略战争。罗马恃强凌弱，攻陷迦太基城，将迦太基夷为平地，5万人被卖为奴隶。从此，迦太基变为罗马的阿非利加行省。在这三次战争中，第二次布匿战争的规模最大，战事最激烈，对地中海世界的整体格局及罗马共和国自身的发展走向都产生最为深远的影响，因迦太基统帅汉尼拔的出色指挥和带给罗马的无法忘怀的战争记忆，这场战争也被称为"汉尼拔战争"。

第二次布匿战争不是第一次布匿战争的简单延续，而是升级为一场真正的"世界大战"，意大利、西西里、撒丁岛、西班牙和北非存在多个战场、多条战线。地中海东部的马其顿望风而动，欲与汉尼拔联手，罗马面临几个战场同时作战的险境。汉尼拔的军队现身意大利，捷报频传，兵临罗马城下，给罗马造成致命的威胁。从战略的角度而言，每个战场都至关重要，罗马坚守住身处的战场，决定了迦太基援兵不能顺利与身处意大利的汉尼拔会合，而罗马在同盟者支持下与迦太基的有限兵力形成强烈反差，兵源充足是罗马最后取胜的强大后盾。各个战场遍布整个地中海世界，说这是一场地中海世界的"世界大战"并不为过。

第二次布匿战争被古代和现代作家视为罗马历史上甚为伟大的战争之一，不仅因为它对罗马历史的发展具有尤为重要的意义，而且在罗马史学的发展史上也具有划时代的意义，标志着罗马史学的开端。罗马的历史编纂主要有两个源头：一是官方的大祭司年表（Tabulae Pontificum），由大祭司长记录官员的名字以及事关国家宗教的事件，诸如灾异、献祭、凯旋式、为国家取得的胜利举行的感恩庆典、为国家遭受的失败举行的祈福仪式等；二是收录在家族档案中的私人记录，提供了经常被用于葬礼颂词的素材。这些官方和私人的记录仅是罗马史学的萌芽，不是真正意义上的历史编纂，罗马史学发展成为一种不同于官方记录和家族档案的成熟的散文体裁，是从第二次布匿战争开始的。

伟大的战争往往对史学发展形成一种强大的推动力，如波斯战争之于希罗多德、伯罗奔尼撒战争之于修昔底德、亚历山大远征之于众多史家，第二次布匿战争也毫不例外地大大推动了罗马史学的发展，是促使罗马史学形成的催化剂。战争对希腊罗马历史意识的促进作用举足轻重，战争的意义在于它是打破各民族、各地区的边界，联系各地区、各民族交往的活跃性因素。在古代希腊和罗马，发动战争是最值得纪念的历史事件，是获得个人荣耀的重要手段，也是希腊罗马史学肇始的促进要素。①

罗马的"史学之父"昆图斯·法比乌斯·皮克托（Q. Fabius Pictor）是元老院一员，曾在公元前 216 年坎尼战后被派往希腊征询德尔斐神谕。他的史著用希腊语写成，涵盖罗马建城到第二次布匿战争的历史时期，勾勒了早期共和国历史的大体轮廓，对他本人所处时代的历史记载更为翔实。法比乌斯·皮克托是希腊史家波利比乌斯（Polybius）记述布匿战争的重要史料来源，虽具有较强的亲罗马倾向，但大体可以算作一位求真务实的史家。法比乌斯·皮克托的历史编纂从题材内容、结构框架到求真务实态度、爱国主义倾向、道德说教色彩，均奠定了罗马史学的基调，确立了可供后世史家模仿和参照的标准。在法比乌斯·皮克托之后，又有多位史家撰写自罗马建城以来的历史，加图是其中第一位以拉丁语撰史的罗马史家，以《源流》一书流传后世。公元前 2 世纪末的科埃利乌斯·安提帕特（Coelius Antipater）将修辞学的要素引入历史编纂，突破了前辈史家撰写通史的常规方法，写成了 7 卷本第二次布匿战争的断代史。简言之，第二次布匿战争是罗马史家们不惜笔墨详尽记述的重要主题之一，记述虽丰富，传世之作却不多，古罗马史家李维的《建城以来史》第 21—30 卷是现存记载这段历史最为详尽、较为可信的基本史料。

国内外学者对李维的研究可谓硕果累累，但由于学者们进行研究的侧重点不尽相同，评价标准参差有别，对李维的评价也就

① ［德］穆启乐：《古代希腊罗马和古代中国史学：比较视野下的探究》，黄洋编校，北京大学出版社 2018 年版，第 11—15 页。

有了多家之言。笔者希望将这些相持不下的观点进行梳理，判
别各种观点中真实合理之处与偏颇狭隘之处。在判别各家观点之
前，必须首先明确李维史学研究的出发点，即评价李维的史学方
法和史学成就的标准是什么。笔者认为，不应全然用现代的史学
方法衡量古代史家，应把李维及其著作放到罗马史学传统的背景
下加以考察。

　　首先，建构李维史学的谱系，从李维史学与罗马史学传统之
间一脉相承的关系中探究李维对罗马史学优良传统的继承和发
展。罗马共和国时期的史学经历了从早期朴实无华的编年史风格
到中期华而不实的浪漫主义风格，再到后期古物考证的严谨方法
的发展过程，这些历史编纂传统为生活在共和国晚期至帝国前期
的李维提供了可资求索的目标和途径。其次，罗马史学受到希腊
化史学的影响，深受希腊修辞学影响的西塞罗的治史理念，更直
接、更深刻地影响了李维的治史之路。历史编纂被西塞罗描述成
演说作品，被修辞学家昆体良说成是自由诗，李维历史散文中的
诗歌色彩和演说风格均是修辞学技法的运用。再次，罗马史学的
又一个重要传统在于注重历史的道德说教功用，历史人物和事件
被看作道德说教的绝佳实例。李维的前辈史家怀古喻今，正面歌
颂或是反面批判，均重视历史的教育功能，把以历史书写警示后
人弃恶扬善作为己任。内容的真实性、形式的艺术性、历史的教
育性构成了罗马史学的传统特征，这三方面特征对李维史学影响
深远。

　　除了明确李维史学研究的出发点在于罗马的史学传统之外，
笔者认为，还应明确李维史学研究的落脚点在于对原始文献进行

释读和分析。只有从原始文献入手，才能真正理解李维道德教化的写作用意，更为直观地感受李维叙事语言的畅达优美，更加深刻地理解李维为再现罗马社会风貌所做的努力以及书斋学者的局限。李维《建城以来史》现存35卷，在前十卷中，他勾勒出公元前300年以前罗马历史的大体脉络，但由于史料匮乏，构成这段历史的具体人物和详细事件包含着大量虚假的成分。但随着历史的推进和史学的发展，可信的记载逐渐增多，李维对有信史可考的历史时期的记载应是评价李维史才、史德的典型依据，国内目前就李维的第二次布匿战争史书写研究尚不多见，本书选取《建城以来史》第21—30卷对第二次布匿战争的记载作为考察对象便是基于如此考虑。除了考虑这十卷的时间跨度是李维可以获得较为可信的史料来源之外，李维经过前面诸卷的撰史尝试，他的历史写作方法和历史书写观念一定更为成熟。同时，这十卷所描述的第二次布匿战争也是罗马崛起为地中海世界霸主的重要转折点，其历史意义是不言而喻的。考察李维在这十卷记载中所运用的史学方法及所体现的史学思想，对正确认识李维的第二次布匿战争史书写的史料价值，深入理解罗马共和国时期的民族精神、社会风貌、历史变迁均具有极为重要的研究意义。

全书共分七章，三大板块。

第一章概括介绍李维的生平及作品，从史著内容、谋篇布局、李维与奥古斯都的关系展开分析，重点剖析李维历史书写中或隐或显的奥古斯都形象。笔者认为李维笔下的杰出人物与奥古斯都具有一定联系，但武断地宣称李维将之比附奥古斯都是不合适的。李维像所有的史家一样，无法截然分隔古今，却未曾有意将奥古斯都比附传说和历史时代的罗马英雄，历史学家与当政者及其统治政策的关系需正确认识。

第二章概括介绍第二次布匿战争，分别从起因、经过、结局及财政经济入手，重点阐明战争的直接原因和真正根源，从战争是否不可避免的阐述引申出罗马帝国主义防御性与扩张性的重点研究论题，指出第二次布匿战争过往研究中对萨贡图姆与罗马的盟友关系、罗马与迦太基之间条约的真伪、汉尼拔是否率先开启战争的主要论题实际上忽视了罗马发动战争的本质。罗马为保护盟友限制迦太基在西班牙拓殖的防御性解释无法自圆其说，罗马在第三方区域约束迦太基的扩张归根结底在于罗马对西班牙的霸权诉求。以此在战争的因果关系分析之外，补充结构性动机分析视角。

第三章追溯罗马的史学传统，探讨罗马史学传统中的编年史体例、叙事风格、范例特征，阐述西塞罗的治史理念对李维撰史理念的重要影响。西塞罗认为历史学家不应仅成为历史的讲述者（narrator），而且应是事件的润饰者（exornator rerum），真实可信的历史必须有一个恰如其分的文学框架依托才能传世流芳。李维接受西塞罗文艺性的治史理念，融汇历史真实与叙事艺术，求真、求美、求善的史观统领着第二次布匿战争的历史书写。李维的《建城以来史》是一座丰碑，铭记历史上可供效仿的人物和事例。

第四章论述李维《建城以来史》的历史价值与史学方法。波利比乌斯的《历史》完整保存的卷三至卷五提供了重要参照。首先，波利比乌斯的现存记载仅涉及公元前220—前216年的史事，李维史书则涵盖整场战争，其史料价值是毋庸置疑的；其次，通过与波利比乌斯理性严谨的史学方法相较，结合李维对各位前辈史家的评价和运用，探讨李维的史学方法和历史态度。李维坚持客观公正，但他的客观公正是相对的，而非绝对的，虽然没有像某些前辈史家那样随意歪曲历史，但他选择最符合自己写作意图的史料，他的史学地位应在罗马史学发展的脉络中加以确定。

第五章阐述李维史著的文学风格，分析李维的写作风格和修辞手法，进而说明李维史著的艺术性特点，重点分析戏剧性手法、演说词、语言风格、纪念碑等元素的多样化运用手段。李维在各段情节中穿插跌宕起伏的故事，渲染原始材料以产生栩栩如生或悲悯感人的效果。在对演说词的创作中，他有着炽热的爱国热情、生动的想象力、丰富多变的词汇，在历史场景的编排中，他注重叙事空间的切换和承接，将笔下具有历史意涵的地点和实物变为承载历史记忆的纪念碑。李维的历史书写是综合运用各种叙事技巧的杰作。

第六章梳理罗马史家对社会危机的道德阐释，澄清李维对这一范式的继承利用。他相信罗马伟大的成就乃美德使然，曾长久地抵制贪婪和奢侈的诱惑，长久地推崇清贫和节俭，他眼中历史书写的关键作用在于历史的道德功用。第二次布匿战争后，罗马的社会危机初露端倪，这场战争中迦太基和罗马军队腐化堕落的相关记述为共和国后期的社会危机埋下伏笔。李维的历史作品可以归类为旨在进行道德教化的历史，罗马的兴衰沉浮被归结为社会道德的起伏变化。罗马历史的决定因素除道德之外还有神意的制约，李维的宗教观念争论不断，耐人寻味。

第七章勾勒李维笔下罗马名将与迦太基名将的形象，阐述李维在自我与他者的对比中如何塑造罗马的身份认同。罗马名将法比乌斯·马克西姆斯、马尔库斯·马尔凯路斯、科尔奈利乌斯·西庇阿·阿非利加努斯的美德范例衔接前章的道德阐释，迦太基名将汉尼拔的形象代表着罗马认同的对立面。通过具体剖析罗马文献中汉尼拔和迦太基人的形象特征，在揭示污蔑外族是罗马人外族观念的主流论调的同时，本章力图纠正认为罗马大力歌颂自身赫赫战功、污蔑贬低军事对手的简单误解，证明罗马人既把外族作为美德的对立面，又把外族作为警示自身恪守美德的参照系。西庇阿的胜利标志着罗马价值观念的正面实现，汉尼拔的失败象征着奢侈腐化恶行的终极后果，两人的形象虽彼此对立，却又遥相呼应，有关二人的平衡叙事预示了日后罗马社会的道德沦落。

第一、二章为第一板块，是概括介绍部分，为了解作者修史的时代背景和布匿战争的历史概况提供必要信息，也证明李维的著述是了解这场战争不可或缺的基本史料。第三、四、五章为第二板块，阐述李维的史学方法和文学技巧，说明李维撰史实践中对真实与艺术的平衡追求。第六、七章为第三板块，是李维道德史观部分，分别从李维笔下两军将领的形象以及汉尼拔和西庇阿平衡叙事两方面论述李维对罗马社会危机别具洞见的道德阐释。

本书主要从史料方法、文学方法、道德史观进行考察，得出李维的史观是求真的、求美的、求善的。他的史料方法立足于罗马的历史编纂传统，我们对他基于文献资料忽视档案资料的史学方法应加以客观评价，肯定他总体上对史料价值的正确把握，承认他坚持求真务实的治史态度。从他符合主题和时代的多样语言风格、戏剧化情节、演说词和记忆叙事，可以窥见他的文学风格是丰富多彩、引人入胜的。这样别具匠心的文学风格不仅是为了吸引读者的注意力，我们在他借用空间和记忆铺设叙事线索的记述中也会发现文学方法与范例史学之间的内在联系。弘扬范例是李维的写作主旨所在，虔诚敬神、遵循习俗是李维道德观的重要组成部分，我们从他有关宗教的论述中看到一位罗马历史学家对传统道德的执着坚守，也看到他以宗教记述服务历史叙事的成功实践。

卓越的罗马道德品质体现在军事将领身上，李维的战争叙事中罗马名将和迦太基名将并列齐观，双方将领的道德品质不单纯以他者方式二元对立，他们身上的品质有的相辅相成，有的截然对立，有的自行转化，道德在李维的笔下具有动态转化的特点。传统美德在帝国的动态发展后，向颓败的方向发展，李维注意到罗马道德下滑的危险，归因于战利品的大批输入造成罗马人心不古，贪婪奢侈是道德滑坡的罪魁祸首，由此回到李维撰写这部历史的初衷——记录历史，唤起记忆，教化人心，医治时弊。李维以一位历史学家的睿智眼光分析了罗马社会危机的要因，力图树立一个个鲜活的范例以医治社会的病症。他在历史叙事中透露出的对战争的思考，反映出知识精英对罗马帝国的有益反思。这场战争是罗马帝国主义的重要一环，本书涉及的罗马对迦太基人的形象塑造，也将有益于思想史视角下的罗马帝国主义研究。

第一章　奥古斯都时代的历史学家李维

　　历史学家与所生活的时代息息相关，时代为历史书写提供了外部条件和时代话题。历史著作是时代的产物，但绝不是时代的附属品，历史学家怀揣着个人的理想抱负，坚持着个人恪守的立场准则，他们的作品从不同侧面反映出时代精神和社会风貌。李维本人的出身背景、知识背景和时代背景为他的历史书写作了充分的说明，而最为详尽的注解终究要从他唯一流传后世的鸿篇巨作《建城以来史》中找寻。把握《建城以来史》的主要内容和谋篇布局是探究李维史识史才的前提，了解战争主题和写作主旨是探究李维的战争史书写的关键。

　　李维经历罗马从共和国向帝国的时代转型，幼年至成年生活在共和国时代，书写历史的绝大多数岁月在奥古斯都时代度过。共和国时代和帝国时代给他的历史创作留下了不可磨灭的烙印，在两种本质完全不同的时代中，李维如何摆正自己的政治立场？在两个时代的转型中如何安放自身？从共和国末期的内乱到奥古斯都时代的和平转向如何在他的作品中呈现？李维的战争主题是否与一个和平时代相抵牾？本章试图为这些问题提供尽可能客观的答案。

第一节　双城之间的李维

李维全名提图斯·李维乌斯（Titus Livius），我们仅知晓他的名字和氏族名，对他的第三个名字，即家族名（cognomen）一无所知。我们从圣哲罗姆（St. Jerome）[①] 的记载中推断，李维生于公元前 59 年，即共和国后期的罗马内战时代，是向帝国转型的重要时期，他卒于公元 17 年，即罗马皇帝提比略继位的第三年。[②]

李维出生在意大利北部波河北岸山南高卢地区的帕塔维乌姆

---

① 哲罗姆（约公元 345—420 年），才华出众的圣经学者、翻译家，生于阿奎利亚附近的斯特里顿（Stridon），成为基督徒之前在罗马学习修辞学和拉丁文学。参见 Matthew Bunson, *Encyclopedia of Roman Empire*, New York: Facts on File, Inc., 1994, p. 221。

② 李维生卒年尚无定论，除公元前 59 年—公元 17 年之外，另有公元前 64 年—公元 12 年一说。据哲罗姆记载，李维与麦萨拉·科尔维努斯（Messalla Corvinus）生于同年，李维卒于公元 17 年，麦萨拉卒于公元 13 年。奥维德（Ovid, *Ex Ponto*, 1.7.29—30）称麦萨拉卒于公元 8 年，比哲罗姆的说法早 5 年，所以有人怀疑哲罗姆记载的年份延后了 5 年，故而李维的生卒年也被误延了 5 年。另一种解释是说哲罗姆延后 5 年也许是混淆了公元前 64 年和前 59 年的两位执政官［分别为恺撒与腓古卢斯（Figulus）；恺撒与比布鲁斯（Bibulus）］之故。另外，有人提出公元前 31 年任执政官的麦萨拉不太可能年仅 28 岁便位居执政官的高位，主张李维生于公元前 64 年一说。参见 R. M. Ogilvie, *A Commentary on Livy Books 1—5*, Oxford: Clarendon Press, 1965, p. 1。

［Patavium，今意大利东北部的帕多瓦（Padua）］。①李维的家乡帕塔维乌姆以盛产羊毛驰名远近，富甲一方，是意大利略逊于罗马的富庶之地。帕塔维乌姆民风淳朴，古时的道德操守多有留存，与当时世风日下的罗马相比，帕塔维乌姆已然是古代美德的汇聚之地，传统的道德观念从该城的政治立场及亲元老院的态度上反映出来。公元前43年，元老院宣布安东尼为公敌，该城拒绝安东尼的副将来访，在腓力比战役后甚至受到站在安东尼一方的阿西尼乌斯·波利奥（Asinius Pollio）的严厉报复，遭到征收严苛税收的严重制裁。李维早年的生活背景为其道德观和政治观打下了鲜明的烙印，他极力颂扬共和国伟大人物所奉行的道德规范，流露出传统的道德观和共和观，折射出家乡的传统政治文化氛围给他带来的影响。

我们对李维的家庭背景所知甚少，和多数古代历史学家类似，他没有留下家庭出身和个人生活的只言片语。在帕多瓦发现的铭文中有获释奴李维乌斯的字样，还有一篇墓志铭是纪念提图斯·李维乌斯和妻子卡西亚（Cassia）及两个儿子的，经推测是这位历史学家的墓碑。②具有深厚知识背景的李维也许并非元老贵族的后裔，而是出身获释奴阶层。

李维早年在家乡求学，接受基础阶段的家庭或学校教育后，

---

① 对于李维的出生地没有异议，许多史料清楚写明他出生于帕塔维乌姆。李维在开篇自豪地把帕塔维乌姆放在优先于罗马的位置（1.1.1—3），称特洛伊英雄安提诺尔（Antenor）安然无恙地离开特洛伊，率特洛伊人和埃奈提人（Eneti）在亚得里亚海和阿尔卑斯山之间定居下来。他们便是帕塔维乌姆的先民，比埃涅阿斯抵达意大利、其后裔建立罗马还要早。
② *CIL*, 5.2865, 2883; *ILS*, 2919.

也许在 12 岁时进入当地的中学学习，跟从文法老师学习词语的正确发音及用法，阅读希腊罗马诗人及史家的作品。我们不知道李维的恩师名讳，但他们显然激发了这位学生对历史研究的兴趣。古罗马的学生通常会在学校教育的最后阶段，通常在 16 岁以后，前往罗马深造。时局变乱、内战不息的现实也许打消了李维去往罗马求学的念头，他安心留在家乡潜心学习修辞学。他在演说术理论方面受过严格训练，这从他在史作中创作演说词的精湛技巧可见一斑。除了罗马，希腊也提供了学业深造的极佳选择，罗马学生通常会以留学雅典或罗德岛为自己的正规教育画上完满的句号，他们在那里可以结识极负盛名的哲人和修辞学家，聆听教诲，共同讨论。公元前 1 世纪 40 年代的罗马世界并不太平，庞培之子塞克斯图斯·庞培（Sextus Pompeius）[1] 控制着罗马的海路要道，以拦截首都的粮食供应来遏制对手屋大维。诚然，海路的险途并不能阻挡所有年轻人前往希腊的憧憬，然而，李维在其作品中对希腊语不甚熟稔和对地理问题认识模糊都透露出他很少游历，很可能没有在雅典或罗德岛接受高等教育。他也不曾服役军旅，他对战争的记载暴露出他对军事实属外行。

在家乡求学期间，他对历史和哲学兴趣颇浓，创作了一些哲学对话录，其中有一些带有浓重的历史意味。[2] 西塞罗的多篇哲学对话录在公元前 45—前 44 年问世，与李维的求学时期正好吻

---

[1]　"前三头同盟"之一庞培（Cn. Pompeius）的小儿子，曾参加法萨卢等战役，与恺撒的追随者为敌。公元前 43 年得到罗马海军指挥权，后被放逐，占据西西里，拦截过往的运粮船。

[2]　Seneca, *Epistulae Morales*, 100.9.

合。这些作品，如《论神性》（De Natura Deorum）和《论占卜》（De Divinatione），促进了李维的哲学世界观的形成，西塞罗的哲学观点正合李维的兴趣，无疑会成为李维效法的典范。李维的这种哲学兴趣若要追溯，可能要追溯到斯多亚派代表人物波西多尼乌斯（Posidonius）① 的影响。李维或许也读过柏拉图、色诺芬等人的哲学原著，但他历史著作所蕴含的哲学精神主要渊源于深深扎根罗马史学传统的斯多亚派伦理学思想。② 他所从事的哲学研究对后来汇集史料展露哲思的影响尤为强烈，对他撰写罗马早期历史部分的影响尤其明显。

李维大约在而立之年即公元前 30 年左右来到罗马，得出这一猜测的原因有两点：一是李维为一个和平的国度撰写历史，通过彰显共和国英雄人物的操守来引导当代人的行为。因此，李维很可能在公元前 31 年亚克兴战役后，屋大维攘除安东尼和克里奥帕特拉的祸患后，才来到罗马的；其二，《建城以来史》卷一出版于公元前 27 年至前 25 年间。③ 试可猜想，李维来到罗马，搜寻在帕塔维乌姆无法获得的书籍，再进行初步研究和准备工作。④ 他与罗马的官场和文坛都是比较疏远的，他不曾担任公职，与麦凯

① 波西多尼乌斯（公元前 135—前 51 年），希腊斯多亚派哲人、政治家、天文学家、地理学者、史家，被称为他所处时代最伟大的博学者，其浩繁之作仅有残篇存世。

② P. G. Walsh, *Livy: His Historical Aims and Methods*, Cambridge: The University Press, 1963, p. 4.

③ 李维（1.19.3）述及奥古斯都关闭亚努斯神庙，"奥古斯都"的尊号是屋大维在公元前 27 年获得的，说明卷一写于公元前 27 年之后。此外，书中没有述及公元前 25 年再次关闭亚努斯神庙一事，因此断定卷一成书于公元前 27—前 25 年间。

④ P. G. Walsh, *Livy: His Historical Aims and Methods*, pp. 4—5.

纳斯（Maecenas）和麦萨拉（Messalla）为主的两个文学圈子没有联系，不在他们资助的文人之列，也非奥古斯都资助的对象。我们猜测，李维开始撰史时名不见经传，《建城以来史》的前言和第一卷出版后，奥古斯都对他的作品有所耳闻，乐于资助这位前途看好的著作家，希望他报之以投入这个新生"共和国"的文化建设，李维婉言谢绝。尽管如此，他与这位罗马最高政治人物奥古斯都关系融洽，被聘为日后成为罗马皇帝的年少克劳狄的老师。他曾鼓励克劳狄撰写历史，克劳狄撰写埃特鲁里亚人历史的兴致可能源自这位导师的启迪，他的演说词带有与李维相似的风格。①

李维有二子一女。一子创作了有关地理方面的专著，一子撰写修辞学方面的文章。女儿嫁给一个名叫路奇乌斯·马吉乌斯（Lucius Magius）的修辞学家，老塞涅卡（Seneca the elder）② 曾心有不悦地暗示说，此人以其岳父的声名招揽听众，吸引大众关注他的朗诵。③

李维也许后来一直在罗马定居。④ 按照李维写史的平均进度

---

① Tacitus, *Annals*, 4.34, Suetonius, *Claudius*, 41.1.
② 老塞涅卡，公元 1 世纪的罗马政治家、哲学家。
③ 关于李维的家庭，见 Quintilian, *Institutio Oratoria*, 10.1.39，"李维在给儿子的去信中建议他阅读西塞罗和德莫斯提尼的演说作品"；Seneca the Elder, *Controversiae*, 10, preface, 2，"虽然他一度拥有读者，虽然人们不是因为他本人而赞扬他，是因为他的岳父而迁就他"。帕多瓦发现的墓志铭中提到他有两子。
④ 另有观点认为李维多数时间居住在帕塔维乌姆。小普林尼曾记载有人对李维仰慕已久，专程从西班牙的加的斯来到罗马拜望（Pliny, *Epistulae*, 2.3.8），这大概是由于他知道李维居住在罗马的缘故。再者，李维与奥古斯都的亲密关系以及对小克劳狄的教育都可以说明他定居罗马。记述李维同时代的著名人物之间交往的文学作品中，从来没有提到李维的名字，这不足以说明他不在罗马，也许只能说明他不喜社交。

推算，他在公元前 2 年之前一直居于罗马，或者，直到公元 8 年克劳狄长大成人，他才离开罗马回到家乡，亡于家乡。根据哲罗姆的记载，他于公元 17 年过世。帕多瓦发现有一段墓志铭，归属于奥古斯都时代，以纪念一个名叫提图斯·李维乌斯的人。

我们对李维这位伟大历史学家的个人情况所知甚少，似为全面了解他留下诸多遗憾。不过，正如李维的注释家奥吉尔维所言，即使我们知道更多李维的生平，对我们更好地欣赏他史书的伟大之处别无裨益。他全身心投入写作，不论琐屑日常，终成传世巨作。①

第二节　《建城以来史》的内容结构

李维集四十年之力，广采史料，苦心研究，写就《建城以来史》(*Ab Urbe Condita*)。他从传说时代的罗马叙述至公元前 9 年，共 744 年，凡 142 卷，整部著作大气磅礴，是罗马历史编纂史上的通史巨著。②

---

① R. M. Ogilvie, *A Commentary on Livy Books 1—5*, p. 4.

② 克拉克（Clarke）以世界史视角来剖析公元前 1 世纪到公元 1 世纪的罗马史学，他指出从公元前 1 世纪后期开启了罗马的世界史书写，西西里的狄奥多鲁斯（Diodorus）、特洛古斯（Trogus）和斯特拉波（Strabo）是其中的杰出代表。李维和狄奥尼修斯（Dionysius of Halicarnassus）不符合全球史书写的严格标准，他们的作品虽然时间跨度大，开始于罗马的起源，但明显展现的是一个国家的历史，不过在空间范围上已有长足的拓展，参见 K. Clarke, "Universal Perspectives in Historiography", in C. S. Kraus, ed., *The Limits of Historiography: Gener and Narrative in Ancient Historical Texts*, Leidon: Brill, 1999, p. 251。

　　国内学界对古典史学和李维史学的研究相对薄弱，但已取得了长足的进步。20 世纪，早年留学瑞士的阎宗临是国内最早从事李维研究的中国学者，其后，郭圣铭、王敦书、王乃新、张广智、郭小凌等学者也相继在西方史学史领域著书立说，对李维史学进行了较为全面的分析。阎宗临先生撰写出有关李维史学的论文。郭圣铭先生编著的《西方史学史概要》廓清了西方史学发展的源流及规律，坚持以历史唯物主义的观点评价各个时代的历史学家。该书评价了李维史作的特点，同时也指出李维作为一位史家的严重不足。此外，在《外国史学名著选》之《李维〈罗马史〉》选中，王敦书先生对李维的历史观、道德标准、爱国思想及其文学造诣都作了简要介绍，该书最为可贵之处在于选译了《建城以来史》第五卷的部分章节，为读者近距离感受李维的治史特色提供便利。《外国史学名著评介》一书中，王乃新先生的论文评述了《建城以来史》的写作特点及李维作为史家的长处与不足。两部同名史学论著《西方史学史》囊括了对李维研究的重要成果。张广智先生在书中将李维与塔西佗并称为罗马史学双擘，从通史体例、垂训思想和文学修养三方面总结了李维的史学思想及其在史学史上的贡献。郭小凌先生指出，李维的著作不是政治家、军事家们的回忆录，而是以治史为己任的书斋学者的自觉之作，他试图探讨和说明罗马人曾经是怎样的民族，具有怎样值得尊敬也令人生畏的道德财富，落脚点是在解释现代，他书斋学者的特质决定了他著作的优缺点。同时，对李维史著的基础性翻译工作也在进行，日知古典丛书之李维《建城以来史》（前言·卷一）将李维的拉丁语译为中文，王焕生先生译有《建城以来史》前十卷拉汉对照选译本，为学者们的研究提供了可贵资料。①

　　近些年来，国内学界对李维史学的专题研究呈现出蓬勃发展的势头。东北师范大学古典所博士刘君玲就李维《建城以来史》第2—4卷写成论文，研究了这三卷的史料价值、文学价值及从中反映出的李维的历史观。该论文还附有第2—4卷自拉丁文翻译的汉译文，体现出作者扎实的拉丁文功底。蔡丽娟老师以《李维史学探微》为题作成博士论文，并发表了有关李维史学的专题论文和专著，加深了史学界对李维史学方法、史学思想、李维史学与奥古斯都时代的认识，推动了李维史学研究走向深入。②

　　《建城以来史》第1—5卷叙述埃涅阿斯到达拉丁姆，罗马建城，至公元前390年高卢人入侵罗马；第6—10卷记述公元前

---

① 参见阎宗临：《李维史学研究》，《世界上古中世纪史》，广西师范大学出版社2007年版，第185—190页。郭圣铭：《西方史学史概要》，上海人民出版社1983年版；吴于廑主编：《外国史学名著选》（上册），商务印书馆1986年版；刘明翰主编：《外国史学名著评介》第一卷，山东教育出版社1986年版；郭小凌：《西方史学史》，北京师范大学出版社1995年版；张广智：《西方史学史》，复旦大学出版社2000年版；［古罗马］李维：《建城以来史》（前言·卷一），穆启乐、张强、傅永东、王丽英译，上海人民出版社2005年版。［古罗马］提图斯·李维：《自建城以来》（第一至十卷选段），［意］桑德罗·斯奇巴尼选编，王焕生译，中国政法大学出版社2009年版。
② 参见刘君玲：《李维及其〈建城以来史·卷二、三、四〉的价值（瓦罗纪年公元前509—前404年）》，东北师范大学1999年博士学位论文。蔡丽娟：《李维史学探微》，复旦大学2005年博士学位论文；《论李维对罗马历史的道德重建》，《湖北大学学报》2005年第1期；《论李维的史料方法》，《历史教学问题》2005年第2期；《论李维的历史方法》，《史学理论研究》2005年第3期；《李维史学研究》，商务印书馆2014年版。

293 年之前的史事；第 11—15 卷记述罗马征服意大利至第一次布匿战争开始；第 16—20 卷记述第二次布匿战争前的史事；第 21—30 卷记述第二次布匿战争；第 31—45 卷记述马其顿和叙利亚战争，至公元前 167 年第二次马其顿战争结束；第 46—90 卷记述到公元前 78 年苏拉之死；第 91—120 卷记述至公元前 43 年，包括内战和恺撒之死；第 121—142 卷记述至公元前 9 年德鲁苏之死。李维也许原计划写成 150 卷，终于奥古斯都之死，因为这样的结构处理更为合理，但因李维亡故，该著作成为未竟之作，终于第 142 卷。

《建城以来史》问世后即得到广大读者的喜爱，因该书卷帙浩繁，不便阅读，因此出现了多种概要本和缩写本。现今存世的卷数不到全书的四分之一，仅存 35 卷，第 1—10 卷和第 21—45 卷，其中 41—45 卷还有不少残缺之处，横跨公元前 753 年—前 293 年、公元前 219 年—前 167 年的史事。除至今存世的 35 卷外，其余诸卷在 7—15 世纪散佚，西方社会尚未发明印刷术是这部巨著难以传承的主要原因。仅现存一个重要的断片于 1772 年被发现，即在梵蒂冈发现的第 91 卷的残篇，由尼布尔（Barthold Georg Niebuhr，1776—1831 年）于 1820 年编辑。散佚各卷的内容梗概可从诸如普鲁塔克和狄奥·卡西乌斯等人的作品中，还有像弗罗鲁斯（Florus）和尤特罗比乌斯（Eutropius）所写《纲要》（Periochae）中得见。我们对其内容的了解主要来自《纲要》，这使我们可以略知全书的内容梗概，第 136 卷和第 137 卷不在此列。

李维虽在第四个十卷的开篇表明自己对这项宏大任务越来越

不安，① 但我们从现存各卷中发现，他较为谨慎地考量史料，选择符合他写作意图的素材，对著作的组织结构也有统筹规划。这种总体上的考量可以推而广之，及至他对所处时代的历史记述。在行文组织上，他以五卷为一组谋篇布局。《建城以来史》后期各卷的结构安排较前面各卷稍显混乱，有学者认为在第109—116卷对共和国后期内战的描写中，李维已经放弃条理清晰的结构安排，不如早期各卷那样对重要战事的叙述井然有序、分划有致。② 实际上，他们忽视了李维所述历史的复杂性。编年史体例与浑然一体的通史建构既有相合之处，也有相左之处。早期各卷所述大多为连续的战争，因此做到整齐有序较为容易。随着罗马疆界的扩大，国内国外事件与日俱增，李维的史著不能单单以一个战场铺垫一个五卷。战争并非你方唱罢我登场，多是同时进行，国内政治事态的发展也如火如荼，统合纷繁的历史并非易事。即使这样，《建城以来史》各个五卷通常都具有相当程度的统一性。读者应把五卷看作一个统一的整体加以考察，不仅应关注该部分的第一卷，更应留意其中的最后一卷，李维往往将某一重要事件留到下个五卷，以一个引人注目的主题开启新的五卷。例如，迦太基的陷落和毁灭被安排在第51卷，俘虏朱古达在第66卷，刺杀尤利乌斯·恺撒在第116卷。李维五卷一组的布局

---

① "我也为写到布匿战争结束而释然，仿佛我本人共担了劳作与危险。对于一个贸然立誓书写罗马全史的人来说，他根本不应该对从事如此巨大的任务的一部分而感到疲惫，……这项任务变得更大，而我之前完成的各部分似乎变得更小"（Livy, 31.1.1—5）。

② 参见 P. G. Walsh, *Livy: His Historical Aims and Methods*, 5ff。

是精心构思的结果。

以现存各卷分别查之，第一卷囊括整个王政时代（公元前753—前510年），可能单独出版，因为第二卷记有一段新序言。① 第2—5卷囊括下讫高卢攻陷罗马的史事（公元前509—前390年），也许一同出版。第6—10卷的主题是萨莫奈战争，不仅以萨莫奈人的失败，更以埃特鲁里亚人、高卢人和翁布里亚人的失败作为高潮部分。散佚的第11—20卷包含两个独立的部分，一是罗马与他林敦的战争，再是罗马与迦太基的第一次布匿战争。第二次布匿战争横跨整个21—30卷，这十卷又一分为二，前者是以汉尼拔的崛起为主线，后者则是以罗马的反攻为主线。第31—45卷由三个五卷组成，第31—35卷的主要内容为罗马与马其顿国王腓力五世的第二次马其顿战争以及与塞琉古国王安条克的叙利亚战争之前的希腊事件；第36—40卷是罗马在希腊和小亚细亚与安条克三世的战争；第41—45卷是第三次马其顿战争及罗马对马其顿国王珀尔修斯（Perseus）的胜利。《纲要》表明第45卷之后的各卷仍以五卷为一个单元谋篇布局。例如，第九个十卷主题有二，一是米特拉达梯战争，二是苏拉归途中的残酷之举。在第十二个十卷中，前五卷涵盖恺撒发动的第拉奇乌姆（Dyrrachium）战役到蒙达（Munda）战役，后五卷的时间跨度为从恺撒之死到建立"后三头同盟"的20个月。从这些实例中我们可知，后面各卷中五卷一体的结构往往不围绕某一战事，而

---

① "罗马人民的自由，他们在和平与战争中的成就，每年的职官选任，法律的权威胜过个人，这些将是我要完成的"（Livy, 2.1.1）。

是围绕某个重要人物展开。第 51 卷从记述罗马夺取迦太基开始，西庇阿·埃米利亚努斯（Scipio Aemilianus）是第六个十卷的核心人物。第 66 卷开始记述马略的生涯，后面三个五卷围绕他的个人成就展开，终于第 80 卷马略之死。苏拉在第 81—90 卷中的地位举足轻重，第 90 卷讲述苏拉之死。庞培的名字则第一次出现在下一卷，即第 91 卷。由于后面各卷的摘要过于简短，尤其是第 136—137 卷的摘要佚失，因此无法推断《建城以来史》后一部分的结构。[①]

　　五卷、十卷的编排体现出李维别具匠心的构思，这一构思不仅是结构上的规划，更是内容上的荟萃，不仅以重要事件作为起篇与完章的标志，而且将历史进程与城市历史衔接起来，时常呼应《建城以来史》的著作书名。罗马城市的发展变迁，罗马疆域的不断扩大，随着各卷的推进顺次展开，罗马史的演进和城市史的发展协调一致。如在卷六卷首，即新的五卷的开篇，李维撰写一段新序言，写到罗马城经历高卢战火后开启崭新篇章，与此一致的，罗马史也摆脱史料缺乏的局限开启了新篇章，城市的发展与历史书写齐头并进。[②]

　　较早的《建城以来史》各卷多以某场战争为主线，而较晚的

---

① 有关《建城以来史》的结构，参见 P. G. Walsh, *Livy: His Historical Aims and Methods*, pp. 7—8。

② 第 6 卷开篇称："从罗马建城到她先由王，再由执政官、独裁官、十人团和具有协议权的军团长统治的罗马人的历史，对外战争和国内冲突，我已在前五卷中阐述过。这段历史模糊不清，因为时间久远，好像遥远的事物因距离遥远而难以辨认，还因为那个时代的文字记载——历史唯一可靠的保证——匮乏，还因为即使记载存在于祭司的记录以及国家和私人的档案中，却大多已毁于这座城的大火。"

各卷常以某个人物为主线。李维对全书的结构考虑周全，安排得当。撰述自罗马建城以来的通史是一项宏大工程，处理稍有不慎，整座大厦必然倾斜甚至倾覆，而李维将整个工程化整为零、又合零为整，远望巍然而立，近观井然有序。由于李维决定书写一部编年史，按年代顺序描述各自区别的历史活动场景，因此每一卷不可能总是自成一体，不可能如希腊史家狄奥多鲁斯所追求的那样，"从头至尾地完整叙述城邦和国王的行动"。①

　　如果李维临终之前才辍笔，那么他在四十年的著史生涯中平均每年至少成书三卷，或许笔耕更勤，因为《建城以来史》的第 121—142 卷推迟到公元 14 年奥古斯都去世后才出版，所以李维在完成这 22 卷后也许将之尘封多年。②《建城以来史》所包含的纷繁复杂的人物、事件和年代足以说明这位史家的非凡成就和坚定意志。每一卷至少参考三种史料，尽量协调内中关系，将其中的记载改写成优美的散文。李维在四十年里以每三年写成十卷的进度笔耕不辍，将毕生之力倾注在《建城以来史》的创作之中，我们不禁对他兢兢业业的治史精神仰慕备至。古罗马的百科全书式学者老普林尼，斥责侄儿步行是在浪费时间，不如乘坐交通工具节省时间用于学习，"不用来学习的每一分秒都是在浪费时间"，③老普林尼的时间观念用来说明李维的敬业精神再恰当不过。

----

① Diodorus, 16.1.1.
② 第 120 卷包括西塞罗被处死、参与刺杀恺撒的反叛者被定罪的内容，而李维对刺杀恺撒的布鲁图斯（Brutus）和卡西乌斯（Cassius）是持支持态度的，他推迟出版第 121—142 卷，是否有政治方面的担忧，我们不得而知。
③ Pliny, *Epistulae*, 3.5.16.

奥古斯都时代的主要评论家之一盖尤斯·阿西尼乌斯·波利奥[1]，语含贬义地称李维著作带有"帕塔维乌姆风格"（Patavinitas）。为何语出贬义引起众多评说，我们试作如下解释：波利奥在任山南高卢总督期间，曾出台阻碍帕塔维乌姆发展的强硬政策，这也许出于他对帕塔维乌姆城的私愤。波利奥也像历史学家撒路斯特一样离开仕途后撰史，他和撒路斯特的文学咨询人费洛洛古斯（Ateius Philologus）要好，续写了撒路斯特于公元前35年亡故时未及完成的历史著作。波利奥肯定撒路斯特作为史家的地位，赞成其古朴沉稳的写作风格，即使这种风格也许冷峻粗犷（durus et siccus）。[2] 李维与撒路斯特的写作风格截然不同，李维不赞成运用古老粗陋的词汇，认为晦涩难懂并不会使演说词显得严肃庄重，批评撒路斯特翻译修昔底德的警句以及其译文有损警句的真正内涵。[3] 波利奥所谓的"帕塔维乌姆风格"暗藏贬义，这一方面可能源于他本人在山南高卢的政治经历，来自他对帕塔维乌姆城的不满；另一方面，他和李维两人的创作风格差别极大，两人风格偏好的不同影响到他对李维的评价；再者，波利奥的贬低之词可能也有几分根据，帕塔维乌姆人的个别拼写有特殊之处，"帕塔维乌姆风格"可能说的是当地口音或拼写，暗指李维的用词夹带地方方言。[4]

---

[1]　波利奥是公元前40年执政官，与安东尼为友甚久，公元前32年与安东尼分道扬镳。

[2]　Tacitus, *Dialogus*, 21.7，塔西佗称波利奥的这种风格毫无形式美可言，一副青筋暴露、瘦骨嶙峋的外表。

[3]　Seneca, *Controversiae*, 9.2.26; 9.1.14.

[4]　Quintilian, *Institutio Oratoria*, 1.7.24.

第三节　李维的战争主题

　　希腊罗马历史学家往往都会在史书开篇开宗明义地说明本书主题的宏大卓然，这些人类历史上的丰功伟绩需要有人保存下来，这些伟大人物的事迹值得人们追念铭记，历史书写的必要性，历史学家的使命感，甚至读者阅读历史的必要性，这一切在对伟大主题的彰显中变得不言自明。

　　宏大主题是历史学家著史的重要动力。希罗多德留给后世历史学家的一笔重要遗产便在于凸显战争主题的宏大壮阔和举足轻重。他在提到特洛伊时，已经隐含着媲美诗人荷马的伟大抱负，期望自己的主题像荷马流传下来的作品一样享有同样的赞誉。[1]在《历史》开篇有提："哈利卡纳苏斯人希罗多德的研究所得发表于此，以便对往事的记忆不会因为时间而被人遗忘，以便希腊人和异邦人的丰功伟业，尤其是他们彼此为战的原因，不会失去光芒。"[2]希腊人和异邦人的战争和事迹值得书写下来，永世留存。

　　修昔底德在对主题的阐述中与希罗多德和荷马一脉相承，他以最高级的表述形式突出伯罗奔尼撒战争在持续时间和惨烈程度

---

[1]　J. Marincola, *Authority and Tradition in Ancient Historiography*, Cambridge: Cambridge University Press, 1997, pp. 34—35.

[2]　Herodotus, 1.1.

上是前所未有的，称这场战争"延续时间极长，战争过程中希腊人经历的灾难是从前任何时候都不曾经历过的。许多城市沦陷或荒凉，有些是蛮族所为，有些则是希腊人兵戈相向所致。从没有如此多的人流亡异乡，从没有如此多的人生灵涂炭，不论在战争过程中，还是战争和内乱的结果中"。[①] 他在强调伯罗奔尼撒战争是一场前所未有的战争的同时，仅用一句话便把希罗多德花费近五卷篇幅记述的希腊和波斯的战争一笔带过："过去最伟大的成就是波斯战争，但很快由两场海战和两场陆战决定了战局"，[②] 以薄古厚今的方式凸显自己的主题意义不凡，也间接宣告了自己的历史著作出类拔萃。

希腊历史学家波利比乌斯不仅强调战争的惨烈程度和惨痛结果，他最为关注的是战争带给希腊罗马世界的普遍联系，因为在他有生之年见证了整个希腊罗马世界的统一。波利比乌斯对主题的阐述既是历史性的，也是史学性的，既说明了这一时期的历史发展趋势，"人类居住的世界"尽在罗马的掌握是"一件从前绝无仅有的事"，[③] 又说明了当罗马超越从前所有的帝国，他书写的历史便超越了某一特定主题，而成为一部涵盖整个希腊罗马世界的世界史。这部世界史在对罗马帝国和从前各帝国的比较中，凸显出书写主题的恢宏壮阔，罗马帝国不论在地理范围还是在时间跨度上，都超越从前的所有帝国，他笔下的这部世界史具有了超越从前所有历史著作的隐含意思。他称："我计划书写的这一时

---

① Thucydides, 1.23.2.

② Ibid., 1.

③ Polybius, 1.1.5.

期所呈现的景观是多么让人叹为观止，如果我们将罗马的统治与
过去最著名的那些帝国比较，这将更为明显。波斯人曾在一段时
期拥有大帝国，但却明目张胆越过亚细亚边界，以至于不仅危及
帝国的安全，而且危及自身的存亡。拉西第梦人多年里争夺希腊
霸权，之后花很长时间获得独尊地位却仅保持了 12 年。马其顿
对欧罗巴的统治从亚得里亚海拓展到多瑙河，那里似乎是陆地上
无足轻重的部分。后来马其顿将波斯帝国取而代之，成为亚细亚
霸主。尽管马其顿帝国现在被认为在范围和实力上是有史以来最
为强大的，但他们把人居世界的大部分置于帝国之外。他们从未
试图占领西西里、撒丁岛或阿非利加。说实话，他们从未听闻欧
罗巴西部最好战的民族。但罗马人不是把部分世界，而是把整个
世界归于自己的统治，拥有一个不仅比从前任何一个帝国更广
袤，而且不需要未来惧怕对手的帝国。"①波利比乌斯的《历史》
因为记载和探究成就这个无与伦比的罗马帝国的原因而具有了重
要的历史价值。

　　古典作家通常把战争看作影响世界历史发展的积极因素，这
些恢宏的战争叙事不仅永远载入人类的文明史册，而且对人类历
史的发展产生了深远的影响。罗马的征服战争成就了一个空前强
大的帝国，书写这样一个伟大帝国的重要性是不言而喻的。②对
李维而言，其主题是广博一体的，一部从蕞尔小邦成长为辽阔
帝国的历史，"我记录从城市建立以来罗马人的功业，我能否算

---

① Polybius, 1.2.2—7.
② ［德］穆启乐：《古代希腊罗马和古代中国史学：比较视野下的探究》，黄洋
　 编校，北京大学出版社 2018 年版，第 19 页。

是完成了一件值得做的事，我不太清楚……无论如何，我也尽我个人之能置身于世界上最优秀民族业绩的记述，那将是一种乐趣"。① 罗马建城以来的漫长历史是一个宏大的主题，涉及幅员辽阔的帝国的成长历程，涉及这个优秀民族的丰功伟业，对李维而言，选择这一主题本身便是一件令人欣喜的事。就第三个十卷的主题汉尼拔战争而言，这场战争名垂青史，李维强调了两个强大对手之间分庭抗礼，决一雌雄，战局变化多端，危险重重，是世所罕见的，"在我著作的这一部分，请允许我像多数史家在其全部著述的开篇所声称的那样预言，我将记述的战争——迦太基人在汉尼拔率领下对罗马人民的战争——是所有发生过的战争中最令人难忘的。因为没有哪个势力如此强大的城邦和民族彼此交战，它们也从未如此骁勇善战，双方并非不谙战事，而是在第一次布匿战争中积累了经验，战争的偶然性如此多变，结局如此不详，以至于那些获胜的人面临的危险更大"。② 罗马人和迦太基人都处在实力的巅峰，都具有精湛的作战技术，双方的战争规模前所未有，战争结局事出偶然，战事的过程跌宕起伏，李维以这段十卷卷首的序言吊足了读者的阅读胃口。马其顿国王腓力了解到迦太基在意大利势如破竹，决定与汉尼拔缔结友好条约，李维称"这是世界上两个最富有民族之间的战争，吸引了所有国王和所有国家的注意"，③ 突出这场战争的规模级别和世界影响。

———————————

① Livy, *Preface*, 1—3.
② Livy, 21.1.1—2.
③ Livy, 23.33.1.

在完成第三个十卷的记述之后，李维在第四个十卷的开篇再次总结了汉尼拔战争的宏大规模和这段历史书写的重担："我也为写到布匿战争结束而释然，仿佛我本人共担了劳作与危险。对于一个贸然立誓书写罗马全史的人来说，他根本不应该对从事如此巨大的任务的一部分而感到疲惫，然而，当我想起有多卷记述了这六十三年——从第一次布匿战争开始到第二次布匿战争结束的时间段，从建城到开启与迦太基人的第一次战争的阿庇乌斯·克劳狄乌斯（Appius Claudius）任执政官的四百八十七年，我已经想象得到，像被近岸的浅滩吸引、涉水入海的人，无论我走了多远，我正被拉向更广的深渊，这项任务变得更大，而我之前完成的各部分似乎变得更小。"① 十卷里对汉尼拔战争的记述和这场举足轻重的战争一样，规模超乎想象，这可能是其他历史学家整部作品的主题，但在这里只是李维"巨大任务的一部分"。宏大的主题形成一种强大的召唤，召唤他去记录这场伟大的战争，哪怕这项任务如此艰巨，让他疲惫不堪，但他仍从撰史的辛劳中体会精神的安宁自在。

李维的撰史动力除了在于主题的宏大，还在于撰史本身为他带来愉悦，这种带来精神慰藉的说法在古典史家中独一无二。② 李维说历史主要是出于他个人的愉悦而从事的，与他的个人感受不同，读者大多不关心古代史，他们更喜欢阅读近代史，李维勇敢地宣称他所有努力换来的嘉奖将是对当下的弊端避而不见。③

---

① Livy, 31.1.1—5.
② J. Marincola, *Authority and Tradition in Ancient Historiography*, pp. 45—46.
③ Livy, *Preface*, 4—5.

他的写作动力在某种程度上是极为个人的，他享受置身于撰史之中的惬意。

李维撰写历史秉持着严肃的初衷，即通过罗马历史教化人心。经常被援引阐述李维治史目标的前言第 10 节有言："在认识往事时，尤其有利而有益的在于：你可以注意到载于昭昭史册中各种例子的教训，从中为你和你的国家吸取你所应当仿效的东西，从中吸取你所应当避免的开端恶劣与结局不光彩的东西"。[1] 这句话提纲挈领，申明主旨，表达出作者想以罗马道德兴衰的事例启迪人心的情怀。"注意到……各种例子的教训"一句的意象内涵丰富，读者的观察对象在这里指李维的《建城以来史》，即他在前言第 6 节中所说的 "纯粹的历史记录"（incorruptis rerum gestearum monumentis）。"纯粹的"（incorruptis）意味着历史记述既是不朽的，流传后世的，也是真实可信的。同时，"纯粹的"一词也具有医学的意象，意指医学意义上"未受污染的"，这里更多指的是李维在史学意义上的求真主张，不以虚构杜撰有损历史的真实。

"希腊罗马世界的历史写作仍是以修辞法则为根基的文学事业，是建筑、艺术、钱币、戏剧、词源研究、铭文、习惯、口头传说、地形研究所有这些事物的相互作用形成了罗马人的历史感。这些事物是 'monumenta'，也就是意在保存人们对伟大功业（res gestae）记忆的图像、文字。"[2] 李维的历史可以视作一座

---

[1] Livy, *Preface*, 10.

[2] ［美］安德鲁·菲尔德、［美］格兰特·哈代主编：《牛津历史著作史》第一卷（上），陈恒、李尚君、屈伯文等译，上海三联书店 2017 年版，第 325 页。

纪念性的丰碑（monumentum），其纪念性体现在两个方面：一是纪念过去列祖列宗的丰功伟业；二是对当代和后世罗马人提出警示告诫。前言第 6 和第 10 节中的"记录"（monumentum）具有双重含义，一方面是指李维书写的罗马历史，他想要当代人从学习历史中接受历史中的道德教训，借此医治时代的痼症；另一方面是指李维撰就的《建城以来史》一书，① 这部著作是"记述世界上最优秀民族业绩"② 的结晶，是归类于"纯粹的历史记录"③ 的典范，是李维"从事的工作"（negotii suscepti）④ 和"伟大工作"（tantum operis）⑤ 的丰硕成果。因此当我们回顾第三个十卷的序言，李维是这样评价第二次布匿战争的，"我将记述的战争是所有发生过的战争中最令人难忘的"。形容词"令人难忘"（memorabile）照应的是纪念性的丰碑（monumentum），第二次布匿战争史是罗马历史上值得后世纪念的崇高丰碑，对这场战争的历史书写是李维《建城以来史》这座文本纪念碑上的瑰丽明珠。⑥ 李维撰写的罗马史是经久不衰、垂诸久远的纪念碑，其经久不变的旨归便是以这部作品帮助支撑起"大厦将倾的罗马国家"，⑦ 这与医学意象上"不受污染"所传达的信息是一致的，期

---

① J. L. Moles, "Livy's Preface," in J. D. Chaplin and C. S. Kraus, eds., *Oxford Readings in Classical Studies: Livy*, Oxford: Oxford University Press, 2009, pp. 72—73.

② Livy, *Preface*, 3.

③ Ibid., 6.

④ Ibid., 11.

⑤ Ibid., 13.

⑥ 李维结合文本纪念碑和有形纪念碑的叙事策略，参见拙文《纪念碑与李维的视觉化叙事策略》，载《世界历史》2022 年第 1 期，1—10 页。

⑦ Livy, *Preface*, 9.

望罗马国家健康发展，永葆青春。

　　战争是古典史家极为钟爱的主题，前所未有的战争规模和意义影响成为古典史家书写序言时的老生常谈。从希罗多德开始，西方古代史学便延续了强调宏大主题的书写传统，值得铭记的历史人物的丰功伟绩构成了对历史编纂的强大召唤。历史学家追随这一召唤，历尽艰辛完成书写历史的宏大任务，他们怀着保存人类功业的崇高使命记录下那些值得记录的人物和事迹，李维以第二次布匿战争的主题向读者展现了自己作品的同一特征。罗马和迦太基两国的强强对决，战争场面的波澜壮阔表现出这部历史作品的可读性，这场战争对世界格局的影响决定了这部历史作品的必读性。蕞尔小邦的罗马在与外族的激烈交锋中成长为大帝国，甚至发展到"苦于自身宏大的程度"，[1]宏大主题背后的深切忧虑也在李维的作品中隐约显现出来。

第四节　李维与奥古斯都

　　李维生活在从共和向帝国的转型之时，经过二十余年的内战，到公元前29—前27年，罗马迎来了国内和国外和平的曙光，以亚努斯神庙大门的关闭为标志，罗马进入和平时期。新帝国政体的建立对罗马世界产生了深远的影响，同时也深深影响了

---

[1]　Livy, *Preface*, 4.

此时文学创作的普遍特征。[①] 公元前 80 年—前 40 年和公元前 40 年—公元 14 年，即西塞罗时代和奥古斯都时代，合称为拉丁文学的"黄金时代"，[②] 这一时期拉丁文学的创作呈现蓬勃发展的势头，硕果累累，达到了拉丁文学成就的顶峰。奥古斯都治下的黄金时代为个人著述提供了绝佳的外部环境，作家们不仅可以不为内乱所扰，且许多人都可得到文化资助人的资助，在良好的外部条件下著书立作。

奥古斯都时代为这一时期的创作赋予了新的时代内涵，从创作主旨到写作风格皆有一种宏大气魄，当下"普遍存在着一种为罗马的伟大复兴而著述的热望，存在着一种奥古斯都的中庸之道所育成的强大信念，相信不仅能够重新植入共和政府的象征而且其精神也能再次得到发扬"。[③] 许多作家或是歌颂当下的美好生活，或是追溯古老的共和传统，他们怀着对罗马的拳拳之心写出了诸多名篇佳作。维吉尔从公元前 29 年开始撰写史诗《埃涅阿斯纪》，歌颂罗马先人的丰功伟绩，李维撰史也始于此时。繁荣稳定的帝国时代为书写一部伟大的民族史提供了创作良机，此时既可追溯祖先的英雄业绩和罗马崛起为世界帝国的历史进程，歌

---

① 庞培、恺撒和奥古斯都征服世界的野心给当时的全球史书写提供了连贯的历史背景，罗马巩固帝国的现实与涵盖整个时空的文化生产是一致的。阿格里帕的世界地图、奥古斯都的《功业录》、强调世界图景的钱币都具有共同的旨趣，此时史学的发展也概莫能外，参见 K. Clarke, "Universal Perspectives in Historiography", in C. S. Kraus, ed., *The Limits of Historiography: Gener and Narrative in Ancient Historical Texts*, pp. 277—278。

② A. Petrie, *An Introduction to Roman History Literature and Antiquities*, London: Oxford University Press, 1938, p. 113.

③ P. G. Walsh, *Livy His Historical Aims and Methods*, p. 10.

颂古代以激励今人，又可汲取前人在这一领域的优秀成果，把它
们综合为一个系统的有机整体，这项工作由李维完成。[①]

李维的《建城以来史》是在一种蓬勃向上的时代氛围之下开
始创作的。奥古斯都时代的伟大著作家均出生于共和国时代，像
维吉尔和贺拉斯一样，李维对共和后期的动荡与暴行记忆犹新，
希望恢复共和国曾拥有过的辉煌。《建城以来史》前十卷和维吉
尔的《埃涅阿斯纪》所反映的精神不谋而合，两部著作都认为罗
马城由神意所建，受天意指引，均强调帝国的使命是建立全天下
的罗马和平（Pax Romana）。显然，这种爱国情怀受到奥古斯都
本人的鼓舞，然而，李维及其作品与奥古斯都及其政权是否保持
紧密联系则需要另加说明。

英国历史学家罗纳德·塞姆（R. Syme）认为，李维在撰史
的过程中密切关注着奥古斯都本人的态度，他著史是为促进奥古
斯都所颁布政策的实施，李维的历史"受到政府的鼓励……这位
皇帝和他的史家彼此了解……奥古斯都时代的著作家李维、维吉
尔和贺拉斯均与政府极为紧密地站在一处"，[②] 李维成为了奥古斯
都的御用文人，在奥古斯都的授意下开展创作。李维的历史被认
为是对奥古斯都的奉承，他笔下的罗慕路斯、努玛、卡米卢斯和
西庇阿·阿非利加努斯均折射出奥古斯都的某些伟大之处。

以塞姆为代表的这一派观点认为记述罗马的建立者罗慕路斯
是用来强调奥古斯都的神圣性的，因为像"神之子""罗马之王

---

① A. Petrie, *An Introduction to Roman History Literature and Antiquities*, p. 122.
② R. Syme, *The Roman Revolution*, Oxford: Oxford University Press, 1990, pp. 463, 317f.

之父"① 等短语会使读者联想到这些词在当下的含义，在罗慕路斯和奥古斯都之间建立联想。罗慕路斯的下一任国王努玛一改罗慕路斯对外征伐的凌厉作风，"他准备通过正义、法律和道德重新缔造这个靠暴力和武力缔造的城"，② 也与奥古斯都有颇多相似之处。除了罗慕路斯和努玛外，罗马共和国时期的卡米卢斯与奥古斯都也被联系在一起。卡米卢斯不仅从高卢人手中解救了罗马，而且阻止公民弃离罗马另觅新都，被欢呼为"罗慕路斯，罗马城的第二位建立者和救星"。③ 当卡米卢斯提议恢复祭坛，他被称为"宗教的最细心的培育者"。④ 奥古斯都的"祖国之父"称号与卡米卢斯的称号近似，他也曾反对另觅新都，大力弘扬宗教。据说安东尼曾想把国都迁往埃及的亚历山大城，奥古斯都坚决反对。然而，说李维笔下的卡米卢斯反对迁都维伊是在暗指奥古斯都反对安东尼迁都则另当别论，历史人物与当政者的比较不可牵强附会。若李维果真有此用意，借罗马历史上的国王和统帅暗指奥古斯都，岂不是打乱了严密包裹君主制实质的这位元首的计划？借因为凯旋仪式过于豪华而有称王嫌疑的卡米卢斯比拟奥古斯都，岂不是又犯了这位元首唯恐避之不及的忌讳？⑤

以塞姆为代表的认为李维对当政者俯首帖耳、服务现政权

---

① Livy, 1.16.3, "deum deo natum, regem parentemque urbis Romanae".

② Livy, 1.19.1，译文引自［古罗马］李维：《建城以来史》（前言·卷一），穆启乐、张强、傅永东、王丽英译，上海人民出版社 2005 年版，第 63 页。

③ Livy, 5.49.7, "Romulus ac parens patriae, conditorque alter urbi"，参见塞姆的观点，R. Syme, *The Roman Revolution*, 305f。

④ Livy, 5.50.1.

⑤ Livy, 5.23.5.

的观点有着深远的影响。出版于 2015 年的《李维研究指南》的
主编米内奥（B. Mineo）在探讨李维的道德价值和政治价值时提
出，李维想要说明滥用治权（imperium）的人可能会给国家和人
民带来致命危险，在他看来，奥古斯都是兼具道德品质和政治素
质的理想领导者，"李维邀请奥古斯都和未来的罗马政治领袖成
为符合柏拉图理想的明智领袖，用理性的统治取代非理性统治
的伤害，便是作出结束血腥的循环的许诺，在这个循环里，滥
用权力的人将这座城市推入内战的水深火热"，[①] 强调李维在书中
似乎在将这位元首的地位合法化。此外，他还指出李维把对卡米
卢斯的歌颂投射到奥古斯都身上，把高卢战争中解救罗马的卡米
卢斯描绘为一个新的建立者（conditor）、罗马实力崛起的支持者
（auctor）、祖国之父（pater patriae），这些赞美均是在提醒读者当
时的元首奥古斯都所具有的优秀品质，无论是官方意义上的，还
是文学诗意上的。"祖国之父"虽是奥古斯都在公元前 2 年才得
到的称号，但在此之前诗人们已经在诗作中有类似表达，承认奥
古斯都取得的成就。奥古斯都在重建国家法律的同时，拒绝所有
与共和国不相匹配的官职，出台恢复遭内战摧残的法制生活、道
德观念和社会秩序的举措，这些举措让李维颇为赞赏，在某种程
度上奥古斯都重新燃起了他对国家的希望。

　　对李维与奥古斯都关系问题的考察需要回归文本，李维
在《建城以来史》直接述及奥古斯都的有两处，第一处与亚努

---

① Bernard Mineo, "Livy's Political and Moral Values and the Principate," in B.
　Mineo, ed., *A Companion to Livy*, Oxford: Wiley Blackwell, 2015, pp. 125—
　138, esp. pp. 130—132.

斯神庙关闭相关："自努玛统治之后，它被封闭过两次，一次是在第一次布匿战争结束后提图斯·曼利乌斯任执政官时，另一次——神把它赐给我们这一代以便我们能经历——在阿克兴战役和恺撒·奥古斯都赢得海陆和平之后"。[1] 此处，李维没有表现出对这位元首的狂热，且将和平更多地归功于神的赐予。第二处记载则让学者众说纷纭，李维记述了一个名叫科尔奈利乌斯·科苏斯（A. Cornelius Cossus）的统帅把至尊战利品（spolia opima）献给朱庇特神。李维在此宣称，按照从前所有作家的记述，科尔奈利乌斯·科苏斯第二次把至尊战利品献给朱庇特·费莱特里乌斯（Jupiter Feretrius）神庙时身为军团长（military tribune）。他又特别提到有一段刻写在战利品上的铭文，上面称科苏斯取得这些战功时身为执政官，这是"不同于前辈的记录和我的记录"的，并补充了这段重要文字的来源，从"所有神庙的建立者或恢复者奥古斯都·恺撒"那里听来。奥古斯都称自己曾进入这座年久失修的朱庇特·费莱特里乌斯神庙，并将之修缮一新，他亲自在一件亚麻胸甲上发现这段文字。李维认为不提那座神庙的修缮者目睹的这些战利品，几乎是对科苏斯的一种亵渎。接下来他却话锋一转，直言不讳地说："然而这件事的差错在于，从写在亚麻上并陈放于金钱神庙（temple of Moneta）里的古老年表和职官书得知，科苏斯是在七年后才与昆克提乌斯·腓努斯（T. Quinctius Poenus）一起担任执政官的，每个人都是可以各持

---

[1]　Livy, 1.19.3, 译文引自［古罗马］李维：《建城以来史》（前言·卷一），穆启乐、张强、傅永东、王丽英译，上海人民出版社 2005 年版，第 63 页。

己见的。"[①] 我们看到，李维的确对奥古斯都尊敬有加，字里行间流露出对这位元首复兴传统宗教、修缮古老神庙的赞许，但在科苏斯的职务考证上，也是奉献至尊战利品的资格条件上，他仅是恭谨地列举出奥古斯都的所见和自己的所闻，没有直接赞同奥古斯都的说法，甚至列举出其他与奥古斯都的说法相悖的史料，并提示说全部交由读者来定夺，大家可以保留自己的意见。

现代学者质疑奥古斯都在朱庇特神庙中的发现，尤其是考虑到公元前27年，奥古斯都借口代行执政官（proconsul）利奇尼乌斯·克拉苏（Licinius Crassus）并未担任执政官一职，不准他奉献至尊战利品。奥古斯都以遵循祖制为由，借口科苏斯贡献至尊战利品时的执政官身份，提高举行凯旋式、进献至尊战利品的资格门槛，限制政治竞争者的上升空间。虽然这种怀疑无法得到证实，但极有可能的是，奥古斯都伪造了这一证据以挫败对手。无论真相如何，李维的言论很难被解释为奉承之辞，尽管他显然流露出对奥古斯都的尊敬和对其宗教政策的赞赏。令人遗憾的是他未曾亲自现场查证，但这并不能说明他企图掩盖真相，而是他作为史家的一点重要不足——不探求第一手史料。

上述两处直接提及奥古斯都的记载分别出现在第1卷和第4卷，李维的前十卷创作于公元前1世纪30年代，出版时间最晚为公元前20年，虽然这十卷恰好将重点放在古代的宗教传统上，但在时间上基本早于奥古斯都复兴传统宗教和道德的社会改

[①] Livy, 4.20.5—8, G. B. Miles, *Livy: Reconstructing Early Rome*, Ithaca and London: Cornell University Press, 1995, pp. 40—47.

革。此时在宗教改革方面，奥古斯都始于公元前 28 年的重建神庙的工作已经开始，但是其他的宗教举措没有开展，如百年庆典（Ludi Saeculaes）举行于公元前 17 年，恢复其他宗教仪式始于公元前 12 年，在他成为大祭司长之后。在社会改革方面，奥古斯都出台监督法律和道德的举措不早于公元前 19 年，他鼓励婚育、反对通奸的社会立法直到公元前 9 年才施行。在前十卷中，李维在有关卢克莱霞（Lucretia）和弗吉尼娅（Verginia）的史实中强调贞洁（pudicitia）对和谐国家的重要作用，撰写时间早于奥古斯都主要的道德举措。① 由此可见，很难作出李维的记载是在回应并拥护奥古斯都措施的判断，李维在奥古斯都的宗教和社会改革之前就已在作品中流露对恢复宗教祭仪有助于社会稳定的支持态度。李维不可能是为称颂奥古斯都的宗教和社会改革而著罗马史的，他的作品中没有出现像维吉尔和贺拉斯那样对奥古斯都的溢美之词。我们必须区分溢美之词和赞同之意，前者即使心怀诚挚也会赞美过度，而后者会少些奉承之味。李维为社会重新走上正轨而欣慰，但并不以此博得奥古斯都本人的好感。

李维和奥古斯都的私交有塔西佗的记载为证，"提图斯·李维……如此高度赞颂格奈乌斯·庞培，使得奥古斯都称他为庞培派，但这并未隔阂他们的友谊"。② 庞培是奥古斯都的养父尤利乌斯·恺撒的政治对手，两人虽因政治利益而结为同盟，可最后分

---

① 关于卢克莱霞，见 Livy, 1, 58；弗吉尼娅，见 Livy, 3, 44ff。
② Tacitus, *Annals*, 4.34.

道扬镳，在法萨卢一战决一雌雄。庞培站在贵族派（optimates）立场，恺撒站在民众派（populares）一方，说李维是"庞培派"指的是他的历史记载偏向元老共和派，而从奥古斯都的轻松口吻进一步可知，这位元首没有把李维持不同政治倾向的事放在心上。试想，如果他无法容忍李维发表与他本人的政治态度相悖的言论，两人的友谊将无从谈起，李维的著作可能会惨遭被查禁、被焚毁的厄运。

　　李维没有投靠元首政治，从未有人提及他是麦凯纳斯的密友，他的名字没有和奥古斯都任何一位文学资助人联系在一起。李维不诌媚权贵，不阿谀奉承，坚守着一位历史学家的品格，这从他责备奥古斯都的被庇护人蒂迈根尼（Timagenes）可见一斑。希腊历史学家蒂迈根尼曾是安东尼的友人，后来得到奥古斯都的庇护，撰有这位庇护人的传记。我们能够确定的是，李维在第5卷的民族学插叙中把蒂迈根尼作为史料来源，但在第9卷李维再次提到他时，不仅没有把他作为史料来源，还言辞尖刻地说他是"最善变的希腊人"（levissimi ex Graecis），把批判的矛头指向他，批评他夸赞亚历山大甚至帕提亚人的声名，胜过罗马人的威名。李维认为他言过其实，有损罗马人的声威。[1] 蒂迈根尼后来与奥古斯都断交，烧掉阿谀奉承的传记以示抗议，这一举动不早于公元前25年，而李维按照平均速度已在公元前25年完成第9卷。李维在书写第9卷时没有因为当时的蒂迈根尼受到奥古斯都的庇

---

[1]　Livy, 9.18.6，李维没有直接提到名字，但我们认为这里所指的希腊人就是蒂迈根尼，参见 R. M. Ogilvie, *A Commentary on Livy Books 1—5*, p. 4。

护便收起自己的批评，这可以作为李维独立创作的一项明证。

除此之外，塔西佗所说的李维与奥古斯都的亲密友谊受到李维研究专家卢斯（Luce）的质疑。卢斯通过比较李维的记载和奥古斯都广场铭文（elogia）的异同来探讨两人的亲疏关系。李维和奥古斯都在历史的范例价值上有着广泛的共识，尽管他们的出发点不甚相同。李维的重点在于教导罗马人在个人生活和公共生涯中模仿正面范例或避免反面示例，奥古斯都则关注他本人和继任的元首向世人展现需接受后代检视的家族成就。奥古斯都广场的罗马杰出人物雕像下方刻有铭文，根据铭文展现的信息，李维的记载和铭文残篇之间存在较为明显的差别。奥古斯都下令搜集择选的信息有时并非李维史书中着力刻画的内容，有时奥古斯都大力颂扬的许多历史却是李维一笔带过的，或者说这些铭文的编辑者有意无意地忽略李维的历史。卢斯由此得出结论，奥古斯都与这位史家的友谊可能并不算亲密，不像有些人以为的那样意气相投。李维不承认奥古斯都取得了超出过去所有杰出人物（summi viri）的成就，不赞同罗马的历史至奥古斯都统治时期达到鼎盛。[①]

总之，帝国初期的罗马文学沉浸在一种爱国主义的氛围之中，这一方面是和平契机对著述风格造成的影响，再者与奥古斯都本人对爱国精神的大力倡导有关。从这个意义上说，李维可以称为"奥古斯都时代"的史家。然而，并不能说李维著史是为了服务奥

[①] T. J. Luce, "Livy, Augustus, and the Forum Augustum," in K. A. Raaflaub and M. Toher, eds., *Between Republic and Empire: Interpretations of Augustus and His Principate*, Berkeley, Los Angeles and London: University of California Press, 1993, pp. 123—138.

古斯都政权。李维笔下的英雄人物与奥古斯都有着一定联系，但不能因此武断地宣称李维将之比附奥古斯都。其实，李维像所有的古代史家一样，无法截然分隔古今。在描述与当下类同的史事时，他下意识地联想起所处时代。[①] 然而，若称李维有意将奥古斯都与传说和历史时代的杰出人物相比附则是错误的。如果李维果真想强调奥古斯都的善行和伟大，何必费尽心思地把对奥古斯都的歌颂暗藏在学者大加研究的修饰词 "augustus"（神圣的、尊贵的）的使用之中。说李维是奥古斯都的御用文人的说法，其实并非单纯因为李维著作中的记载让他们如此以为，而是他们审视李维的眼光变了，试图在李维著作中寻找到蛛丝马迹来证明他们先入为主的观点。李维在前言中表现出与奥古斯都社会和宗教改革相一致的态度，李维承认奥古斯都造福罗马和意大利的伟大功业，但这种赞同没有进一步以其他具体的记载来填充。[②]

　　罗马人的丰功伟绩是李维著述的主题，罗马人的功业之中最主要的是战争的胜利，李维强调第二次布匿战争是所有战争中最难忘的，最值得纪念的，是两个强国的激烈交锋，是两国军事技艺的强劲比拼，是双方战局的跌宕起伏，是如履薄冰的战争体验。[③] 这场战争是罗马史中的重要部分，也必然是李维《建城以来史》的重要部分。

---

① 第一卷某些段落反映出李维对当下社会有所暗示，参见 H. Petersen, "Livy and Augustus," *Transactions and Proceedings of the American Philological Association*, Vol. 92, 1961, pp. 440—452。

② 李维与奥古斯都的关系还可参见本书第六章第三节。

③ Livy, 21.1—3.

第二章　第二次布匿战争

第二次布匿战争在古代地中海世界波及甚广，在古代史家看来，第一次布匿战争是当时已知最大的一场战争，随后第二次布匿战争完全超越第一次，在现代研究者看来，第二次布匿战争投入的罗马人及其同盟者的兵员比例接近 20 世纪欧洲的参战水平，[①] 第二次布匿战争堪称古代的世界大战。

李维在第 21—30 卷中连续记载了第二次布匿战争的历史，他注重的并不是对过往事件的精确记载，而是烘托罗马人所具有的英勇善战、坚韧不拔的精神品质，塑造具有这些品质的英雄人物。探究李维记载这场战争的方法及特色，需首先了解第二次布匿战争的发生、发展及最终结局。

---

① D. Hoyos, ed., *A Companion to the Punic Wars*, Chichester: Wiley-Blackwell, 2011, p. 4.

第一节　战争的起因

在李维生活的公元前 1 世纪和公元 1 世纪，罗马成为世界性帝国的必然性观念已经在民众心中扎根，对地中海的称呼也变成了"我们的海"（mare nostrum）。这条帝国之路唯一真正存在过的威胁来自汉尼拔，他在第二次布匿战争的早期让罗马人损失连连，李维曾发出慨叹，坎尼战役后"汉尼拔已然是阿普利亚、萨莫奈和几乎整个意大利的主宰"。[①] 奥古斯都统治时期，罗马的强国地位是上天注定的观念十分普及，罗马帝国蒙上了苍天庇佑的天命色彩。在奥古斯都的宣传中，所遭遇的失败被看作是对罗马意志品质的大考验。罗马从城邦成长为帝国是一个军事征服的历时性过程，以对抗汉尼拔的战争达到高潮。与罗马的神圣光环形成鲜明反差的是斥责迦太基人背信弃义的俗语——"布匿诚信"（punica fides）——的出现，以反语的形式贬低迦太基毫无忠诚可言，以负面的迦太基形象烘托罗马人中正伟岸的形象。罗马的天命观念和伟岸形象随着对外扩张的进程逐渐确立，第二次布匿战争具有重要的里程碑意义。

第二次布匿战争的导火索是萨贡图姆（Saguntum）事件。罗马和迦太基在萨贡图姆事件中的做法孰是孰非一直是一个众说纷

---

① Livy, 22.54.10.

绘的话题。西班牙的萨贡图姆城与臣服于迦太基的临近部落发生纠纷，萨贡图姆人迫于自身所受威胁，多次向罗马求援，由此引发了罗马与迦太基之间的一场政治纠纷。罗马派出使团与汉尼拔会谈，责令他不准干涉萨贡图姆事务，而汉尼拔则驳斥了罗马所持立场。理由是萨贡图姆的地位从未在罗马人和迦太基人之间明确界定，因此双方均像在公元前 264 年第一次布匿战争前夕所发生的麦萨纳（Messana）事件中那样，宣称自己为正义一方。罗马使团遂前往迦太基，他们的傲慢态度令迦太基反感。

汉尼拔于公元前 219 年春攻打萨贡图姆，萨贡图姆坚持抵抗，拒不投降。虽然罗马承诺给予帮助，却从未兑现，萨贡图姆在八个月的艰苦抵抗之后陷落。第二年年初，罗马元老院从伊利里亚战争中抽身，预感到汉尼拔在西班牙的军事举动蕴藏着越过埃布罗河（Ebro）北进的危险，遂要求迦太基交出汉尼拔。迦太基政府对这一挑衅性要求严词拒绝，双方的争执愈演愈烈，战争遂不可避免。由此，政治纠纷升级为一场大战。

这场战争究竟因谁而起，谁才是战争的元凶，学界对此问题争论颇多。据李维记载，罗马和迦太基之间有两份条约，第一份是第一次布匿战争后迦太基方面与罗马执政官盖尤斯·路塔提乌斯（C. Lutatius）签订的《路塔提乌斯条约》，条约规定双方的盟友均受保护，但未提及萨贡图姆人。第二份是公元前 226 年迦太基的哈斯德鲁巴（Hasdrubal）与罗马签订的，条约规定迦太基人不得越过埃布罗河，将萨贡图姆列入受罗马保护的盟友之列。就这两份条约哪个具有法律效力，双方各执一词。罗马拒斥前者，坚持后者，理由是前者未经罗马元老院的批准和公民大会的认可。迦太基同样也以后者未得到迦太基政府的批准为由，不承认后者的有效性，双方争执的焦点体现在萨贡图姆作为罗马盟友的地位是否受到法律保护。[①] 波利比乌斯的记载略有不同，他也提到了哈斯德鲁巴与罗马元老院代表签订的条约，有迦太基人不可武力越过埃布罗河以北的规定。他还含糊地说这份《埃布罗条约》在汉尼拔于公元前 221 年接掌巴尔卡家族在西班牙指挥权的前些年签订。[②] 到底是前几年，让现代学者十分犯难，如果萨贡图姆在《埃布罗条约》之前就已成为罗马的友邦，受到罗马的保护，则汉尼拔进攻萨贡图姆可以视为对罗马的挑衅，是战争的起因；相反，同盟关系如果开始于《埃布罗条约》签订之后，则可视为罗马怀揣敌意，向原本是迦太基势力范围的西班牙渗透势力。

断定战争的元凶立足于多个不确定的因素之上，条约的精确内容，条约签订后罗马结交的盟友是否应纳入保护之列，罗马与萨贡图姆的盟友关系是否有盟约为凭，凡此种种都使得断定哪一方首先挑起战争愈加复杂。

罗马与萨贡图姆的关系存在模糊不清之处，萨贡图姆当时是不是罗马的正式盟友？据现代学者研究，罗马和萨贡图姆可能并未缔结一份正式的条约，即便罗马同意保护萨贡图姆，萨贡图姆许诺忠诚于罗马，双方的关系也并非以一份条约加以约束的。[③] 波利比乌斯称双方的外交关系开始于萨贡图姆人的"托庇"，他们"把自己

①　Livy, 21.18.8—9; 21.2.7.

②　Polybius, 3.29.3; 3.30.1.

③　M. Cary and H. H. Scullard, *A History of Rome down to the Reign of Constantine*, London: Macmillan Press, 1975, p. 125.

献给对罗马的忠诚（pistis）"。① 关于"托庇"的具体内涵难以确知，不过值得注意的是，在罗马共和国中期的外交关系中是没有过于正式的条约分类的，忠诚（fides）只能表明萨贡图姆人是罗马人的朋友，无法说明双方的义务被界定得清楚明白。认定迦太基进攻罗马盟友，挑起第二次布匿战争，与其说是罗马肩负保护盟友的义务，出师有名，不如说替盟友讨回公道只是利用的借口，以掩盖罗马的出战动机，回避罗马不及时救援、负于盟友可能受到的非议。

波利比乌斯在论述罗马和迦太基之间外交关系时列举了两国的 6 份和约，他称 5 份为真，一份为假。②5 份真正存在的条约分别签订于公元前 509 年、前 348 年、前 279 年、前 241 年和前 226 年的《埃布罗河条约》。第 6 份和约即菲利努斯（Philinus）记载的条约，大约在公元前 306 年签订，波利比乌斯斥之为伪造，称这份条约保存在市政官掌管的国库里一块青铜版上，但他在国家档案中寻觅不到这份条约的踪迹，他于是干脆宣称："根本不存在这份条约，从前也没有过。"③ 菲利努斯所记载的条约中有"罗马人必须远离整个西西里，迦太基人远离意大利"的内容，里面所规定的罗马占据意大利、迦太基占据西西里的势力范围划分与前后几份条约的内在逻辑是一致的，内容框架与《埃布罗条约》是相似的。如果菲利努斯记载的条约为真，罗马在第一次布匿战争前渡海进入西西里便是公然违背菲利努斯记载的条约的，罗马将对第一次布匿战争的爆发负责。如果第一次布匿战争

① Polybius, 3.15.8.
② Polybius, 3.22—27.
③ Polybius, 3.26.5.

是罗马违约，那么第二次布匿战争即便违约的是迦太基也情有可原，因为第二次布匿战争是第一次布匿战争的继续。

　　希腊历史学家波利比乌斯浓墨重彩地记录了这次战争的意义，他着迷于罗马人如何在53年的时间里（从公元前220年—前167年）把几乎整个人居的世界纳入他们的掌控的疑问，[①] 并由此展开对汉尼拔战争原因和罗马共和国政制特色的讨论。汉尼拔战争成为这段关键时期开始的标志，从此罗马开始了海外扩张之路，从意大利的地域性国家发展为一个囊括整个地中海世界的帝国。波利比乌斯在其《历史》中不甚关注汉尼拔进攻萨贡图姆的军事行动，认为这是战争的前奏，他强调迦太基为二十年前失去撒丁岛而不平，这才是战争的原因。"有些汉尼拔战争的史家，当他们想要向我们指出罗马和迦太基的这场战争的原因时，首先称迦太基对萨贡图姆的围困，然后说他们渡过被当地人称为埃布罗的那条河而打破条约。但是，我应该称这些是这场战争的前奏，却不能承认它们是其原因……我会因此把实施已被决定的事的首度尝试视为'开端'，但我会在起指挥作用的如此的行为和政策所暗示的动机中寻找'原因'；因为是通过这些，人们被引导着对特殊的行为线索作出决定。"[②] 战争的起因可追溯到第一次

① Polybius, 1.1.5.
② Polybius, 3.6—10，波利比乌斯提到法比乌斯·皮克托的说法，皮克托称汉尼拔战争的起因是汉尼拔进攻萨贡图姆和哈米尔卡的女婿哈斯德鲁巴的野心，想要独立于迦太基政府统治西班牙，因此法比乌斯将战争的罪责归咎在哈斯德鲁巴和汉尼拔身上。斯卡拉德认为法比乌斯这一反巴尔卡家族的看法可能源于汉尼拔战争失利后迦太基方面的自证清白，把引发战争一事归罪给哈斯德鲁巴和汉尼拔，而在公元前195年汉尼拔遭放逐时，这一看法得到人们的赞同，*CAH*, 2nd Edn., Vol. 8, p. 22, note 6。

布匿战争及之后两国关系的变化。

在第一次布匿战争及之后，迦太基方面的领导者是哈米尔卡。波利比乌斯说，哈米尔卡决定利用西班牙作为反对罗马的基地，而不是将它当作弥补近期以来迦太基人所受损失的手段，说在前往西班牙前，哈米尔卡向宙斯①献祭后问他九岁的儿子汉尼拔想不想一起出征，当男孩表达急切的意愿时，他让男孩在祭坛发誓：他将来永远不会与罗马友好，这个故事是后来汉尼拔本人告诉塞琉古国王安条克三世（Antiochus III）的。②值得注意的是，否定句式的不对罗马友好与后来记载的永远与罗马为敌的誓言是极为不同的，不与罗马友好不必一定要发动对罗马的复仇战争，汉尼拔的父亲哈米尔卡在西班牙的行动也没有太多证据来支撑他酝酿对罗马进行复仇战争的假设。

在与波利比乌斯相隔一个多世纪的李维这里，战争起因的情感要素从巴尔卡家族对罗马不友好变成了仇恨。据李维记述，这种仇恨缘起于罗马先后夺取了迦太基原先保有的西西里和撒丁岛。对巴尔卡家族的哈米尔卡而言，西西里是因过早绝望而让出的，撒丁岛是在非洲骚乱之中被罗马人阴谋攫取的，他对失去两地心有不甘，对罗马怀恨在心。他甚至把年仅九岁的儿子汉尼拔领到祭坛前，命他把手放在献祭的牺牲上，发誓尽早成为罗马人民的敌人。③

公元 1 世纪的史诗作家伊塔利库斯作有《布匿战记》，他基

---

① 即迦太基的雷神巴尔（Baal）。
② Polybius, 3.8.
③ Livy, 21.1.4—5.

于史诗的风格和体裁，强调天神对世俗世界的干预，把双方的
战争归结为天庭的介入。"大发雷霆的原因，以不曾减弱的暴怒
所维持的仇恨，父传子、子传孙的战争，我要揭示这些事，以公
开上天的秘密。现在我将开始追溯这次大动乱的起因。"① 伊塔利
库斯从狄多离开推罗城开始，讲述了狄多在利比亚海岸建国的故
事。朱诺女神偏爱迦太基，愿迦太基万世永存，罗马的异军突起
却让这位女神惶惶不安。她在迦太基人身上播撒开战的烈火，但
迦太基在西西里海域遭遇重创，第一场战争给他们换来的是灰飞
烟灭的结局。随后，朱诺挑起新的争端，她选中一位新的执行者
汉尼拔，由汉尼拔接续女神的愤怒，再次决战。② 伊塔利库斯称
双方势不两立、决一死战，"在第二次战争中，每个国家奋力摧
毁和终结对手，被许以胜利的人近乎毁灭：其中有一位罗马将领
攻陷了迦太基的堡垒，汉尼拔包围帕拉丁山的意图，罗马单靠城
墙安然无恙"。③ 他还讲述了巴尔卡家族对罗马仇恨升级燃起战火
的故事，"汉尼拔年幼时，他父亲热心于在汉尼拔心中点燃与意
大利和萨图恩的国度作对的恨意，在他身上开启光荣的事业"。④
汉尼拔的父亲哈米尔卡让儿子参加宗教仪式，告诫他要"一
雪前耻，做出一番成就，迅即发动摧毁罗马人的战争，你的降
生，让罗马人惧怕；你的发迹，让拉丁人母亲拒绝繁育后代"，⑤

---

① Silius Italicus, *Punica*, 1.17—20.
② Ibid., 1.21—55.
③ Ibid., 1.12—15.
④ Ibid., 1.70—71.
⑤ Ibid., 1.107—109.

鞭策男孩按照他的意愿发誓，"当我成年，我将以火与剑追讨罗马人，让特洛伊的命运再度发生"，[①] 以罗马先祖埃涅阿斯的故国特洛伊的毁灭预言罗马的失败。伊塔利库斯虽提及了汉尼拔对罗马怀恨在心、企图摧毁罗马的意图，但把对罗马的仇恨以及战争的根源归结为神意使然。诚然，伊塔利库斯因为史诗体裁的原因，极力渲染神祇对人间的干涉，强调双方铲除对手的决心，战争受神意驱使，然而，我们看到在公元1世纪伊塔利库斯所生活的时代，"不与罗马为友"的中庸说法已经被"誓与罗马为敌"的敌对说法代替。公元2世纪的史家阿庇安在《罗马史》中，也把战争爆发归结为哈米尔卡、汉尼拔对罗马的仇恨，把战争责任归于汉尼拔，称汉尼拔违背条约，渡过埃布罗河进攻萨贡图姆挑起战争。战争起因于汉尼拔与罗马为敌的仇恨心理的相关论述，反映了罗马帝国主义征服后对历史的重构，罗马成为塑造第二次布匿战争史的绝对优势一方。

对于第二次布匿战争爆发是否不可避免的问题，学界大体有两种观点。[②] 腾尼·弗兰克（Tenny Frank）通过完整论述战争原因，驳斥罗马与迦太基两国为保护及扩大各自的利益不惜诉诸武力、两国之间爆发战争理所当然、不可避免的观点。他认为这种误解的根源在于，把对巴比伦、埃及、波斯等东方国家历史的

---

① Silius Italicus, *Punica*, 1.114—115.
② 关于罗马对迦太基的态度和措施也有两种截然不同的观点，一种认为罗马人长久以来一直密切关注西班牙，他们的政策与限制迦太基的扩张密切相关，而另一种观点认为罗马对西班牙的态度主要是漠不关心。参见 Cary and Scullard, *A History of Rome*, p. 599, note 8.

研究附会到希腊罗马研究中，并得出古代国家的帝国主义在某种程度上具有普遍性的结论。虽然东方君主制国家在总体上说是帝国主义的，但希腊罗马城邦多有不同，军队由需自负支出的公民兵组成，武力扩张在一定程度上也意味着城邦制度必然随着获得附属国而瓦解，君主制则适合在征服之中发展。如后来的事态发展所见，罗马不欢迎这场战争，不打算在西班牙获取领土，只想尽快结束西班牙的争端。罗马派军进攻非洲，推测迦太基会很快召回汉尼拔，如果成功，罗马会以索要赔偿来尽快结束战事。因此，罗马仅向西班牙派出 1 万新兵对付汉尼拔的 5 万老兵，目标是骚扰敌人并把守要道，等待罗马在非洲的军队主力完成使命。就迦太基而言，汉尼拔早有谋划，他的计划通过他早期的军事行动表现出来，他选择危险的陆路穿过高卢和阿尔卑斯山，不依靠本国政府运送兵员，希望吸收近期与罗马交战的波河流域的高卢部落。他不打算毁灭罗马，而是使意大利成为迦太基的附庸，因为他在其军队高歌猛进时与马其顿国王腓力的盟约条文证明了他认为罗马将继续作为一个强国存在。因此，布匿战争不是一场灭绝战，也不是一场征服战，其目的仅是汉尼拔为迦太基之前的失败雪耻。[①]

霍尔沃德（Hallward）也认为，"不能说，战争从一开始就是不可避免的。罗马和迦太基间的第一次冲突并不必须以一方的毁灭或屈服为结果。只要愿意尊重对方的势力范围，两个国家

---

① T. Frank, *Roman Imperialism*, New York: The Macmillan Co., 1914, pp. 119—126.

可以继续并肩存在于地中海西部。从迦太基在之前三个世纪的对外政策可以看出，非常有可能的是，她想保持和平以便从西班牙这个新获得且扩大的行省开发资源。罗马占据西西里可能会感到满足，而将西班牙矿藏和西班牙市场的富庶之乡留给迦太基"，[1] 双方的战争是可以避免的，双方都没有毁灭对方、独自称雄的打算，这次战争不以消灭对手为最终目标。

罗马史研究著名学者斯古拉德也主张罗马不曾主动挑起战争，他认为事态的严峻发展之势已经出乎罗马的意料，战争的爆发是两国均势状况被打破的必然结果。然而，这两个共和国不可能在和平条件下无限期地存在下去。均势可保持一段时间，譬如存在于东方的希腊，然而摩擦的原因将不可避免地发生。现在，罗马已被迫成为一支世界力量，但在前两次布匿战争之间的年头里，罗马没有精心策划扩张政策，这一点已被暗示出来。国内以弗拉米尼乌斯（Flaminius）为首的重农派把视野限定在意大利，他们与赞成国际政治的重商派之间分歧很大。攫取撒丁岛，是横行霸道者的侵略之举，代表着一种短暂的状态。高卢战争在原则上是防御性的，虽然它促使罗马武装保卫北部边陲。罗马在西班牙的早期活动更多的是由于对盟友马西里亚的担忧，而非有计划的西方政策。诚然，所有这些做法日后给罗马增添了更多责任，但罗马几乎不能预料到每个做法的最终结果。如果汉尼拔挑战她对西班牙的干预，那么罗马会面对这些结果并决定地中海西部的

---

[1]　B. L. Hallward, "Hannibal's Invation of Italy," in *Cambridge Ancient History*, Vol. 8, Cambridge: Cambridge University Press, 1930, pp. 25—32.

统治地位的。①

　　上述几位学者的观点大体上认为战争是可以避免的，认为罗马不同于东方君主制国家，在这场战争中罗马并没有积极地在西班牙获取领土，罗马的做法总体上是被动应战，从战争初期的军事部署可见罗马是想尽快结束这场战争的，双方的军事冲突并不以毁灭另一方为前提，双方都接受彼此的存在，只要尊重彼此的势力范围即可。战争是事态不可控的结果，罗马没有精心策划扩张事业，对外扩张是与国内重农派的主张不相符的。罗马对外的扩张和掠夺是暂时情况，可以相对淡化，因为和平不可能无限期存在下去。上述主张从宏观视角下审视，都卷入了罗马史研究的一个经典问题的讨论，罗马帝国主义的性质是什么？罗马对外扩张是防御性的还是扩张性的？我们需从更加广阔的社会经济、政治、文化背景来考察罗马与迦太基的关系，探求这场战争深层次的根源。

　　一百多年来学者们对罗马帝国的成因作出了诸多解释，对罗马帝国的性质解释各异。②19 世纪德国史家蒙森的《罗马史》最先为罗马扩张的性质奠定了基调。在蒙森看来，罗马发动对外战争主要源于对强邻的恐惧，有时这些强邻足以让罗马遭受灭顶之灾，有时罗马的恐惧完全是小题大做，恐惧使得罗马绝地反击、

---

① H. H. Scullard, *A History of the Roman World from 753 to 146 BC*, 3rd edn., London: Methuen & Co., 1961, pp. 181—185.

② 参见拙文《罗马帝国成因的是是非非》，载《读书》2017 年第 4 期，第 12—19 页；《和平与无序：罗马共和国对外战争再思考》，载《历史教学问题》2020 年第 3 期，第 112—118 页。

动武开战。罗马的对外战争往往事出有因，敌对双方的误解不断加深，导致以诉诸武力的方式解决危局，战争随即爆发。罗马因为自身安全的考虑或是偶然事件的牵连而开战，罗马揽获的帝国不是运筹帷幄的扩张政策的产物。后人习惯于把蒙森对罗马帝国成因的见解概括为防御性帝国说。继蒙森之后，20 世纪早期又有法国学者奥洛（M. Holleaux）和美国学者腾尼·弗兰克成为防御性帝国说的拥趸。[1]

20 世纪中期，涌现了以巴蒂安和沃尔班克为代表、坚持帝国征服的防御特征的学者，[2] 巴蒂安追随蒙森的见解，主张公元前 2 世纪的多数时间里，元老院以避免兼并他国为政策导向，期望希腊人能够相安无事，遵从罗马人的建议，甘做罗马人的附庸，罗马没有兼并希腊的打算。然而事与愿违，希腊各王国交锋不断，经常寻求外部势力的介入，向罗马申诉请求干预，这为罗马插手东方事务提供了重要契机。沃尔班克凭借波利比乌斯研究专家的优势，以波氏的记述为基础，重新阐释罗马在东方的政策。他倚重波利比乌斯记载的权威地位，提出波利比乌斯已经觉察出罗马帝国政策的发展上并非前后一致，以汉尼拔战争为转折，这场战争是世界性征服的第一步，随后罗马举兵进入希腊和亚细亚，揽

---

[1] T. Mommsen, *The History of Rome*, trans. W. P. Dickson, London: New Burlington Street, 1862—66; M. Holleaux, *Rome, la Grèce et les monarchies hellénistiques au III siècle avant J.-C. (273—205)*, Paris, 1921; T. Frank, *Roman Imperialism*, New York: The Macmillan Company, 1914.

[2] E. Badian, *Foreign Clientelae (264—70 BC)*, Oxford: The Clarendon Press, 1958; E. Badian, *Roman Imperialism in the Late Republic*, 2nd edition, Oxford: The Clarendon Press, 1968.

获东部地中海，罗马军事征服的性质是分阶段而定的。①

　　20 世纪 70 年代末起，这一正统观点不断遭遇挑战，著名学者芬利和霍普金斯均驳斥了防御性帝国理论，②首位发起全面挑战的是威廉·哈里斯，他以《罗马共和国的战争与帝国主义》一书提出罗马到公元前 4 世纪 30 年代已成为一个军事化国家，不仅在现代意义上言之，在古代意义上亦然。③罗马人变得习惯于连年征战，引发战争的最重要因素可归结为罗马人对光荣的追求和对经济利益的渴望。战争是元老贵族的基本生活经历，是他们赢得荣耀、权势和影响力的主要途径，个人斩获的战利品越多，赢得的社会赞誉越多。罗马民众同样渴望战利品和土地以便改善生活处境，乐意加入罗马的征服事业。许多学者论称，到公元前 4 世纪，战争之于罗马是一种社会、政治和经济的必需，战争对于满足贵族的物质和思想需要成为必需的，战争对于解决社会和经济问题成为必要的。④

　　罗马不仅善战，而且真的好战，即使在竞争激烈的地中海世界也是胜出一筹的，扎根于以军功为背景的政治文化。掌握最高

---

① F. W. Walbank, "Polybius and Rome's Eastern Policy," *The Journal of Roman Studies*, Vol. 53, 1963, pp. 1—13.

② M. I. Finley, "Empire in the Greco-Roman World," *Greece & Rome*, Vol. 25, No.1, 1978, pp. 1—15; E. Hopkins, *Conquerors and Slaves: Sociological Studies in Roman History, vol.1*, Cambridge: Cambridge University Press, 1978.

③ W. V. Harris, *War and Imperialism in Republican Rome 327—70 BC*, London: Oxford University Press, 1979.

④ Raaflaub, K., "Born to be Wolves? Origins of Roman Imperialism", in Wallace, R. W., and Harris, E. M., eds., *Transitions to Empire: Essays in Greco-Roman History, 360—146 BC*, Norman: University of Oklahoma Press, 1996, pp. 271—314.

治权的官员在任何情况下都被期待扩大国家的疆土，增加国家的收入，削弱外国对手的实力。罗马极为显赫的西庇阿家族的著名墓志铭让我们浮光掠影地看到这一点。墓志铭上面罗列死者担任过的公共官职，历任执政官、监察官、市政官，随后夸耀其家族成员所征服的敌人，征服了意大利和科西嘉，两篇墓志铭中明确说明了西庇阿赢得了"在你们中间"（apud vos）的杰出，强调了国家公职与社会地位之间的紧密关联。[①] 第二次布匿战争中，贵族竞逐荣誉继续对实际的战争过程发生影响。公元前 203 年执政官塞尔维利乌斯·凯佩奥（Cn. Servilius Caepio）和塞尔维利乌斯·格米努斯（C. Servilius Geminus）被派遣在意大利指挥军队。任期接近结束时，凯佩奥渡海前往西西里，希望从西西里进入阿非利加取得军事成就。公元前 202 年执政官克劳狄乌斯·尼禄（Ti. Claudius Nero）施压，促成阿非利加成为他的战区。他强烈表达诉求，元老院只得允许他拥有和西庇阿·阿非利加努斯相同的军权（parique imperio），渡海进入阿非利加。公元前 201 年的执政官科尔奈利乌斯·兰图鲁斯（Cn. Cornelius Lentulus）在下一年提出了同样的诉求。公元前 205 年执政官科尔奈利乌斯·西庇阿负责阿非利加战事，他尽其所能在执掌治权的时间内结束战争，以便收获对汉尼拔的胜利，这样胜利荣誉可以归在他的名下。这种做法十分常见，罗马将领往往根据自己军权的延续

---

① 科尔奈利乌斯·西庇阿·巴尔巴图斯（L. Cornelius Scipio Barbatus，公元前 298 年执政官）：*CIL* 1² 6/7 = *CIL* 6.8.3 1284/5 Add. = *ILS* 1/2。路奇乌斯·科尔奈利乌斯·西庇阿（L. Cornelius Scipio，公元前 259 年执政官）：*CIL* 1² 8/9 = *CIL* 6.8.3 1286/7 Add. = *ILS* 3。

时间，拖延战争抑或提出停战签订和约的条件，以便以军功赢得显赫声誉，想要消除敌人威胁的关切反倒放在次席了。

　　在防御性帝国论和扩张性帝国论的争论之下，扩张性帝国主义的主张逐渐取得优势，即便如此，防御性帝国论的余音仍不绝于耳。布匿战争史专家霍约斯（Hoyos）以《意外的战争》为书名论述第一次和第二次布匿战争的起源。他认为罗马不曾预料到这场战争，在第二次布匿战争爆发前罗马没有布匿政策可言，罗马人只就直接涉事国家的请求才会做出反应。公元前218年的汉尼拔也没料想开战，双方都不是酝酿着与敌人决一死战的战争。按照经济动因促成对外战争的逻辑，汉尼拔似乎没有思考过对外征服的经济计划，罗马人在公元前201年也没有期望获得利益、荣誉和声望，例如赔款和贸易特权等。霍约斯强调，不能从战争结果来推导战争原因，在公元前264年第一次布匿战争时罗马人还没有灭亡迦太基去开启帝国宏图的构想。迦太基对罗马的行动和反应在公元前264年基本是防御性的，公元前218年两个强大且互相怀疑的强国在一个相对突然的问题上发生争端，爆发了古代世界甚为著名的战争。野心、好战、贪婪、恐惧，是多数战争的根源，但战争的爆发要比通常的动力有更多方面，战争起因是特殊的，所谓战争动因的通则不能完全解释特定的一场战争。[1]

　　笔者认为，实际上罗马在第二次布匿战争的起因上并非被动

---

① 　B. D. Hoyos, *Unplanned Wars: The Origins of the First and Second Punic Wars*, Berlin and New York: Walter de Gruyter, 1998, pp. 260—279.

的一方，说罗马未曾想过在西班牙谋求势力范围，这一观点是不能够成立的。不直接进行统治和确定势力范围，不等于不划定缓冲区，与潜在的敌人保持距离，控制主要的势力范围。短时期内罗马悬置西班牙问题，我们只当是罗马人不想招惹哈斯德鲁巴，没有把他视作一个迫在眉睫的威胁。罗马窥视西班牙的利益前哨位于马西利亚，马西利亚是另一个利益相关方。公元前231年罗马曾派使团到访马西利亚，马西利亚一定就西班牙局势催促罗马采取行动。正是马西利亚的施压，罗马于公元前226年派出使节与哈斯德鲁巴签订《埃布罗条约》，规定迦太基不可武力越过埃布罗河。罗马在远非本国领土的地方规定他国的区域范围，这种做法本身说明了罗马在西班牙的霸权野心。

罗马是关注西班牙的动静的，忙于伊比利亚战争和高卢战争不等于对西班牙漠不关心，一场战争的迟疑和放缓不意味着这里的利益无足轻重。巴尔卡家族在西班牙的经略一定让罗马人惴惴不安，于是着手处理与迦太基就所占西班牙的关系问题，公元前231年罗马派出第一批使者前往西班牙质问哈米尔卡。五年后，罗马人把巴尔卡家族视为迦太基国家的代表，一个罗马使团和哈斯德鲁巴之间签订《埃布罗条约》。根据波利比乌斯的记载，在公元前220年，在萨贡图姆事件前夕，罗马又遣派一支使团去往汉尼拔处。值得注意的是，罗马使团在与汉尼拔会晤后，从伊比利亚去往迦太基，以便了解汉尼拔的行动是否得到本国政府的支持。最后，在公元前218年得闻萨贡图姆陷落后，使团没有再被派去汉尼拔那里，而是直接被派往迦太基。四次外交活动，第一次出使哈米尔卡，第二次与哈斯德鲁巴签订条约，第三次遣使汉尼拔，第四次遣使迦太基，如此密集的外交行动都清楚说明了罗马在西班牙事件中的重要利益所在。[①] 战争开始后，两国加紧进行战略部署。

第二节 战争的经过

第二次布匿战争在意大利、西西里、希腊、西班牙、北非等战场全面铺开。两国宣战后，罗马派军兵分两路，一支主力军队直接攻打迦太基本土，另一支兵力较少的军队试图遏制西班牙的汉尼拔。但是汉尼拔从一开始便用迅捷的军事调动打乱了罗马的如意算盘，在战争的最关键阶段获得了主动。汉尼拔抢占先机，想在罗马全面调动兵力之前，从源头上切断罗马无穷无尽的兵源，于是他冒险入侵意大利。公元前218年4月末或5月初，汉尼拔率领由9万步兵、1.2万骑兵和几十头大象组成的军队从新迦太基出发，渡过埃布罗河。入侵意大利是一项大胆的计划，对汉尼拔来说却是唯一有希望胜利的计划。

罗马人正调集军队时，汉尼拔已率军从西班牙行进至罗达努斯河（Rodanus）。面对当地人的反抗，他成功开辟了一条通道。派往西班牙的罗马远征军的侦察兵发现了他的行踪，他甩开对手，避免正面交锋，以求率领一支完好无损的军队进抵意大利。

---

① H. Beck, "The Reason for the War," in *A Companion to the Punic Wars*, p. 236.

在阿尔卑斯山的翻越行动中，[①] 汉尼拔一方面要克服路途的艰险，另一方面又要对付山地部落的抵抗，因此蒙受了沉重的损失。公元前218年9月末，他进抵波河谷地，全程走了大约5个月，用时半个月翻越阿尔卑斯山，身边仅剩2万步兵和6000骑兵，而他就是带领这批人将北意大利拖入一场历时两个月的战役。

执政官普布利乌斯·科尔奈利乌斯·西庇阿（P. Cornelius Scipio）抵达罗达努斯河时，汉尼拔已移兵东进，他遂经由海路从高卢地区折回意大利，率波河河谷一带的卫戍部队迎击来犯之敌。汉尼拔与西庇阿在提基努斯河（Ticinus）展开了第一场战斗，西庇阿败北，退守波河以南的普拉坎提亚（Placentia）附近地区，在此等待他的同僚塞姆普洛尼乌斯·隆古斯（Sempronius Longus）。隆古斯原本被罗马派去进击迦太基本土，但由于形势所迫，罗马将他从西西里的军事基地召回。他与西庇阿兵合一处，在特雷比亚河（Trebia）集结，准备全力向汉尼拔发起进攻。迦太基人采用迂回战术，从罗马人的两翼和后方发起攻势，罗马人的后路又被水势湍急的河水阻断，罗马损失惨重，4万兵丁中仅有1万人脱险。这场惨败之后，除在普拉坎提亚和克莱蒙纳（Cremona）的新殖民城保留卫戍部队外，罗马从意大利北部全部撤军，一直伺机而动的高卢人大批加入汉尼拔的队伍。

特雷比亚河战役后，罗马加紧布防，一支由执政官率领的

---

① 最有可能的穿越路线是沿着塞尼峰（Mont Cenis）或者吉纳弗莱群山（Mont Genèvre Group）的关隘。波利比乌斯（Polybius, 3.50—6）和李维（Livy, 21.31—7）提供的地形资料均不全面，因此对汉尼拔翻越阿尔卑斯山无法得出最为可信的结论，参见 Cary and Scullard, *A History of Rome*, p. 599, note 9。

军队被派往阿里米努姆（Ariminum）扼守弗拉米尼亚大道（Via Flaminia），另一支2.5万人组成的军队由盖尤斯·弗拉米尼乌斯（C. Flaminius）率领，在阿莱提乌姆（Arretium）布防，镇守埃特鲁里亚（Etruria）。汉尼拔绕开罗马的防线，出人意料地渡过沼泽地，穿过不设防的亚平宁山关隘。罗马人随后追击，追踪至埃特鲁里亚中部的特拉西美诺湖（Lake Trasimene）时，由于没有事先侦察地形和敌情，在从该湖与附近群山之间的道路鱼贯而入时，遭遇汉尼拔的埋伏。汉尼拔从罗马军队的侧翼和后方出击，致使罗马军队大批命丧隘道和湖中，阵亡者中包括执政官弗拉米尼乌斯。

公元前217年，特拉西美诺湖的胜利为汉尼拔打开了一条通往罗马的道路，但此时的罗马城与公元前390年高卢入侵时的罗马城不可同日而语，布防严密，易守难攻。也许因为缺乏必要的攻城机械和攻城战术，也许因为攻取罗马统治中心的时机尚未成熟，汉尼拔选择了一条煽动意大利城市叛离罗马、切断罗马兵员补充和给养供应的道路。但是，意大利中部没有一座城市向迦太基人敞开大门，他在南部的意大利人中间也受到了同样的冷遇。罗马再募新军，非常时期任命法比乌斯·马克西姆斯（Q. Fabius Maximus）为独裁官。法比乌斯·马克西姆斯采取拖延战术，稳中求胜，避免以匆忙招募的新兵与汉尼拔经验丰富的兵士正面交锋。他的拖延战术遭到了骑兵长官的反对。法比乌斯控制了汉尼拔的后方和两翼的山隘，暂时把汉尼拔困在坎帕尼亚（Campania）一隅，但后者整编了2000头公牛，牛角上绑束火把，在夜里把公牛赶向罗马军营，把慌乱一团的守军赶出了附近一个关口，汉尼拔率军从此突围。法比乌斯·马克西姆斯出现，激励罗马的同盟者向入侵者关闭大门。虽然急躁的批评家给他取绰号为"汉尼拔的奴仆"，但古罗马诗人恩尼乌斯（Ennius）更富洞察力，称他是"独自用耐心拯救国家的人"。[1] 公元前 217 年年底，汉尼拔没有收服或征服意大利半岛的任何一座城市，他在那里只是一个入侵者而已。

公元前 216 年初，法比乌斯 6 个月的独裁官任期期满，罗马新选出两名执政官。罗马抛弃了法比乌斯稳妥的拖延战术，决定利用兵力上的绝对优势压垮敌人。罗马增补军队，指挥权从法比乌斯转交给两名执政官埃米利乌斯·保鲁斯（L. Aemilius Paullus）和特兰提乌斯·瓦罗（C. Terentius Varro），两人此前都不曾见识汉尼拔的战术，对汉尼拔的非凡才干缺乏清楚的认识。汉尼拔兵力不足，仅有 4 万兵力可以迎敌，他们与对手在阿普利亚（Apulia）城镇坎尼（Cannae）附近的空旷平原上开战。罗马在坎尼的军队人数大概不像波利比乌斯和李维所说达到 8 万至 9 万之众，但是他们远远超过汉尼拔的兵力是毋庸置疑的。[2] 罗马军队一字排开，加强步兵战线，迦太基军队列成新月形。交战中，迦太基中军收缩，诱使罗马步兵跟进，迦太基的翼军战斗力强，迫使罗马翼军后退，迦太基两翼的轻装部队又从侧翼包抄，其骑兵将对方骑兵逐出战场，并对罗马中军的后方形成封堵。罗马军队完全陷入敌人的包围之中，几乎全部阵亡，汉尼拔仅以伤

---

① Cary and Scullard, *A History of Rome*, p. 128.
② Polybius, 3.113ff., Livy, 22.36.

亡6000人的代价取得了这场以弱胜强的战斗。这场胜利是通过牵制军队和主攻军队协同配合以及严明的军纪得以实现的，牵制军队严守纪律，没有溃退，主攻军队拦截了按固定路线进攻的罗马骑兵，并及时返回主战场加入战斗。坎尼战役成为世界军事史上一场以少胜多的著名战役。

坎尼惨败后罗马的情况十分危急。罗马在提基努斯河、特雷比亚河、特拉西美诺湖以及坎尼等大大小小的战斗中伤亡十万人，尤其是坎尼战役，不仅使罗马损失惨重，而且使意大利南部的许多城市倒向了汉尼拔一边。由于汉尼拔保证不对这些城镇强制征兵，因此它们乐于与他结好。这样，除了罗马殖民地、拉丁殖民地以及沿海的希腊城邦外，罗马实际上已经失去了整个意大利南部，其中最严峻的打击是卡普阿城的叛离。卡普阿是意大利南部第一重镇，是意大利南部的经济中心，富庶程度仅次于罗马。由于卡普阿是这片土地上最主要的手工业中心，因此该城与汉尼拔结盟，除了为汉尼拔提供适宜的冬营地外，还给予他一处绝佳的后方供应基地，汉尼拔可从此获得充足的军粮和辎重的供给。另外，曾以中立国的身份密切关注此次战争的意大利之外的几个强国，现在也准备倒向胜利者一边。其中，马其顿与迦太基签订了同盟条约，因此，罗马将不得不面对在马其顿、西西里、撒丁岛和西班牙战场的不断扩大，以及随之而来对其兵力的迫切需求。

罗马人没有被坎尼战役的惨痛结局打垮，他们发扬英勇作风，义无反顾地将战争进行到底。元老院在激发全民的战斗热情、安排作战部署、任免军事将领等方面举足轻重。元老院的态度从其对执政官瓦罗的态度中可见一斑。瓦罗是一位政治新贵，从坎尼战役中侥幸生还，收编残兵败将的表现令人满意。当他返回罗马交出他的指挥权时，元老院感谢他没有对共和国绝望，这句话实际也表明元老院对共和国恢复生机充满信心，元老院鼓舞罗马各阶层民众团结一致抵抗外敌。在这种精神的指引下，罗马人民甘愿忍受史无前例的牺牲。元老院从正面激励和反面惩戒两方面双管齐下，为了以儆效尤，对坎尼战场上的逃兵处以在西西里的艰苦条件下无间断服役 12 年的惩罚。此外，罗马唯恐赎回战俘的谈判会促成和谈，决定不赎回战俘，以此坚定人们抗争到底的信念。元老院除了在精神层面鼓舞士气之外，还在人力和物力方面采取措施，大力招募新兵，并得到民众的积极响应。到公元前 216 年年底，在坎尼之战中损失的公民兵被超额补充，在其后的五年时间内，各个战场上罗马军团的数量增加到前所未有的水平，公元前 212 年达到 25 个军团。与此同时，罗马征收双倍的财产税以缓解资金紧张的问题。富有家庭交出奴隶到陆军或海军中服役，并提供金钱或物资支持，他们不介意国家作出的偿还许诺将来是否能够兑现。即使这样，政府也无法支付长期执行军事任务的庞大陆军和强大海军的军费。货币不得不贬值，阿司币（as）的重量逐渐减少；在海外服役的军队不得不自力更生。

在战争最初的几年里，由于元老阶层和普通民众对作战方略争论不休，罗马的军事战略左右摇摆，举棋不定，缺乏一贯的战略部署。元老阶层倾向于谨慎的政策，而普通民众则要求进行更坚决的行动。坎尼战后，罗马人搁置国内纷争，战争的决策大权平稳地落入元老院手中，虽然元老院对执政官选举的建议偶尔会引起民众的反对，但一般说来，最高指挥权都交给具有作战经验、值得信赖的人选。共和国的官制进一步完善，官员以代行执政官和代行大法官的身份延长任职年限，保证作战指挥的继续。元老院通过这些措施取得了战略上的连续统一。

罗马人树立的坚定不移的榜样在他们的同盟者身上也得到反映，同盟者毫无怨言地增加所提供军队的数量，没有为争取更多权利而与罗马讨价还价。相反，汉尼拔在南部意大利虽然得到了一处安全的落脚点，但不从那里强制征兵的许诺使他没有重要的兵力增援，兵力上的劣势没有得到弥补，唯一坚决支持他的同盟者是路卡尼亚人和布鲁提乌姆人。只要意大利中部仍坚决效忠罗马，他与高卢盟军的联系便会被切断，而且他从海外获得援军的期望也将化为泡影。此外，汉尼拔再没有抓住以一场大仗缩小双方兵力差距的机会，罗马统帅法比乌斯及与他一派的官员得到元老院的支持，采取"拖延"战术，除了冒有限的风险进行小规模的军事行动外，拒绝投入大规模战斗，总体上满足于游击战。战争进入相持阶段并向着有利于罗马的方向发展。

坎尼战后，罗马与迦太基军队彼此周旋，其间的交战规模也较小。汉尼拔曾费尽心思诱使罗马军队落入新的陷阱，均没有成功。经过三次主要在坎帕尼亚进行的非重大战役后，汉尼拔于公元前212年夺取了他林敦城，由此获得了第二个富饶的军事基地。当汉尼拔的主力部队被罗马军队牵制于他林敦附近时，执政官弗尔维乌斯·弗拉库斯（Q. Fulvius Flaccus）修筑一道环绕卡普阿的战壕，汉尼拔在从他林敦返回的途中无法越过这道战壕，无法及时解救被罗马围困的卡普阿。汉尼拔只能使出最后一招，

他率一支别动队出兵罗马，希望罗马元老院会因措手不及而把弗
尔维乌斯从卡普阿召回。尽管汉尼拔的到来给罗马城内居民造成
极大恐慌，但元老院认识到他的逼近只是一种假象，决定让弗尔
维乌斯继续留守卡普阿。公元前 211 年，卡普阿城因弹尽粮绝而
投降。随后，罗马收降了萨莫奈和阿普利亚的许多小城，又在公
元前 209 年收复了他林敦。罗马在重新夺取这些要地之后，开始
向路卡尼亚和布鲁提乌姆的布匿军队逼近。

公元前 207 年，迦太基向意大利增兵，汉尼拔看到了一线生
机。汉尼拔在进军意大利之前将西班牙的军事指挥权交给他的
兄弟哈斯德鲁巴，由他全权负责。哈斯德鲁巴经过几年的西班牙
战斗并没有取得决定性的进展，他接到迦太基政府的命令，遂冒
着失去西班牙的危险进兵意大利，以便与汉尼拔一道取得对意大
利的决定性胜利。他在高卢境内没有遇到任何抵抗，随后翻越阿
尔卑斯山，率领完好无损的部队到达意大利北部，一支大规模的
高卢分遣队加入他的军队当中。与此同时，汉尼拔为了与哈斯德
鲁巴在意大利中部的某地会合，遂从意大利南部向北进军。罗马
人继公元前 211 年之后又进行了第二次全民动员，阻击了哈斯德
鲁巴所率援军，哈斯德鲁巴派去与汉尼拔联络的信使也落入了罗
马人手中，使罗马掌握到他的行动计划。汉尼拔不清楚他兄弟的
进军路线，在阿普利亚停滞不前。此时，担任南部意大利最高统
帅的执政官克劳狄·尼禄与他的同僚李维乌斯（Livius）在北部
前线会合。沿着亚得里亚海岸前进的哈斯德鲁巴突然转向，沿弗
拉米尼亚大道前进，暂时甩开了敌人，但他最终被迫至一隅，在
麦陶鲁斯（Metaurus）河岸上，与两名执政官指挥的军队展开战

斗。哈斯德鲁巴的军队人数大约为 3 万人，罗马不下 4 万人，罗马在兵力上处于优势地位。尼禄观察到哈斯德鲁巴左翼的高卢人作战不甚积极，不愿从他们所占据的防御位置向前移动，于是他抽调一支精锐分遣队到达李维乌斯队列的后方，加强那里的攻势。布匿军队在罗马攻击下被完全包围，哈斯德鲁巴阵亡。麦陶鲁斯战役胜利后，元老院似乎对汉尼拔失去了兴趣，汉尼拔得以顺利撤退到布鲁提乌姆的山地要塞，并在那里又度过了 4 年。

第二次布匿战争中没有发生重要的海战，但罗马人在海上的优势地位是他们最终取胜的一个重要方面。在战争的整个过程中，迦太基政府从未装备过一支多于 130 艘战船的舰队。反之，罗马人在公元前 218 年装配了 160 艘战船，尽管有其他的调遣，但在随后的几年时间，他们的海军总体保持着压倒性的优势。罗马舰队虽然没有拦截住一些驶往西西里和西班牙的布匿护卫舰，但它完成了更为重要的任务，做到了防止迦太基从非洲或西班牙运送大批援军增援意大利，同时还控制住了汉尼拔的盟友——马其顿国王腓力五世。

腓力五世野心勃勃，一直密切关注第二次布匿战争的进展，希图在关键时刻插手。公元前 215 年，腓力五世与汉尼拔签订条约，同意与汉尼拔合作并提供一些援助。[①] 如果这一诺言兑现，腓力五世可能会扭转战局，对罗马构成不利，因为他作为一位将领不逊于伊庇鲁斯国王皮洛士（Pyrrhus），麾下还有一支相当强

---

① 波利比乌斯逐条记载了条约内容，Polybius, 7.9.5—17。

大的军队。但是腓力五世拥有的海军不够强大，敌不过罗马在亚德里亚海上的舰船（公元前 214 年）。罗马的海军将领瓦莱里乌斯·莱维努斯（Valerius Laevinus）派一小支军队在亚得里亚海的东岸登陆，并在希腊煽动起一场反对腓力五世的内战，即第一次马其顿战争，这场战争对意大利如火如荼的战事影响甚微。腓力五世在公元前 205 年求和，答应割让一些无关紧要的领土作为交换。

除了马其顿国王腓力五世，另有一个希腊人对第二次布匿战争产生了重要影响，他就是叙拉古国王希耶罗（Hiero），此人与罗马结盟积极助战，罗马人从他那里及时得到粮食和资金的援助。但公元前 215 年希耶罗国王驾崩，王位由他的孙子希耶洛尼姆斯（Hieronymus）继承，叙拉古的对外政策也发生了变化。迦太基使者在坎尼之战胜利后出使叙拉古，以优厚的条件拉拢希耶洛尼姆斯与迦太基结盟，答应给予他罗马统治下的一半西西里领土作为回报。在叙拉古向新盟友提供物资援助之前，意外发生，这位国王遇害，代之而起的共和国政府改变了从前的对外政策。与此同时，叙拉古还有一支强大的亲迦太基势力。叙拉古接到消息，克劳狄·马尔凯路斯（Claudius Marcellus）率领的罗马远征军已进入临战状态，公元前 213 年，他占领了莱奥提尼城 [①] 并将之洗劫一空，因此亲迦太基派重又占了上风。叙拉古用屠杀罗马人和恢复与迦太基同盟关系的方式来报复罗马对莱奥提尼城的劫掠和屠杀。

---

① 西西里东南一城镇，属于叙拉古王国。

马尔凯路斯从海陆两路对叙拉古形成包围，但叙拉古防御严密，城防坚固，有希耶罗统治时期配置的石弩加固城市工事。石弩的射程超过罗马的投掷器，其升降架可把巨大的重物投掷到罗马战船上，也可把小船提出水面，从而对罗马的战船造成毁灭性打击。这些设计周密、攻击性极强的作战器械由阿基米德设计建造。阿基米德是叙拉古的公民，原本从事数学研究，后被政府调去从事军事装置的研发工作。这些装置使罗马在各个方向都受到阻击，马尔凯路斯的进攻变成了徒劳的封锁。在对叙拉古的包围陷入窘境时，罗马在西西里其他地区的战况同样不容乐观。迦太基政府装备了一支3万人的军队，这支军队避开罗马的巡逻队，在阿格里根图姆（Agrigentum）建立基地。此外，一名罗马指挥官屠杀恩那城（Enna）居民，恩那城遂与迦太基结盟，又一个西西里城镇倒向迦太基一边。马尔凯路斯面对如此严峻的形势，不是等待时机，而是加紧谋划。他在一个夜晚发动突袭，攻占了叙拉古的外围。迦太基的援军驰援叙拉古，因染上蔓延于该城南郊的疟疾，兵力有所损失，但仍动用了迦太基在第二次布匿战争中投入的最大海军，这支130艘战船组成的海军与罗马一支100艘船组成的海军遭遇后退却。公元前211年叙拉古城最后由于叛徒出卖落入罗马人之手。马尔凯路斯准许士兵掠夺战利品，城内的阿基米德在混战中被一名罗马士兵刺死。公元前210年，阿格里根图姆由于迦太基的后备军叛变而转归罗马人控制，西西里岛其他地方纷纷投降。

在战争进程中，在西西里重建罗马的统治具有重大意义。汉尼拔计划在罗马周边建立一个由罗马以外的国家所组成的、敌视罗马的包围圈，而西西里便是其中的重要组成部分，但这个重要的包围圈却没有建立起来。[①] 撒丁岛和科西嘉在实际的军事行动中作用很小。公元前 215 年撒丁岛爆发起义，迦太基人认为机会难得，派出一小支部队收复该岛。罗马人指望从撒丁岛获得粮食供应，因此派出众兵快速镇压了起义，结束了迦太基人的远征。

　　西班牙在第二次布匿战争中是仅次于意大利的重要战场，为意大利战场的最后胜利扫清了障碍。在第二次布匿战争之初，汉尼拔抢占先机侵入意大利，罗马虽派出执政官普布利乌斯·科尔奈利乌斯·西庇阿去西班牙指挥战斗，在他赶到时汉尼拔已经离去。他阻击汉尼拔的目标落空，遂派兄弟格奈乌斯·西庇阿（Cn. Scipio）领两支军团前往西班牙，他本人则率军返回波河谷地组织防御。格奈乌斯·西庇阿在西班牙抵抗，他在西班牙东海岸征战，占领了塔拉古（Tarraco），挫败了汉尼拔的兄弟哈斯德鲁巴的进攻。公元前 217 年，哈斯德鲁巴率领海陆军队向埃布罗河逼近，试图越过该河驰援意大利的汉尼拔。格奈乌斯·西庇阿的军队人数逊于对方，却在埃布罗河河口取得胜利，既阻止了哈斯德鲁巴的突破，又粉碎了西班牙海岸的布匿海军。随后，他的兄长普布利乌斯·西庇阿率军前来增援，加强了驻西班牙的罗马兵力。兄弟二人渡过埃布罗河，在萨贡图姆城附近扎营。哈斯德鲁巴在公元前 215 年也得到了迦太基的增援，做出了最后一次与

---

① ［苏］科瓦略夫：《古代罗马史》，王以铸译，生活·读书·新知三联书店
　　1957 年版，第 290 页。

汉尼拔会合的努力。双方在埃布罗河岸边的德尔托萨（Dertosa）交战，哈斯德鲁巴把弱旅安排在中央，想要按照汉尼拔在坎尼战役中运用的战术诱使对手入套，但罗马人干净利落地突破了迦太基人中军取得胜利。到公元前211年，西庇阿兄弟已经夺取了萨贡图姆城，并以该城作为向西班牙腹地进一步拓展的基地，力图把迦太基人彻底逐出西班牙。然而，西庇阿因凯尔特—伊比利亚同盟者的全部叛离而实力削弱，哈斯德鲁巴则再次获得了新兵。普布利乌斯·西庇阿在拜提斯河（Baetis）上游与一支布匿军队交锋，格奈乌斯·西庇阿与哈斯德鲁巴在新迦太基的低地遭遇。两支军队都被打败，兄弟两人双双阵亡，军队死伤惨重，罗马人退到埃布罗河一线。

　　虽然西庇阿兄弟在战斗中阵亡，但这并不意味着罗马在西班牙的战争以失败收场，西庇阿兄弟所进行的抵抗大大推动了罗马的最终胜利。在第二次布匿战争最关键的前几年，他们阻拦了汉尼拔援军的去路，把接连到来的迦太基军队牵制在西班牙，大大减轻了意大利战场的压力。如果他们在西班牙的牵制和拦截没有成功，那么迦太基人在坎尼大捷后打通意大利的通道，这场战争的结局势必改写。西庇阿兄弟最后的失败几乎没有影响到西班牙战事的进程，迦太基人已经错过了恢复汉尼拔在意大利优势地位的最好时机，罗马人此时已经收复了卡普阿和叙拉古，有足够的后备力量来对付来自西班牙的布匿援军。

　　公元前210年，罗马元老院向西班牙派出一支新军，由25岁的卸任市政官普布利乌斯·西庇阿之子领导，这便是后来征服迦太基的西庇阿·阿非利加努斯。西庇阿在公元前209年突然行动，他的周密计划和大胆行动堪比汉尼拔进军意大利。他沿西班牙东海岸急驰而下，分海陆两路突袭新迦太基，并攻取该城。进攻过程中适逢该城北城墙外的环礁湖湖水神秘退潮，该城北面暴露于敌人的进攻之下，使罗马军队攻下该城变得易如反掌。身处西班牙的迦太基人由此丧失了最重要的军械库和源自矿山税收的资金来源，西庇阿则为自己获得了一处军事基地。他把新迦太基城用作操练士兵的训练营，用从汉尼拔那里学来的新战术操练军队，用坚韧精良的西班牙剑重新武装军队，待军队战斗力提高后他才寻找机会与敌人交锋。他也继承父亲普布利乌斯·西庇阿的外交政策，广泛争取各部落首领，迦太基在西班牙的统治地位逐渐被瓦解。

公元前 208 年，西庇阿主动出击，在卡斯图罗（Castulo）附近的拜库拉（Baecula）与哈斯德鲁巴交战。他安排一队轻装部队和一队步兵遏制哈斯德鲁巴的中军，派其他军队从敌人的两侧插上。哈斯德鲁巴麾下的两翼受困，他命令大队人马后撤。虽说这并非一次决定性的胜利，但这次胜利归功于西庇阿近来对步军和骑兵卓有成效的训练，罗马军队发挥出了更大的灵活性。

哈斯德鲁巴意识到想要帮助身处意大利的汉尼拔，必须在迦太基人沦为防御一方前加紧行动。他避过西庇阿军队的锋芒，秘密穿过卡斯特里亚高原。在这次漫长艰险的征途中，他没有受到西庇阿的滋扰。西庇阿不去追击哈斯德鲁巴引起了许多学者的争论，他之所以不追击可从以下三方面考虑。西庇阿进攻队伍的兵力不够充足，不可能控制比利牛斯山的所有关口，使他不能完全挡住迦太基军队的去路；再者，也许罗马元老院认为迦太基人不可能在意大利扭转整个战局，没有必要像公元前218年从西西里召回执政官塞姆普罗尼乌斯那样，从海路召回西庇阿；西庇阿负责的战区在西班牙，那里仍有两支布匿军队。实际上，哈斯德鲁巴率部离开西班牙也意味着把西班牙拱手让给了罗马人，尽管有吉斯哥（Gisgo）的儿子哈斯德鲁巴接替他的位置，有西班牙招募的新军补充兵力，但富有作战经验的军队多已随他前往意大利，留下的部队难以与西庇阿训练有素的军队抗衡。公元前207年，这名布匿将领尽量避免正面交锋。公元前206年，也许接到迦太基本国政府下达的命令，他在伊利帕（Ilipa）冒险与西庇阿对决。4.8万名罗马人和西班牙同盟者对阵超过5万人的布匿军队。西庇阿再次运用在拜库拉使用过的战术，命轻装部队和骑兵进行极为复杂的两翼包围，战斗力较弱的中军则成功牵制住敌人的主力。在这次战斗中，他完全摧毁了敌人的侧翼，勇追败军余部，赢得伊利帕战役的胜利。随后，西庇阿率领军队征服西班牙南部的卡迪斯（Gades），最终在公元前206年末夺取了西班牙。

　　西庇阿在西班牙征战的过程中，也在为远征非洲加紧准备，拉拢与迦太基保持着松散的同盟关系的几位努米底亚酋长。他回到罗马参选公元前205年的执政官并成功当选，他向元老院请令对迦太基本土发动一场战争。但他的计划遭到了法比乌斯和弗尔维乌斯的反对，元老院仍对汉尼拔有所顾虑，恐远征北非会征用大批军队，罗马军队分布于迦太基和意大利两个战场，兵力供应并不充足，不愿进一步加重意大利人的兵役负担。当时，罗马神圣国库（aerarium sanctius）里最后的储备资金已被动用，十二

个具有拉丁权（ius Latii）的同盟者因无力援助而从公元前 209
年收回了他们的援助。西庇阿见无法从元老院那里获得支持，便
求助于公民大会，点燃民众为意大利所受摧残向迦太基人复仇的
怒火。元老院预见到可能会陷于被动，于是授权西庇阿征用曾是
坎尼战役逃兵、被派往西西里的两支军团，西庇阿接受了这一
决议。

　　公元前 205 年，新的远征军到达西西里，接受在拜库拉和伊
利帕运用的战术方法的严格训练。公元前 204 年，西庇阿率军在
北非的尤蒂卡（Utica）附近登陆，却发现迦太基人事先已有准
备。迦太基已从内陆地区征集了一支新军，努米底亚实力最强的
部落酋长西法克斯（Syphax）也站在迦太基一边，因此，西庇阿
被西法克斯和迦太基人的军队牵制。西庇阿在这一年的冬天假装
议和，麻痹敌人，后突然中断谈判，夜袭敌人军营。但这次小胜
仗并没有对敌人形成比较严重的打击，因为迦太基人和西法克斯
用新征募的士兵以及一支凯尔特—伊比利亚雇佣军弥补了损失。
随后，西庇阿向这支匆忙组建的军队逼近，迦太基军队在巴格拉
达斯（Bagradas）山谷的"大平原"（Campi Magni）迎战。西庇
阿在这场交锋中应用了一种新的包围战术，他控制步兵军团的第
二条和第三条战线［主列（principes）和后备列（triarii）］，然
后将之派到第一线［前锋列（hastati）］的左右，将战线两端加
长，以军队的灵活机动取胜。位于迦太基中军位置的凯尔特—伊
比利亚雇佣军被打得节节溃退，西法克斯的力量受到严重的削
弱。努米底亚东部一个小公国的酋长马西尼萨（Masinissa）成为
大小努米底亚的联合国王（公元前 203 年），西庇阿赢得马西尼

萨的支持，与之结盟。

经过几次惨败后，迦太基人被迫求和，同时从意大利召回汉尼拔和马戈（Mago，卒于归国途中），以防与罗马的和谈破裂对自身安全构成不利。西庇阿提出条件，要求迦太基割让西班牙，海军舰船减少到 20 艘，赔款 5000 塔兰特，迦太基接受了条件，罗马的元老院和公民大会也批准通过。汉尼拔从意大利带回 1.5 万名身经百战的老兵，迦太基的巴尔卡派由此似乎看到一线生机，在履行和约以前打破停战协议，战火重燃。

公元前 202 年夏秋，双方统帅在扎马（Zama Regia）附近会战，[①] 波利比乌斯说，"迦太基人要争取的是自己的生存和对利比亚的统治，而罗马人所要争取的则是世界的统治权。难道有人能不关心有关这一事件的报道吗？从来还没有过如此受过战斗考验的士兵，从来还没有过如此幸运和精通战术的统帅；从来命运还不曾把这样珍贵的奖赏给予交战者，战胜者不单会取得对于利比亚和欧洲的统治，而且还有到现在我们还不知道的所有其他各国的统治"。[②] 双方的兵力在 3.5 万到 4 万人之间。汉尼拔调集了一支庞大的象群，但骑兵兵力欠缺，努米底亚兵源的失去使他募集军队变得异常困难。西庇阿的部队整齐划一，迟迟不应战，直到他的意大利骑兵得到马西尼萨率领的努米底亚分遣队的增援。汉

---

① 这场战斗的精确位置无法确定。波利比乌斯称这个地方是玛伽隆（Margaron），李维说是那拉格拉（Naraggara），后来的作家（如奈波斯）称在扎马（Zama）。Polybius, 15.9—14, Livy, 30.32—5 都记载了扎马一战，但很难从中准确再现此次战役。

② Polybius, 15.9.

尼拔以象群的大范围进攻开启战斗。然而，大象或被罗马的一列散兵赶走，或从军团各支队的间隙跑走，未对敌人造成有力威胁。这之后西庇阿想要包围汉尼拔，但汉尼拔已经有所预料，他将步兵排列成三条战线，最后一条战线由从意大利带回的老兵组成，与前两条战线保持一定距离。如果罗马人从侧翼包围汉尼拔的前两条战线，还有第三条战线迎击罗马军队。象群冲锋过后，双方重组战线，之后重新开战。双方短兵相接，僵持不下。然而与此同时，分别由盖尤斯·莱利乌斯（C. Laelius）和马西尼萨率领的意大利骑兵和努米底亚骑兵联合起来驱散了布匿的骑兵，并及时地转移到汉尼拔的后方，给布匿军队以沉重打击。汉尼拔主张立即求和，西庇阿提出与公元前203年相同的条件，但赔款加倍，赔偿增加为1万塔兰特，布匿的战船需减为10艘，迦太基不经罗马同意不得擅自开战。第二次布匿战争结束。

第三节　战争的结局

罗马取胜的原因主要有两点：一是巨大的人力资源，罗马的意大利城邦联盟为罗马提供了充足的兵源，虽然战争过程中意大利南部各地一度叛变，但意大利中部仍效忠罗马，几乎可算作取之不尽的人力资源补给地。迦太基和意大利陆路相距遥远，难以输送援军，汉尼拔最为缺少的正是兵员。二是罗马在保卫自己祖

国时表现出了巨大的坚定性，英勇战斗，保家卫国，[①] 这也是李
维记述这场战争突出强调的罗马美德。

第二次布匿战争可以被描述成古代的"世界大战"，因为它
的战事波及范围广，双方对战斗投入的精力大、时间长。它带
有许多污点，尤其是罗马人在重新获得的城镇里肆意劫掠和屠
杀；也带有许多亮点，汉尼拔和西庇阿·阿非利加努斯表现出杰
出的领兵之才。这两位领导人中，汉尼拔更有天赋，尽管他承认
自己在应用希腊的战术方面是皮洛士的门徒，但他显示出了自己
的所有技艺，他在坎尼会战中取得了古代史上最令人称叹的歼灭
战的胜利。他率领的由外族兵丁和雇佣军组成的军队克服了重重
艰险，没有爆发一次兵变，这突显出他过硬的领导能力。李维不
禁赞叹汉尼拔领导有方，汉尼拔"在逆境中比在成功中更加了不
起。他在这，在敌人的国土上战斗十三载，随多变的天命远离祖
国，拥有一支非本国公民而是各国杂牌军组成的军队，这些人没
有共同的法律、习俗、语言、举止、服装，武器各异，宗教祭
仪、神圣崇拜不同。然而，他以一种纽带把他们组织起来，他们
中间没有发生分裂，也没有发动反对其统帅的兵变。然而，在敌
人的国土上，支付军饷和提供供给的金钱往往是紧缺的——前
一次布匿战争中的紧缺引发了有关指挥官和士兵的可怕举动。当
然，在哈斯德鲁巴的军队连同其指挥官——汉尼拔曾对他们给予
全部希望——覆亡时，在汉尼拔退至布鲁提乌姆地区、已经放弃

---

① ［苏］科瓦略夫：《古代罗马史》，王以铸译，生活·读书·新知三联书店
1957年版，第307页。

意大利其他地方时，难道他不会发现他的军队没有分裂是个奇迹吗？"① 虽然在罗马的传统记载中把汉尼拔描绘成一个冷酷无情、背信弃义的魔鬼，但在有关他的记载里没有发现古代战法所不容的做法。西庇阿是汉尼拔的效仿者，他在所有指挥的大战中都参照汉尼拔在坎尼战役中设计的战线和战术，在此之上他创造性地改变了汉尼拔的战术细节，按照远远高于其他罗马募兵的标准训练军队并打败了汉尼拔。

第二次布匿战争中，迦太基政府显示出了比第一次布匿战争更大的决心。但奇怪的是，迦太基忽视建立海军，如果他们能从海路有力地输送军队并及时与汉尼拔会合，可能会改变各个战场的结局。另一方面，每次在西班牙和阿非利加失利后，迦太基都会极为严苛地整肃部队，由此削弱了兵力。这场战争胜利的功勋归于罗马元老院和罗马人民，以及站在他们身后的意大利人。第二次布匿战争的主要问题是汉尼拔杰出的军事技能能否与罗马强大的人力资源和战术进步相抗衡，是罗马人和同盟者的顽强打败了汉尼拔的运筹帷幄。② 法比乌斯的拖延策略给罗马提供了重整旗鼓的机会，直到按照西庇阿的新战术完成训练的军队整装待发。这支军队即使在意大利结束这场战争，也无法摧毁迦太基，只有通过胜利侵入北非才能完成。西庇阿成功地回击了国内的反对派，迫使入侵迦太基本土的战略计划得以通过。

经过第二次布匿战争，罗马跻身地中海第一流的军事强国，

---

① Livy, 28.12.3—6.
② Cary and Scullard, *A History of Rome*, p. 137.

为罗马未来的征服铺平了道路。从对意大利内部的影响来说，主要体现在经济和政治两方面。十几年的战争给意大利南部的主战场造成了巨大的破坏，土地荒芜，小农经济受到削弱，直接导致了公元前 2 世纪的经济变革；罗马对意大利联盟的统治逐渐加强，曾倒向汉尼拔的城邦受到剥夺自治权和没收土地的惩罚，坚定支持汉尼拔的某些部落则被贬为无权属民的地位。经过第二次布匿战争的考验，意大利联盟在罗马周围巩固起来。①

第四节　战争与财政经济

李维一如古典作家十分关注人类的精神生活，用以史为鉴的态度劝导罗马人从历史中学习可效法的典范和需警惕的教训，以教化罗马人心的道德主张为指引，观察罗马社会的兴衰浮沉。经济活动对古代历史学家而言一直是边缘性的主题，社会经济状况虽不是李维关注的焦点，但他的历史记述提供了大量罗马社会经济发展情况的宝贵信息。就汉尼拔战争及随后年代罗马的经济状况而言，李维提供的信息总量是现存所有古代作家中首屈一指的，没有哪个作家对这一时期罗马的财政经济、军费调拨、公民捐税等内容有过如此详细的记录，经费的使用、财产的调拨、土

---

① ［苏］科瓦略夫：《古代罗马史》，王以铸译，生活·读书·新知三联书店1957 年版，第 307—310 页。

地的流转诸如此类的经济问题在李维的记载中均有提及。在这一方面，同样作为第二次布匿战争重要史料的波利比乌斯的记载却难以令人满意。

共和国中期，萨图恩金库（aerarium Saturni）作为罗马国库所在地，不同来源的国家收入汇入国库。金库为国家的主要支出提供经费支持，主要用于军队和公共工程的支出。国家最早设立的税收来源于间接税和开发国家垄断资源所征收的税项（vectigalia），直接税大约从公元前3世纪才开始征收。间接税里包括5%的释奴税（vicesima libertatis），构成了国库中的一笔专项储备资金，为应对极端紧急情况而准备。公元前209年为缓解军费短缺难题动用了这笔储备资金，当时取出约4000磅黄金，以满足国家的支出需要。[①] 开发国家垄断资源所征的税收包括在专门港口和边境站点（portorium）对进出口商品征收的税项，还包括监察官把公有地租给罗马公民从事农耕或放牧所获租金，连同对采矿和制盐所征收的税款。

赋税（tributum）是在战争时期征收的，但持久不断的战争使得临时性变成常态性，紧急措施变成普遍措施，赋税征收成为常设性征收项目。公民赋税一直被当作一笔非同寻常的借款，如果国家有其他收入来源则会对公民给予补偿。赋税征收在公元前167年第三次马其顿战争后中断，当征服马其顿获得了大批战利品时，罗马废除了公民赋税，公民全部免税，后来又短时征收过。从公元前167年起，国库逐渐取消作为紧急措施的赋税征

---

① Livy, 27.10.11.

收，一直延续到公元前43年，当时元老院在西塞罗的劝说之下重新设立赋税征收，以解决棘手的财政问题，但这一措施是暂时性的，没有在内战时代之后实施。

第二次布匿战争对罗马和迦太基来说，均是对两国军事后勤能力的巨大考验，我们往往聚焦于汉尼拔采用的战略战术，忽略了他在军需供应方面的组织能力，后勤保障永远是战争胜利的根本保证。在战争最初年头里，汉尼拔具有十分出色的后勤优势，一个例子便是，公元前218年，汉尼拔焦虑于粮食短缺问题，于是迦太基人收买了把守克拉斯提狄乌姆（Clastidium）的将领，顺利接管该城。罗马军队在该城囤有军粮，占领该城后汉尼拔把这里作为重要的粮仓。①

随着战争的推进，罗马拖延缓进的战争策略在战场上初见成效，但这样的斗争方式是以付出高昂成本为代价的。意大利许多城市在近15年的占领中遭受了严重的破坏，却仍效忠罗马。当汉尼拔入侵意大利带来的突如其来的巨大冲击告一段落，罗马的军队便以源源不断的军事供应有效限制了汉尼拔在意大利的军事行动，罗马的后勤供应和兵源储备可以被看成战争势头转变的决定性因素。罗马虽未迫使对手正式屈服，却在主战场转移到北非后，取得了战争的最后胜利，后勤保障对罗马克敌制胜发挥重要作用。

根据传统记载，从公元前5世纪末至公元前4世纪初，因为对埃特鲁里亚城镇维伊的长期包围，罗马认识到规范公

---

① Livy, 21.48.8—9.

民兵役的必要性，允许士兵在每个作战季结束后可领取军饷（stipendium）。虽然按传统记载军饷发放开始于公元前 4 世纪初，更合理的猜测却是军饷发放应该与货币折算大体同时，军饷和货币应出现在同一时期。罗马共和国的货币制度建立不早于公元前 3 世纪初，这个年代与包围维伊城的年代差距一个多世纪，因此在公元前 4 世纪初开始设立军饷制度是不可能的，最早要在一个世纪以后的公元前 3 世纪初期。①毋庸置疑的是，战争促进了罗马造币体系和货币制度的成熟，第二次布匿战争前所未有的规模和强度，成为罗马加强财政经济管理的刺激因素。

在战争初期，国库存在的最棘手问题便是缺少资金，元老院尽最大可能寻找解决国库空虚（inopia aerarii）的办法。罗马在特拉西美诺湖和坎尼战败后，认识到在意大利极具克制性的抵抗战略实际上冒着彻底失败的严峻风险。如果罗马在意大利之外的统治地位不保，域外输入谷物的交通受阻，那么罗马将命悬一线，后果不堪设想。最能说明财政危机严峻程度的，莫过于公元前 216—前 215 年驻扎在西西里、撒丁—科西嘉和西班牙的将领们向元老院纷纷发出的求助报告。李维的记载保存了这些将领寄给元老院的许多信件的内容，具有重要的经济文献价值。据西西里代行大法官提图斯·奥塔奇利乌斯（T. Otacilius）禀报，在公元前 216 年跟随新大法官普布利乌斯·弗里乌斯（P. Furius）抵达该岛的军队人员欠薪，缺少供给，需要元老院紧急调拨资金和

---

① D. Hoyos, "Roman Economy, Finance, and Politics in the Second Punic War", in D. Hoyos, *A Companion to the Punic Wars*, Wiley-Blackwell, 2011, p. 382.

物资。撒丁岛的代行大法官科尔奈利乌斯·马穆拉（A. Cornelius Mammula）的信文如出一辙，强烈要求元老院调拨资金和粮草。元老院对两位总督的答复里明确承认了国库资金严重短缺，"给每个人的答复都是，手边没有可送达的，他们得令为自己的舰队和军队寻找出路"。①

战争给上至元老贵族下到普通平民的罗马公民造成了严重的损失。公元前217年，身为独裁官的法比乌斯·马克西姆斯出于抵抗汉尼拔的战略需要，实行将造成部分罗马人严重经济损失的措施，包括生活在防御薄弱地区的人口被迫迁移，他们的农产品、谷仓、畜棚和余下的各式物品被焚毁，不给敌人留下半点便宜。② 同是这位法比乌斯，他在公元前215年担任执政官，对罗马控制下的各城市下达命令，所有的农产品将运往最近的罗马堡垒，其余的全部烧毁，想方设法不让敌人在意大利这片土地上生活下去，以坚壁清野的办法让敌人一无所获。③

战争带来的沉重的经济负担不仅落在普通公民肩上，元老贵族更是带头解决国家的战时经济周转难题。公元前217年，特拉西美诺湖战役落败之后，法比乌斯急需经费来赎买落入敌人手中的战俘，其中一些出身罗马贵族。元老院驳回了他的资金请求，理由是这位独裁官没有从元老院（patres）那里获得正式允许，以常规做法来说，他们的允许是必要的。法比乌斯没有就此放弃，他委托身在罗马的儿子昆图斯·法比乌斯变卖家族在意大利

---

① Livy, 23.21.4.
② Livy, 22.11.4—5.
③ Livy, 23.32.14—15.

拥有的田产，这些田产侥幸躲过敌人的破坏完好保留着，他用这笔钱抵付赎买战俘的赎金，在此，我们看到个人自行筹集资金，由个人履行本应是国家责任的例子。①

公元前 216 年，罗马设立起具有专门职责的财政三人团（triumviri mensarii），任期不同往常，从公元前 216 到前 210 年在任，职责是筹措资金，保证国家正常运转，最有可能是从没有应征入伍的富有公民中获取资金。他们从这些公民手中低价购买奴隶，应付钱款许诺在战争结束后返还。元老们除保留小部分财产外，均解囊相赠，交予财政三人团。② 公元前 215 年元老院出台《反奢侈法》（Lex Oppia），限制罗马妇女持有的珠宝和贵金属的数量，以此倡导厉行节俭的优良作风，号召大家共赴国难。③ 当年，为了支付除参加坎尼战役士兵之外所有士兵的军饷，国家向公民征收的税赋金额翻番（tributum duplex），却仍不够负担战争的巨大开支。④ 公元前 214 年，执政官出台法令，对公民征缴额外的捐献，金额与普查登记中公民所在的财产等级相一致。根据公元前 212 年的人口普查结果，公民根据财产多寡分别负担人数不同、时长不同的海军水手的军饷，李维称"那是第一次罗马海军由私人缴纳的金钱来配备水手"。⑤

战争中大规模征召罗马公民加入军团服役，带来的直接后果

---

① Livy, 22.23.7—8; Valerius Maximus, 3.8.2.
② Livy, 23.21.6; 24.18.12; 26.36.8.
③ Livy, 34.1.3.
④ Livy, 23.31.1.
⑤ Livy, 24.11.7—9.

便是从事劳动生产的公民人数急剧减少，如李维所言："必要的支出仅仅通过财产税来弥补；交付那一专门税的人数因为军队在特拉西美诺湖和坎尼之战的巨大损失而减少了，以至于少数存活下来的人负担更多的捐税，他们会在另一种疾病中丧生。"① 汉尼拔战争带来的危险不仅体现在浴血奋战的士兵身上，也体现在为国家提供税收捐献的公民身上，这场战争带来的国家安全和财政经济上的挑战均是空前的。

公元前210年，国库捉襟见肘，民众怨声载道，他们饱受多年赋税之苦。房屋被敌人烧毁，耕种土地的奴隶以低价贱卖给国家服役，现在又让他们充当水手。情况紧急，元老院召开专门会议，会上执政官瓦莱里乌斯·莱维努斯（M. Valerius Laevinus）建议，应该由元老负担起这笔费用，主动捐献金银铜制品和金钱，元老们表示同意，主要是为了树立榜样，起到示范作用。② 然而在公元前204年，这位已经卸任的执政官莱维努斯向元老院提出动议，建议如数返还在他曾任执政官之年（公元前210年）让公民捐献的财物，分三次进行返还。③ 尽管实际偿还只有两次，第一次（公元前204年）和第二次（公元前202）以货币的形式，第三次（公元前200年）恰巧又遇国家财政紧张，遂授予小块份地，自行耕种或收取地租，但不得买卖转让，这些土地将来国家可以收回。④ 因为维持战争的资金吃紧，财务官们还得令

---

① Livy, 23.48.8.
② Livy, 26.36.
③ Livy, 29.16.1—3.
④ Livy, 31.13.3—9.

出卖坎帕尼亚的土地，即收降卡普阿后没收的土地。① 当西庇阿于公元前205年为远征阿非利加加紧筹备时，他想方设法从意大利各地获得粮草、武器物资、人员船只和军需品，把意大利当成支持罗马战争的各种资源的出产地。② 公元前215年夏西班牙传来捷报，但继续传来没钱支付士兵，士兵或船员缺少衣物和其他给养的消息。据守西班牙的两位统帅建议如果国库空虚，他们可以在当地寻找金钱来源，其余则需要罗马运输过来。此处提供了一个军队在当地自行筹集军费的例子，但从将领所强调的金钱之外的其他物资均需罗马调拨可见，战争中的资源调拨主要依靠罗马国家来进行。③ 自公元前4世纪以降，意大利同盟者（socii）和拉丁同盟者作为罗马军团的重要补充发挥着重要作用，对这些军队的招募和后勤工作由罗马承担，因此罗马不仅要负责军团中的罗马公民的军饷，而且要负责同盟者组成的辅助军的大规模调动，提供同盟者薪酬及粮食配给。④ 罗马在面对军事威胁的紧要关头，紧急征调罗马及意大利同盟者的人力、物力、财力，罗马国家内部更为紧密地联系起来。可以说，这场战争是公元前1世纪意大利同盟者正式加入罗马公民共同体的同盟战争之前，二者之间建立纽带联系的重要阶段。

从第一次布匿战争结束罗马对西西里实行行省管理，从公元前237年对撒丁岛和科西嘉的沿海城市进行统治，罗马每年派

---

① Livy, 28.46.4—5.
② Livy, 28.45.13—21.
③ Livy, 23.48.3—6.
④ Polybius, 6.39.15.

出拥有治权的大法官或代理大法官进行管理，这是出于巩固罗马统治的需要，同时也释放出想要从两个行省定期获得财政收入的信号。事实上，直到共和国末年，西西里和撒丁岛一直是极为重要的生产中心和产粮行省（provinciae frumentariae），为罗马城、为在意大利和地中海其他地方的军队源源不断提供粮食。

　　战争带来的收益，尽管并非规律性收入，甚至难以预测是得是失，不过在被征服地区正式投降之后缴获的战利品和赔款构成了国家收入的重要来源，尤其是当罗马成功征服更富裕、更强大的敌人之后，波利比乌斯描述了公元前211年叙拉古陷落后罗马人的劫掠，"对于挪用所有的金银，也许有很好的理由：因为对他们而言，不削弱其他民族的资源便能加强自身资源，那是不可能实现一个世界帝国的"。① 波利比乌斯独具慧眼地揭示出世界帝国的运行逻辑，帝国是建立在对其他民族的经济掠夺基础之上的。罗马通常情况下会没收敌人的全部或部分土地，归入罗马的公有地，伴之以土地转移的仪式，烧毁敌方的武器，在周围地区或城内安置驻军，缉拿人质，将全部或部分居民没为奴隶，这种征服后的措施主要针对那些在长期围困中顽强抵抗的民族。李维肯定了西庇阿对西班牙被征服民族的温和做法，他还说明了罗马与其他民族的和平关系具有明显的差别次序，是罗马对外扩张的普遍做法。在他看来，罗马人与一支民族建立和平关系的古老习俗并不是以一份给予平等条件的和约为基础的，被征服者必须交出所有神圣物品、世俗物品，交出人质、武器，接受守军驻扎。

---

① Polybius, 9.10.11.

随后他转而褒奖西庇阿，称他不按这一古老习俗行事，赢得了西班牙人的人心。①

　　总而言之，罗马国家的战争支出主要依靠公民，其中元老阶层作出了突出的贡献。汉尼拔战争是罗马财政经济发展的重要阶段，征服带来的战利品为罗马公民减轻了经济负担，后来的马其顿战争直接带来罗马财税系统的彻底改变。公元前3世纪之后，罗马的经济形态发生重大变化，小范围的战时经济代之以有利可图的战争动机。第二次布匿战争一结束，罗马便与马其顿开战，卷入希腊化世界的战事，战争的胜果直接确认了以公民纳税为基础的财政系统的中止，也确认了新的财政政策的补充。在这样的政策下，国家真正的财政支持将建立在军事胜利所产生的物质利益之上，这从一个侧面说明了罗马的扩张性帝国主义的经济动因问题，战争是罗马财政政策调整的最为积极的动力和促进因素。② 李维的记载为我们加深对罗马的国家塑造和战争的经济动因的理解提供了极为宝贵的研究资料。

　　通过对第二次布匿战争的起因、经过、结局的梳理，我们真正理解了李维所说的他将记述的战争"是所有发生过的战争中最令人难忘的"的含义，历史上从未有如此骁勇善战的两个强大城邦和民族彼此交战，战事变幻莫测，结局难以预料，两国的将领都展露出杰出的军事指挥才干。③ 这场战争的历史意义和研究意

---

① 　Livy, 28.34.7.
② 　D. Hoyos, "Roman Economy, Finance, and Politics in the Second Punic War," in *A Companion to the Punic Wars*, p. 380.
③ 　Livy, 21.1.1—2.

义均举足轻重，第二次布匿战争是罗马加强与意大利盟友紧密联系的国家塑造的重要时期，是现代历史学家评说罗马对外扩张性质动因的有力依据，更是罗马历史学家历史书写的典型主题。李维在《建城以来史》第 21—30 卷里以第二次布匿战争为主题，是他立足罗马编年史传统的实际例证。

第三章　李维继承的史学传统

　　罗马的第一部编年史是法比乌斯·皮克托以希腊语写成的《编年史》，也许成书于公元前 210 年前后。在法比乌斯·皮克托之后，在共和国的最后两个世纪里，约 16 位史家撰写编年史，这些史书的最后一部在规模和风格上堪称巅峰之作，却仅是其中唯一一部大部头流传后世的史籍，这就是李维所著的 142 卷的罗马史。从法比乌斯·皮克托到李维，这 17 部史书构成了罗马的民族历史，涵盖了从王政时代到共和国末期的罗马历史。[①] 李维的历史书写立足于罗马的编年史传统，是这一传统的集大成之作。

---

①　B. W. Frier, *Libri Annales Pontificum Maximorum: The Origins of the Annalistic Tradition*, Ann Arbor: The University of Michigan Press, 1999, p. 201.

第一节　罗马史学的发展

　　李维之前的罗马史家在时间上以及史学方法和著史风格上划分，可分为三类：一是公元前 3 世纪后期至公元前 2 世纪中期的老编年史家，二是公元前 2 世纪中期至公元前 1 世纪中期的小编年史家，最后是公元前 1 世纪中后期从事专门研究的学者及史家。

　　公元前 3 世纪后期的法比乌斯·皮克托开创了罗马历史编纂传统，他被称为"罗马史学之父"。随后的辛奇乌斯·阿利曼图斯（L. Cincius Alimentus）、加图（M. Porcius Cato）、盖尤斯·阿奇利乌斯（C. Acilius）、波斯图米乌斯·阿尔比努斯（Postumius Albinus）、卡西乌斯·赫米纳（Cassius Hemina）、法比乌斯·塞尔维利亚努斯（Fabius Servilianus）、卡尔普尔尼乌斯·皮索（Calpurnius Piso）、塞姆普罗尼乌斯·图迪塔努斯（Sempronius Tuditanus）等人也撰写史书。这些早期的编年史家均跻身仕途，著有从罗马起源至他们所处时代的历史，目的是为读者提供有价值的信息。这些史家对罗马的法律条约了如指掌，是以第一手资料及本人的亲身经历撰写当时的历史的。有关共和国前两个世纪的历史，他们尽量摒弃口头传说，立足于大祭司年表和档案资料中所发现的简短记载。这些史家"虽以掌握第一手资料见长，在写作技巧上却乏善可陈，语言枯燥乏味，这大概与原始资料平铺

直叙的风格密切相关"。① 这一时期史学发展的重要特征还表现
在道德说教与爱国主义的态度上，他们的著作中包含着对伟大罗
马的赞颂和对崇高德行的推崇。

在这一时期的史家中，法比乌斯·皮克托具有开创性和代表
性地位。公元前 3 世纪后期至公元前 2 世纪早期，法比乌斯·皮
克托在公共事务领域为罗马效力，他对希腊文化的兴趣一定众所
周知。公元前 216 年，罗马在坎尼之战遭遇惨败后，元老院挑选
他去往希腊，就罗马的未来咨询德尔斐神谕（Delphic Oracle）。
他撰写了罗马的第一部历史著作，追溯到罗马最早时期并详细记
载了布匿战争，他以希腊语撰史并使用奥林匹亚德纪年。② 波利
比乌斯对第一次布匿战争的记载就利用他为主要史料。许多学者
认为，法比乌斯·皮克托选择以希腊语为媒介是为了面向希腊读
者，向他们解释罗马的历史与制度。③ 这一解释在一定程度上是
正确的，但并不全面，就当时拉丁语的发展状况而言，拉丁语还
不适宜用作文学性散文的媒介；另一方面，法比乌斯·皮克托的
著作与许多"蛮族"（包括埃及、巴比伦）的史籍一样都以希腊
语来书写，罗马有学识的元老也懂得希腊语，因此，巴蒂安认
为，法比乌斯·皮克托撰史是面向希腊、罗马和蛮族世界中受过

① A. H. McDonald, "Theme and Style in Roman Historiography," *Journal of Roman Studies*, Vol. 65, 1975, p. 1.
② 古希腊人使用"奥林匹亚德"来纪年，从第一次举行奥林匹亚赛会的公元前 776 年算起，每 4 年为一个"奥林匹亚德"。
③ E. Badian, "The Early Historians," in T. A. Dorey ed., *Latin Historians*, London: Routledge and Kegan Paul, 1968, p. 29, note 14.

教育的所有读者的。[①]

　　法比乌斯·皮克托的史籍对后辈史家具有重要价值。他历史作品的受众是十分广泛的，李维利用他来核对夸张的描述；狄奥尼修斯曾谈到他作为史家的自觉与准确；西塞罗在《论共和国》和《论法律》中使用的历史素材来源于法比乌斯·皮克托，并说他缺少修辞方面的修饰；波利比乌斯在记载早期罗马，第一次布匿战争的前十年和最后两年，以及从公元前241年到第二次布匿战争结束这段时期的罗马历史时，紧密依据他的记载。以治史严谨著称的波利比乌斯曾批评法比乌斯·皮克托，说他对晚近时期作出总体评价时因偏袒罗马而歪曲了历史，但他十分赞扬法比乌斯·皮克托作为史家的可贵品质。波利比乌斯作为罗马的一位外邦人，是很容易觉察出罗马人的爱国倾向的。在查明与这场世界之战的真实情况的偏差后，我们能够理解法比乌斯·皮克托可能在对自己积极投身的战争的叙述中没有做到公正，但是没有理由认为他不把自己放在一个记载罗马真实历史的高标准上。[②]

　　身为罗马元老的法比乌斯·皮克托将道德说教与历史书写联系在一起，这种兴趣在罗马史学整个发展谱系中传承下去，成为罗马史学的一个重要特征。法比乌斯·皮克托的道德性描述包括对罗马的实力、坚韧、节制和忠诚精神的肯定，对罗马可能在战斗中失利但会在战争中胜利的表述，以及元老院不会轻率或非正义地开战，却会显示出甚至在挑衅之下的忍耐等评价。[③] 诚然，

---

①　E. Badian, "The Early Historians," pp. 3—4.
②　T. Frank, *Life and Literature in the Roman Republic*, p. 182.
③　E. Badian, "The Early Historians," p. 6.

无法说明法比乌斯·皮克托及继他之后者是伟大的历史学家，不过可以想见，他们有来自书写国家政令布告的写作实践，有公共法令和公共讨论的记录，为日益繁杂的国家事务奔波忙碌，而在投票、立法和派别间的争论之外，他们并未记录下民众的举动及他们的行为目的所在，在选择记述的罗马军政领域也没有深入分析元老院的政策。法比乌斯·皮克托在解释布匿战争的直接原因时，只是以一位法学家的兴趣来评断，认为迦太基违约，应受惩罚。通过上述介绍可见，早期编年史家具有自身的优势，参与公共事务、了解公共法令，但对民众行为和元老院决议没有详加记述，另一方面没有证据说明他们有意混淆事实。①

早期的罗马历史编纂不仅受到希腊的影响，也受到拉丁语本身的影响。拉丁语从产生时起便是罗马官方用语，带有浓重的政治和宗教色彩，甚至到了罗马历史编纂的成熟时期，情况依然如此。罗马人最早的历史记载大祭司年表备受罗马史家的推崇，这与希腊人对待早期年代纪的态度大相径庭。罗马人珍藏着传统的书面记载，相信其具有重要价值。②

从公元前2世纪中期开始，在希腊影响下，修辞学训练被纳入学校正规教育之中。这种修辞学教育强调演说术，具有在法庭工作或公共演讲的实际用途，其规则也被运用于文学创作之中。我们从西塞罗对修辞学的阐述中可知，有一种"修辞性的历史"，允许作者以特色描写来润饰史料，例如描写宣战或消弭凶兆时，

---

① 参见 T. Frank, *Life and Literature in the Roman Republic*, pp. 183—184。
② P. G. Walsh, *Livy: His Historical Aims and Methods*, p. 30.

史家可以用宗教仪式的细节来丰富干瘪的仪式套语，营造更加庄严的宗教气氛，调动读者的情感。在正式的框架之下，还可以通过虚构带有修辞色彩的轶闻来使叙述丰富多彩。其谋篇布局的规则对于不大接受修辞学的史家来说也是有用的，修辞学在罗马史学发展的进程中一直发挥影响。[①] 公元前 2 世纪中期至公元前 1 世纪中期的小编年史家正是在这样的修辞背景下成长起来。

格拉古兄弟改革使得大批民众介入政治生活，读者群体扩大了，民主政治的剧变亦使得普通民众对通俗易懂、系统完整的史书兴趣渐浓。这一时期的史家在希腊文化的熏陶下，顺应读者对通俗读物的需求，使罗马史学的目的与风格发生了一次重大的转变。这一时期的史家格奈乌斯·盖利乌斯（Cn. Gellius），充分运用希腊化史学允许史家自由虚构的方法，虚构了貌似真实的故事，填充进古罗马历史的单薄框架。[②] 其后的塞姆普罗尼乌斯·阿塞利奥（Sempronius Asellio）和克劳狄乌斯·夸德利伽里乌斯（Claudius Quadrigarius）虽同为通俗性历史学家，但对老编年史家的作品的处理却较为保守。科埃利乌斯·安提帕特（L. Coelius Antipater）撰写汉尼拔战争的历史，他宣称自己的目标是比前人内容更准确和风格更谨慎。西塞罗给予高度评价，称安提帕特的著作是划时代的。[③] 但苏拉时代最富影响力的通俗史家瓦莱利乌斯·安提阿斯（Valerius Antias）则追从盖利乌斯的风格，

---

① A. H. McDonald, "Theme and Style in Roman Historiography," *Journal of Roman Studies*, Vol. 65, 1975, pp. 1—2.

② E. Badian, "The Early Historians," p. 12.

③ Ibid., p. 16.

以更具说服力的形式转述盖利乌斯所辑录的轶闻。

上述史家为大批学识不多的公众写作，他们的史著就历史编纂学的意义而言总体格调不高，作品中充斥着大量爱国主义、戏剧化和引人入胜的情节，打破了老一代编年史家深沉内敛的史学方法和叙事风格。另外，埃米利乌斯·斯考卢斯（Aemilius Scaurus）、苏拉、马略和卡图卢斯（Catullus）等政界要人亦在这一时期撰写自传和史记。他们或是心怀派系成见，或是为自己的所作所为辩护，对史料的批判标准较低，其著作的史料价值不高。后来的李奇尼乌斯·马凯尔（Licinius Macer）、科尔奈利乌斯·西塞纳（Cornelius Sisenna）和撒路斯特也卷入所处时代的政治斗争，在撰述历史的过程中亦不可避免地带有政治偏见。①

随着教育的深入发展，出现了怀疑通俗记载并要求对特定主题有更深入了解的读者群。此外，越来越多的著作家渴望得到比苏拉时代的大批史书更加简明扼要和准确可靠的参考书。在这种文化氛围之下，公元前 1 世纪中后期出现了埃利乌斯·斯狄罗（Aelius Stilo）、马尔库斯·瓦罗（Marcus Varro）、苏尔皮基乌斯（Sulpicius）等从事专门研究的博古学者，他们撰写出晦涩难懂的注释本和百科全书。埃利乌斯·斯狄罗以其语法书为世人所知，另以钻研政治史资料见长；斯狄罗的学生瓦罗编纂有关宗教礼制、拉丁语、地理等方面的参考书；伟大的法学家苏尔皮基乌斯撰写《十二表法》的注释本及其他法律史著作。李奇

---

①   T. Frank, *Life and Literature in the Roman Republic*, pp. 172—176.

尼乌斯·马凯尔和埃利乌斯·图贝罗（Aelius Tubero）试图在祭司官邸和财政公署寻找新的档案资料，有多人编订了《职官书》（*Libri Magistratuum*），方便民众查阅。西塞罗也进入专门史研究领域，为撰写演说术史而准备数百篇演说方面的资料。这些专题研究自然无法取代通俗读物的写作，然而，博古研究对历史编纂影响深远，为古罗马史学注入了一种更为朴素深沉的内涵。李维不仅利用了这些专题研究的摘要，而且从中汲取到对苏拉时代的史家存疑并尊重老编年史家所提供之信息的教益。[①]

第二节　希腊化史学的影响

罗马史学的发轫源自与希腊日益密切的接触，"皮洛士战争和第一次布匿战争坚实地建立起罗马与希腊化世界的联系，而且似乎为历史编纂提供了适当的主题"。[②]

深刻理解李维的历史叙述方法，首先必须了解希腊化时代历史编纂风格及对罗马史学的重要影响。在希腊化时代，除了希耶罗尼姆斯和波利比乌斯这样倍受推崇的人物外，希腊化史学较之修昔底德的标准明显退步了。治史目的现在不是为了给予现实的指导，而是吸引、取悦、教育读者。虽然某些作家口头上说要

---

① 　T. Frank, *Life and Literature in the Roman Republic*, pp. 175—176.
② 　E. Badian, "The Early Historians," p. 2.

真实，但少有人愿意亲自实地考察所描述的地形，或者埋头于原
始文件之中。如果他们处理的是他人已记述过的事件，他们的首
要目标则不在以精确性或公正性上超过前人，而是以华美和戏剧
化描写让前人失去光彩。他们往往出于艺术标准来选题，独立成
篇，好像悲剧的一段情节。修昔底德抛弃不可信的内容，这种态
度在希腊化时代却少有人欣赏。职业修辞学家的影响不仅体现在
描写戏剧化场面，他们还经常插入构思出的演讲，也体现在探讨
各民族或城市的特征与历史、伟大人物之死以及诸如此类的题外
话上。这一时期，以波利比乌斯为代表的少数人关注真实严肃的
政治述论，多数人则偏重引人入胜的修辞表达，这不仅影响了历
史编纂的形式，也影响了历史编纂的内容。为达到悲剧式效果所
采用的著史手法，认为历史应具有道德教化功能的普遍观点，都
对罗马历史编纂产生了相当大的影响。

法比乌斯·皮克托对希腊文化有着浓厚的兴趣，他著作的残
篇显示出他依照希腊史学的传统：道德化的轶事、鲜活的自传性
笔触、对宗教庆典的描写、对道德说教和历史垂训的关注。[1] 遗
憾的是，无法准确地衡量出罗马史家受到如此影响的程度，因为
恺撒和撒路斯特之前的史家仅有残篇存世。但清楚的是，从公元
前 3 世纪后期到公元前 1 世纪后期的约二百年时间里是个不断尝
试和实验的阶段。[2]

到公元前 1 世纪 40 年代，"罗马史学臻于完善：经传统的编

---

① E. Badian, "The Early Historians," p. 3.
② P. G. Walsh, *Livy: His Historical Aims and Methods*, pp. 27—28.

年史，从博古研究到当代史、政治自传及宣传册，形式与传统已经建立起来。也许，如西塞罗所期望的大师还没有出现。西塞罗反对罗马史学传统的发展主线，但我们对他的话不能苟同，因为当一位大师出现时，他会发现他所需要的一切均已备齐"，[1] 李维的史学创作是以罗马史学的充分发展为前提的。

古罗马政治家兼演说家西塞罗（Marcus Tullius Cicero，公元前 106 年—前 43 年），在罗马的修辞学领域享有权威的地位，他虽从未涉足历史编纂，但在其作品中对罗马历史编纂史上的各位史家都作以简评，思考了有关历史应如何书写的问题，提出心目中史学大师的标准。他在《论法律》中通过昆图斯和马尔库斯的对话区分历史和诗歌，称"历史叙述遵循一些法则，诗歌叙述遵循另一些法则"，"历史要求一切真实，诗歌大部分在给人以快感；而在历史之父希罗多德的书里则有无数的故事"。[2] 他明确指出，"每个人都清楚，历史的首要原则是敢说无误之事，不遗漏真实之事，写作中不带偏袒和憎恨"。[3] 他抨击家族记载尤其是葬礼颂词的历史真实性，强调求真的历史与允许夸张的颂词之间存在差别；[4] 主张史家应该剔除传奇的成分，尽可能清楚地区分传说故事与历史，[5] 由此阐述了历史贵在求真务实的基本法则。他又细致论述了历史编纂的具体规范，年代顺序和地理描写对于时空性

---

① E. Badian, "The Early Historians," p. 27.
② Cicero, *De Legibus*, 1.5.
③ Cicero, *De Oratore*, 2.62.
④ Cicero, *Letters to Atticus*, 1.19.
⑤ Cicero, *De Inventione*, 1.19.27.

地建构史料的重要性；叙述事件不仅是陈述经过，更是说明事件发展的内在联系、解释事件结局的所有原因；描写声望昭著的人物仅说明他们的业绩是不够的，应对其生涯和性格加以考虑；叙事应富有艺术性，词语特色和语言风格要顺畅通达，从容平稳如涌溢的流水，没有审判语言的严厉，没有诉讼语言的尖刻。①

　　西塞罗不满足于历史的朴素求真目的，进而把历史著作看成是演说作品（opus oratorium），②他主张应注重形式的优美以及辞藻的华丽，从中我们看到了希腊修辞学传统对他的影响。西塞罗在对早期的罗马史学编纂成就的评述中提出，雄辩（eloquentia）是一名优秀史家的重要素质，早期的罗马编年史家在任何史学标准上都不逊于希腊人，单单由于他们只是讲述者（narrator）而非事件的润饰者（exornator rerum）才略逊一筹，③换言之，真实可信的历史必须以一个恰如其分的文学框架作为依托才能传世流芳。李维接受了西塞罗的文艺性的史观，并自觉地把它作为自己的治史目标加以实践。他采用罗马史学传统的编年纪事的体例，在这种编年体之中根据修辞学和戏剧性的修饰规则自由地叙述其历史的重要情节。④

　　深受希腊修辞学影响的西塞罗的治史理念更直接、更深刻地影响了李维的治史之路。鉴于历史编纂被西塞罗描述成演说作

---

① Cicero, *De Oratore*, 2.63—64.
② Cicero, *De Legibus*, 1.5.
③ Cicero, *De Oratore*, 2.54.
④ A. H. McDonald, "The Style of Livy," *Journal of Roman Studies*, Vol. 47, 1957, pp. 155—172.

品，被修辞学家昆体良说成是自由诗，我们不会对李维历史散文中的诗歌色彩，或者对他经由演说术处理过的主题感到吃惊。他笔下的各章节由于从句的使用而比西塞罗的作品更加复杂。作为一个现实生活中的演说家，西塞罗的目的是让可能只听过一遍句子的听众领会；李维在写作风格上也是演说式的，却是为了那些可能会反复阅读无法理解的句子的读者领会。李维身处拉丁文学的"黄金时代"，他的修辞艺术以及带有诗歌色彩的风格遵循"黄金时代"的写作技巧，从中吸收了许多优点。①

　　罗马史学传统中的编年史体例、叙事风格、博古态度均对李维《建城以来史》产生了重要影响。有学者反对从罗马编年史传统中考察李维，也不赞成以李维为切入点考察编年史传统。福莱尔（Frier）就认为应将李维与他之前的编年史家区分开来，他的理由是如同著作家与罗马共和国的文化和社会的发展并不完全同步一样，史家与史学发展也不完全同步，"李维的编年史背离了拉丁编年史家共同的散文风格；而且通过分析他作为一个史家的特质可能会对评价其前辈的成就提供一种不确定的指南"，②也就是说李维本身的特质不足以说明其前辈编年史家的著史特点和历史成就。然而，李维在其《建城以来史》前言中称，"新史家

---

① J. Sandys, "Prose from Cato to Cassiodorus," in J. E. Sandys, ed., *A Companion to Latin Studies*, Cambridge: Cambridge University Press, 1921, pp. 664—665. 拉丁文学的"黄金时代"是拉丁文学最辉煌的发展时期，涵盖西塞罗时代和奥古斯都时代，奠定了"纯净、明晰、华美、适宜"的标准风格，拉丁著作家在这一时期取得后世难以企及的成就。

② B. W. Frier, *Libri Annales Pontificum Maximorum: The Origins of the Annalistic Tradition*, p. 202.

总是相信，他们或者在这一方面①要提供更为确凿的东西，或者在写作技巧上会超过文风朴实的前辈"。② 李维述及的"新史家"是指其侪辈，这些新史家和李维一样，均力求在内容确凿和写作技巧两方面超过前辈。

总之，李维与前辈史家及罗马历史编纂传统的联系是无法割断的，了解罗马史学发展的特点和轨迹才能深刻理解李维史学的意义。"罗马史学的不同源流汇入李维的巨著，他虽归属奥古斯都时代，却可被视为共和时代多个流派的典型产物"。③ 罗马史学传统更多地影响了李维史学的内容，而希腊史学传统更多地影响了李维史学的形式，"对这些罗马过往的记载持尊重态度，正式的选举安排、分配战区和军队、异兆等被保存下来，因为它们能给一位史家的记述赋予权威的色彩。甚至在此，在罗马传统对李维历史的形式产生影响的同时，人们也不能忽视希腊理论的影响，即伊索克拉底所说的清晰、简洁、善辩"。④

第三节　纪念碑与罗马的范例史学

罗马史书给人一份真切的感受，那就是文字中无时无刻不散发

① 指详述建城以来罗马人民业绩的工作。
② ［古罗马］李维：《建城以来史》（前言·卷一），穆启乐、张强、傅永东、王丽英译，上海人民出版社 2005 年版，第 19 页。
③ T. Frank, *Life and Literature in the Roman Republic*, p. 185.
④ P. G. Walsh, *Livy: His Historical Aims and Methods*, pp. 31—32.

出怀古劝善的气息，史书展现的图景经常以杰出人物和伟大事迹为中心，一段一段的历史叙事恰似一幕一幕的历史正剧华丽上演，追忆过去、劝诫向善是古罗马历史观念的一个突出特征。历史蕴含着无数罗马人视为传家宝的优秀品行和传统风俗，这些也被称为"祖先的习俗"（mos maiorum），历史人物的品行和传统道德风尚为现世的罗马人提供认知和行动上的指导。罗马人虔诚敬奉祖先，珍视家族荣誉，尚古遗风浓重，重视道德教化，罗马史学一直有着鲜明的道德教化色彩，教育人们参照过去，评判是非，检视他人，省察自身。范例史学是希腊罗马人了解历史、思考历史、创造历史的方式，如何看待过去决定了他们如何看待当下，也决定了历史发展的未来，罗马史学尤其称得上是范例史学的古代典范。

西方古典文学自肇始以来，了解过去便被认为大有裨益，人们能从历史中发现具有示范性的事例，这一关注历史具有垂训功能的认识最早可以追溯到荷马史诗，诗人赫西俄德的作品里也包含着对美德的概括和智慧的箴言。不过，过去发生的事在文学作品中没有被详细描述为连贯的历史叙事，品达的诗歌和希腊悲剧主要通过神话发挥范例性作用，通过对比相似的美德或罪恶的例子，让读者和观众有可能对历史的连续性或不可避免的道德堕落有所感悟。富有智慧的人物被塑造出来，提出劝诫，他们通过神话和历史的例子予以说明，这样的劝诫者重复出现在史诗、悲剧和历史体裁之中。[①] 从史学诞生之日起，历史学家便表达了历史

---

① 　R. Osborne and S. Hornblower, eds., *Ritual, Finance, Politics: Athenian Democratic Accounts Presented to David Lewis*, Oxford: Clarendon Press, 1994, pp. 67—68.

知识对人类有益的观点，历史带来益处的主张成为史书前言常见的主题。历史学家往往自诩所选主题的重要意义以及历史带来的广泛裨益，力图证明所选择书写的事迹和做出这些事迹的人物如何卓越不凡、值得记录，这在历史作品中是十分常见的现象。[①]

道德说教是古代史学的主要特征，阅读历史主要可为现实提供指导，这是古代文献中普遍存在的观念，想要理解作为一种文学体裁和珍贵历史资料集合的古代史学，认识历史著作中道德说教的价值是不可或缺的。[②] 希罗多德是这一传统的关键人物，不过他没有直接表达了解过去大有裨益的立场，他含蓄地构建叙事，提出对当下雅典人的警示，警示雅典人帝国扩张将带来无法挽回的结果。[③] 他把撰写历史看作有价值的事业，这一信念埋藏在他的内心深处，他通过著史工作去保存历史知识，使之不致由于年深日久而被人们遗忘。他目光长远，认识到城邦的兴衰更替，先前强大的城邦现在默默无闻，现在强大的城邦往昔却弱小无助。[④] 国家的兴衰，命运的沉浮，是历史的循环重现，人们只有理解过去才能更好地理解现在和未来，且是不可改变的基本进程。

修昔底德不同于希罗多德，他公开声明历史的功用，邀请读者考察历史的用途体现在何处。他把人类活动看作是重复出现

---

① J. Marincola, *Authority and Tradition in Ancient Historiography*, p. 43.

② Lisa Irene Hau, *Moral History from Herodotus to Diodorus Siculus*, Edinburgh: Edinburgh University Press, 2016, pp. 1—19.

③ J. D. Chaplin, *Livy's Exemplary History*, Oxford: Oxford University Press, 2000, p. 7.

④ Herodotus, 1.1, 1.5.

的，这是宣称过去的知识是有益的基本前提，"我的叙事中缺少虚构似乎会不中听，但无论谁想要对既往发生的事和某天将会发生的事有个清楚认识的话，根据人性，事情以同样或相似的方式再次发生，因为这些而认为我写的历史有益处，我会感到心满意足"。① 修昔底德宣称从历史中可以获得对未来的正确预期，一些事情是可以正确理解的，未来也是可以预测的，因为人性决定了类似的事情会再次重演。后世的历史学家遵循他们留下的足迹，与他们的观点多有相似之处。

　　波利比乌斯认为阅读历史是获得行为指导的最好手段，研究历史能为投身政治生活提供必要的训练，从历史的兴衰沉浮中认清命运多舛并激发勇于面对命运的勇气，他称："倘若从前的编年史家疏于称赞历史，那么我或许有必要建议所有人选择和阅读这类作品，因为人们不会比在对过去的认识中获得更好的行为教导了。人们会说所有的历史学家无一例外且全心全意地将此作为他们笔耕的起点和终点，他们告诉我们，历史研究是投身政治生活的最佳教育和训练，回想他人的灾祸也是学会如何勇敢承受多舛命运的最可靠和唯一的方法。"② 波利比乌斯还指出了研究历史的重点在于考察历史事件的起因、结局和背景，仅了解战争的细节不足以洞察其本质，"我主张历史最为重要的部分在于考察事件的结果、伴生的环境特别是其原因。因此我认为与安条克的战争源自与腓力的战争，后者是由与汉尼拔的战争所致，汉尼拔战

---

① Thucydides, 1.22.4.
② Polybius, 1.1.1—3.

争由事关西西里的战争所致，中间事件无论性质如何纷繁不同，都指向同一目的。所有这些都可从通史来认识理解，而从描写战争本身的历史学家那里则绝不可能认识理解……我认为我的史著优于叙述个别片段的著作，正如学习不同于道听途说。"① 历史的功用被波利比乌斯充分地表达出来。

在希腊，演说家和政治家会经常征引历史，在罗马亦然，对历史的范例性多有讨论，政治家、演说家西塞罗和修辞学家昆体良的作品是这一类型的代表。西塞罗在《论演说家》中指出历史的垂训功能，他说"历史确实是实践的见证，真实之光，记忆的生命，生活的向导，古代的信息"，② 没有什么能够媲美历史在提供真相、纪念过去、指导生活方面的非凡意义。从具体实践而言，演说术训练离不开熟悉掌握历史，合格的演说家被期望牢固掌握历史知识，这样才能轻松驾驭历史实例，在演说中自如运用。西塞罗认为，历史蕴藏着有关公法的知识，古代人的思想，也是先例的储藏库，③ "如果一个人掌握了每个主题和每门技艺的原则和本质，他会因此具备一名演讲者的优秀素质"。④ 了解历史为成就一名成功的演说家提供了基本的学习内容和训练依据。昆体良也赞同西塞罗，主张演说家可以从历史中获益，"我说的是来自史实和先例的知识，我们的演说家应该熟悉这些，那是最让人梦寐以求的；因为这种知识让他不必获得来自被庇护人

---

① Polybius, 3.32.6—10.
② Cicero, *De Oratore*, 2.36.
③ Ibid., 1.256.
④ Ibid., 1.88.

的全部证据，他能从严谨的古代史研究中获得与案子关系密切的证据。这样的论证更为有效，因为将免于偏见或不公的怀疑"。[1]他又补充道："我们的演说家应该具有古老和时新的例证的储备，不仅应该知道那些有历史记载，或通过口述传承、或日常发生的例子。"[2] 学习历史会让演说家获益良多，从历史中得来确实的证据，为有说服力地进行辩护提供权威的论据。演说术是精英教育的重要组成部分，是跻身政界的必要能力，雄辩的口才和知识素养通过模仿身边的榜样习得。

罗马人从历史中获得行为指导，汲取思想精华，罗马的范例史学如同他们示范性的教育方式一样，根源于希腊，又在希腊史学基础上发扬光大，超过希腊范例史学的水平。[3] 罗马精英小普林尼告诉我们，罗马人在过去以示范的方式建立行为准则，长者有义务把行为准则传授给年轻人，代代相传。古时的罗马人不仅通过命令，而且通过示范，向长辈学习。他们从小起就进入军营，养成服从的习惯，学习指挥或追随他人，受训担任领导者。为了成为职官候选人，他们先是站在元老院门口作为观看者。每个年轻人都由父亲作为他们的老师，或是某个德高望重的人代替父亲的角色。他们得到最好的教育，如元老有多大权利提出动议，元老在发表观点时有什么特权；哪里应该服从，哪里应该坚

---

① Quintilian, *Institutio Oratoria*, 10.1.34.

② Ibid., 12.4.1—2.

③ A. M. Gowing, "The Roman Exempla Tradition in Imperial Greek Historiography: The Case of Camillus," in Andrew Feldherr, ed., *The Cambridge Companion to the Roman Historians*, Cambridge: Cambridge University Press, 2009, pp. 332—347.

持；发言多久，什么时候沉默；如何区分冲突的动议，如何讨论修正的议案。简言之，他们通过这种方式熟悉以后担任元老的所有行为。① 从小普林尼的讲述中我们看到，在政治和军事领域身体力行的行为准则不是简单以口头训诫的方式传达的，而是从实例中亲眼所见，以父亲和长辈的行为为示范的，这样的教育方式使青年在模仿中为日后从政和从军做好准备。②

李维在《建城以来史》开篇开宗明义地说明了解历史的益处，"在认识往事时，尤其有利而有益的在于：你可以注意到载于昭昭史册中各种例子的教训，从中为你和你的国家吸取你所应当仿效的东西，从中吸取你所应当避免的开端恶劣与结局不光彩的东西。"③ 尽管罗马的历史书写有许多地方得益于希腊实践，但也很大程度上反映了本地的影响。罗马的"史学之父"法比乌斯·皮克托便是在本地传说和希腊记述之间兼收并蓄，莫米利亚诺总结道："没有迹象表明匹克托只是简单地对希腊历史学家顶礼膜拜，他尽量在本地传说和希腊记述之间保持平衡……既然是匹克托家族的人，他不大可能会忽视他自己家族以及联盟的其他贵族氏族的口述传统和书面文件。他家里陈列着祖先面具和相关铭文的中庭肯定也是他的主要档案收藏之处。"④ 罗马史学深受罗马本土文化的浸润，尤其是与政治精英的祖先崇拜文化有着密切

① Pliny the Younder, *Epistolae*, 8, 14, 4ff.
② 小普林尼写这封信的背景是澄清自己无知的理由，他说自己没有在程序事务上得到足够的指导，这封信说明了政治精英的理想教育。
③ Livy, *Praef.* 10.
④ ［意］莫米利亚诺著，冯洁音译：《现代史学的古典基础》，华东师范大学出版社 2009 年版，第 136 页。

的联系。

罗马社会具有悠久的范例文化传统，从私人空间的祖先面具和功绩铭文，到公共空间的纪念性建筑和展示，罗马社会生活中的许多要素都有示范性的特点。例如，贵族的葬礼便是一种示范性做法，家族成员穿戴成家族列祖列宗的样子，发表宣扬家族功业的葬礼演说，营造出一种过去重现的葬礼氛围，以鼓励现场的年轻人效仿祖先的杰出事迹。[1]死者的容貌专门制成蜡像和雕塑，这些塑像标记上祖先的名字和成就，陈放在贵族宅院的中庭，一副副形象承载的是一个个范例，提醒着居住者以列祖列宗为榜样，规范言行。不仅贵族宅邸陈放着这些塑像，公共场所也树立起雕像让公众可见。树立在公共空间的雕像把对伟大人物及其事迹的回忆传播到广大的观众中间，公共建筑唤起回忆的力量不仅见于罗马，也见于希腊，有西塞罗的记述为证："我知道，在整个雅典，在重要人物曾生活的地方有许多纪念物。"[2]这些纪念物树立起来，是为唤起对伟大人物的回忆，对过去的追忆是走向未来的最佳指引。

历史的范例功用融入社会生活的方方面面，指导人生，扩大视野，增长才干。苏埃托尼乌斯讲述了奥古斯都重视文献作品的指导功能的故事，"在阅读两种语言的作家的作品时，他最留心对公众或个人有教育意义的箴言和范例。每当他的家人、将军和行省总督中有人需要告诫的时候，他常常会把这些箴言逐字逐

---

[1]　Polybius, 6.53.1—54.5.

[2]　Cicero, *De Finibus*, 5.2.

句抄赠给他们"。① 以文字书写出来的范例能够传递价值，规诫
人们的言行。公元 1 世纪的元老弗朗提努斯（Frontinus）② 编订
《军事谋略集》，旨在让将领们从过去的军事范例中学习用兵之
道，提高自己的判断能力和应变能力，这些素质将在战场上发挥
积极作用，使他们能够在谋划战略时更加沉着冷静，因为许多战
略战术在过去都有成功的先例可循，了解这些先例便是最好的军
事教育。③ 罗马社会生活的各个方面都以某种适当的方式表达出
对过去的尊重，罗马人把过去当作范例的宝库，历史的价值和纪
念的旨归便是为人们提供行为范例，这种观念与现代讲究历史特
殊性的方法相距甚远。

从古代直至 19 世纪早期，历史学的研究方法没有根本性的
改变，整个这段时期的历史基本上都将过去引向道德教化，历
史为根，教化为基，历史被看作可为当代提供借鉴的榜样集合，
从历史中总会找到解决当下个人与社会问题的出路，当下的任
何人都可从历史人物的成败得失中寻找自己的责任与价值所在，
找到履行责任、实现价值的方法和途径。这种范例史学完全不
同于自 19 世纪早期以来的历史学，现代史学的核心是历史主义
（historicism），历史主义囊括一套看待过去的科学方法，由 19 世
纪初德国浪漫主义学派加以条理化，对于历史学科的发展产生
了至关重要的作用。历史主义的范式与范例史学的范式截然不
同，历史主义主张各个社会及其价值体系是随着历史发展经历

① Suetonius, *Augustus*, 89.2.
② 公元 1 世纪后期罗马著名作家、元老，图密善统治时期的一名杰出将领。
③ Frontinus, *The Stratagems*, 1.1.

变迁的，过去的一段历史不一定会被后人立即理解，后人是在不同的伦理道德环境中进行思想和活动的，因此历史中的时代和事件只可以从其自身的语境中才能够得到正确理解和评判，脱离当时当地的行为范畴和价值体系是不可能了解历史的。[①] 范例史学和历史主义在历史的普遍性和特殊性上各有侧重，现代史学关注的是历史事件的发生有其独特而不可复制的历史条件，历史条件的特殊性决定了考察历史必须结合其特殊语境，不能以当下的情况去假设过去也会在如此的情况下发生。这就需要就事论事，依据特殊语境，切断一个事件与其他事件的普遍联系，这样的推演规则才能得出更为客观的判断。然而，历史主义的一个最大缺点在于，割裂现在与过去的紧密联系，中断道德价值的历史传承。

范例史学是把历史看成贮藏着优良品德和拙劣教训的实例集合的，现代史学则把历史看作串联过去、现在和未来的特殊进程，是经历兴衰沉浮的演进过程。在前者的情况下，重在了解善恶成败的事例，据此规范个人的行为；在后者的情形下，需要了解历史变迁的动力，各个历史时期的驱动力及其结果都是不同的。[②] 这样，范例史学与历史主义的根本区别就显而易见了，古代的范例史学强调的是过去与现在的联系，过去在现在既不断复

[①] M. Roller, "The Exemplary Past in Roman Historiography and Culture," in Andrew Feldherr, ed., *The Cambridge Companion to the Roman Historian*, pp. 214—215.

[②] C. W. Hedrick, *Ancient History: Monuments and Documents*, Malden: Blackwell Publishing, 2006, p. 6.

制，又不断更新，在不断模仿和重复过去中创造当下和未来的历史。历史主义则认为，现在处于不同的伦理道德环境下，不会与过去建立直接联系，过去的变迁一旦过去，不会直接作用于当下，也不会直接被人理解，因为过去和现在的语境不同，二者之间是阻隔的。历史主义者会接受某些普遍性的准则，但只限于一定程度和一定范围之内，这些准则在他们看来是不足以预见未来的，他们认为探究历史的根本在于对特定时期的特定社会的物质和道德特性进行建构，以恰如其分的语境来解释特定时期的特定活动和事件，在一系列的特殊性之上建构历史，这是历史研究的第一步。

历史主义在理论上有两点主张：一是历史事件必须依据其发生的特殊性来解释，二是历史存在着自身的逻辑推导步骤，是一门科学，即历史科学。历史建构的任务需要专业方法和专门训练，这些工作只能通过经过专门训练的职业学者才能完成，现代历史学家与古典历史学家相较，具有职业性和专业性的特点。[1]范例史学和现代史学并非没有相通之处，没有哪个纯粹的历史主义者能够完全抛开当下去理解过去，丢开当下关注的问题和可利用的资源去理解过去的，历史学家脱离不了自己的价值视野来提出和解决问题。也不存在纯粹的范例史学家，单单认识到历史的普遍功用，而对历史的变迁了无觉察。事实上，他们都认识到历史的变迁，过去与现在的差异，但从总体上说罗马人的历史观念

---

[1]　George H. Nadel, "Philosophy of History Before Historicism," *History and Theory*, Vol. 3, No. 3, 1964, pp. 291—315.

是范例式的，范例史学是罗马史学的主要特征。

　　范例史学通过呈现一系列正面和反面的范例而对读者达到规劝教化的目的，道德教化是范例史学的目标，这一目标的达成有赖于一套完整的符号系统正常发挥作用，这套系统一步步顺利推进才能达到对读者产生积极影响的目标。

　　范例是以特定方式组织并呈现过去的、松散的、连续的符号系统，[①] 这一符号系统有四个组成要素：第一，民众共同的价值准则。罗马社会有一套共同的目标和价值，罗马社会成员及其代表在行为活动中需要遵循共同的价值准则才被认为是妥当的。在罗马的语境下，这套价值准则被称为"祖先的习俗"，即从罗马祖先传续后世的美德，表现为罗马人在宗教、政治和私人生活中的基本原则。在宗教活动中，敬神（pietas）并履行条约和誓言（fides）；在公共政治中，稳定和谐（concordia），服从军事和民事的权威（disciplina）；在政治和战争中，保持审慎（prudentia）和理性（ratio），适时地表现出仁慈（clementia）；在个人层面上，保持举止与地位相符的庄重（dignitas），并抱持严肃的态度（gravitas），过节俭的生活（frugalitas）。[②] 第二，观众对个人的行动给予范例性评价。民众见证个人的行为后，依据一个或多个共同价值标准来判断其优劣，赋予个人行为以道德意义，合乎美德的行为被建构成正面的范例，违背美德的行为被建构为反面的范例，范例的塑造为巩固传统价值观念、激励民众效

---

① M. Roller, "The Exemplary Past in Roman Historiography and Culture," in Andrew Feldherr, ed., *The Cambridge Companion to the Roman Historians*, p. 216.

② 参见本书第六章第二节。

法提供了前提。第三，建立让人能够回忆范例的象征符号——纪念碑（monuments），包括尊称、头衔、雕像、地名、神庙、仪式和其他表演、叙事史等，去铭记作出光辉事迹的人物及其被赋予的范例性评价，让更多的同时代人及后代所知。这里的纪念碑是广义上的，让人能够自觉回想历史人物和过往历史的所有象征都是纪念碑，纪念碑具有转变不当价值观、激励人们去效仿的示范作用。

纪念碑能够发挥示范作用可从该词的词源而知，"monumentum"来源于动词 "moneo"，"moneo" 的意思一是提醒、告知、使注意；二是建议一项行动，劝告、警告，从词义可知纪念碑具有提醒、警告、建议的功能。[1] 博古学者瓦罗在《论拉丁语》中探讨了纪念碑的词源来历，他认为纪念碑来自记忆（memoria），"当已经保留在头脑里的东西反向发生作用时，从记忆而生纪念；据说纪念（meminisse）也许从留存（manere）而来，尽管是通过 manimoria 一词。因此萨里伊祭司在歌中唱道：'O Mamurius Veturius'，说的就是一段 '古老的记忆'（memoria vetus）。提醒（monere）也源自同一词根，因为提醒的人，就像一段记忆一样；坟墓及路旁的纪念碑，会提醒说这些人已经死去，也提醒路人自己仍然健在。由此，被书写或被做过、用以保存记忆的事物均被称为纪念碑（monimenta）"。[2] 我们从瓦罗对纪念碑的词源探究可知，纪念碑从功能上是和纪念、记忆、提醒联系在一起的，凡

---

[1]　C. T. Lewis, C. Short, eds., *A Latin Dictionary*, Oxford: Clarendon Press, 1958, p. 1163.
[2]　Varro, *Lingua Latina*, 6.49. Monimentum 是 monumentum 的另一种拼写形式，不及后者普及。

是为保存记忆而树立起的都可归入纪念碑一类。如同死者的坟墓把活着的路人当作提醒的对象一样，纪念碑也以观看到这些纪念碑的人为目标受众，提醒他们过去曾发生的值得纪念的事迹。

美国学者迈尔斯将罗马早期历史的证据来源区分为口述证据（fabula）和视觉证据（monumenta），并列举了视觉证据的三层含义。① 首先，"monumentum" 经常指专门的、实在的物体，有目的建造、充当纪念标识的纪念碑，如坟墓、神庙，极少数情况下不指代有形物体，则作为隐喻的手法使用；其次，指可能并非有目的建造、却实际发挥纪念功能的事物和地点；② 最后，"monumentum" 指代文献和历史。③ 根据刘易斯、肖特编《拉丁字典》，"monumentum" 是指 "保存对所有事的记忆的事物、回忆录、纪念碑，尤其指为了长久保存对某人某事的记忆而建起的建筑、雕塑、绘画、坟墓。"④ 由此可见，纪念碑最主要的含义是有形的坟墓、神庙、铭文、建筑、雕塑、钱币等物质实体，还包括载于纸张及其他书写媒介上的记录。纪念碑（monumentum）一词的含义极为宽泛，历史记录是纪念碑的类型之一，如李维的

---

① G. B. Miles, *Livy: Reconstructing Early Rome*, p. 17.

② 指代发挥纪念作用的地点，如 1.48.7，图里娅驾车轧过父亲塞尔维乌斯国王的地点是一处纪念地；6.20.12，塔培亚石成为纪念特殊荣誉和重刑惩罚的地方；26.41.11，特雷比亚、特拉西美诺湖、坎尼三处地点成为纪念罗马阵亡将士的纪念地。

③ 指代书面记录，如 2.33.9，罗马人与拉丁人的条约铭文；6.1.2，毁于罗马大火的公共和私人记录；6.29.9，镌刻得胜将领军功事迹、奉献给朱庇特神庙的铭文记录；7.21.6，所有的编年史和文献记录。

④ C. T. Lewis, C. Short, eds., *A Latin Dictionary*, p. 1163; *Thesaurus Linguae Latinae*, 8.1460—1466.

历史丰碑，为保存历史记忆而兴建的有形纪念性事物是该词的又一含义，而且是其主要内涵。

拉丁作家经常使用纪念碑一词指代置于公众面前的提醒性事物，涵盖的范围从建筑物到地名，从铭文和雕像到如伤疤和肢体残缺的标记，从公开演讲到战利品陈列，泛指一切具有提醒作用的事物，可以说纪念碑连同范例（exemplum）、美德（virtues）和传统习俗（mos maiorum），是读懂罗马人的文化记忆的关键概念。纪念碑展现的记忆是一种劝诫性记忆，目的是展现过去的某一德行，以便在现在和未来被模仿和超越。[①]

接续上文，范例符号系统的第四个组成要素是范例的生产性，这与纪念碑的作用密切相关，因为目睹这些纪念碑的人会得知纪念碑所纪念的人和事，他们会乐于把这些人的美德和合乎美德的事迹作为典范，从道德维度上确立正确的评价他人活动的道德标准，从实用维度上作为自身模仿或规避的典型。这些见证纪念碑的人会进一步创造出以范例事迹书写的丰碑，回望过去进而续写过去，例如，他们会修缮古老的雕像，建立新的雕像，重新书写历史，又续写具有纪念意义的历史性文本，通过这些建立有形的纪念碑和历史书写的范例。

拥有共同的价值准则、给予范例性的评价、建立纪念碑的象征符号、延续纪念碑的典范作用，范例符号系统的这四个要素彼此联系，环环相扣，前一个成为后一个的前提，第三个和第四

---

① M. Bommas, J. Harrisson and P. Roy, eds., *Memory and Urban Religion in the Ancient World*, London: Bloomsbury, 2012, p. 98.

个要素保证了历史的连续性和普遍性，揭示了包括历史书写在内的范例性纪念碑是如何历经时间与空间的变化而产生社会和道德的连续性意义的。道德标准通过行为典范传达出来，并得到公众的评价，由前两个要素开启的道德延续性又重新回到起点，进一步巩固了共同的价值认同，同时邀请公众作出范例性评断，一个新的循环再次开启。通过与纪念碑的交互，公众共同认识自我与过去。

范例包括共同价值、行为主体即历史人物、评价主体即当场观众和纪念碑，这四个要素有机联系，纪念碑再促成共同价值的形成和深化。杰格认为："纪念碑无论腐朽无存，抑或重新修缮，实际上都失去了充当回到一个真实过去的标志的权威性，但是，它们作为不可复原的过去以及作者的重建行为的见证又赢得了权威性。目睹纪念碑的读者认识到的不仅是专门的历史事件和名字，而且认识到重要的范式，他或她可以从这一范式中得到思考过去的洞察力。"①

访查古代纪念碑，从古代寻找行为的范例，对语言进行探源性研究，是博古学的重要内容。塔西佗称博古人士（antiquarii）是欣赏古代风格和语言的人，从瓦罗和西塞罗所在的公元前 1 世纪开始，antiquitas 或 antiquitates 一词可以指代展现古代特征的一切，最常使用在过往年代的制度和习俗上，语义上接近希腊语 archaiologia，指关于古代的知识。博古学不仅指各类古代知识或

---

① M. Jaeger, *Livy's Written Rome*, Ann Arbor: The University of Michigan Press, 1997, p. 182.

智识上的研究，甚至可以指有关远古的历史叙事，譬如狄奥尼修斯撰写的《罗马古事纪》。[①] 狄奥尼修斯对早期罗马的记载经常被与李维的记载进行对照，二者的一点共通之处在于，对于古代历史和文化表现出浓厚的兴趣，流露出明显的博古学特征和兴味。

　　瓦罗是罗马博古学研究的杰出代表，偏重从语言入手来挖掘古代知识，如上文所述，他对纪念碑的词源阐释可以作为对纪念碑功能的权威解读。值得注意的是，他不仅只是对过去的语言和习俗有着浓厚兴趣，他还要让罗马人知晓从日常的语言媒介中保留值得传承的，坚持一个罗马人应该恪守的，坚定一个罗马人应有的认同感。近来对瓦罗的研究论证了："他不是简单地在为拉丁语做注解，他想要从这些注释中阐明哪些是需要大力恢复的，哪些是要保存在记忆里的，他对罗马传统表现出部分的批判和差别对待的倾向。他在作品中探索语言发挥积极作用的可能性，在认识语言的功用性方面表现出前瞻性的探索，他在用语言塑造身份认同的同时，也在塑造政治权威，他对个别词汇的词源学解读中有意识地清除掉希腊语词根的痕迹，以词源学为手段实现罗马文化的拉丁化。"[②] 以瓦罗的拉丁语研究为参照，李维又何尝不是通过对早期罗马的古物古迹、古风古俗的寻根溯源，捡拾罗马的传统美德和行为范例，借助与历史记忆有着深刻渊源的纪念碑，

① B. Bravo, "Antiquarianism and History," in J. Marincola, ed., *A Companion to Greek and Roman Historiography*, Chichester: Wiley-Blackwell, 2011, pp. 516—517.

② D. Spencer, "ergo sum: becoming Roman in Varro's de Lingua Latina," in M. Bommas ed., *Cultural Memory and Identity in Ancient Societies*, London: Continuum International Publishing Group, 2011, pp. 43—60.

唤醒罗马人对古老过去的记忆？

更加符合现代史学标准、倍受现代学者青睐的希腊历史学家修昔底德和波利比乌斯，他们专注于政治史，主要以政治、制度和军事事件为内容。实际上，政治史一直与其他形式的历史书写并存。在古代，真实的历史和虚假的历史极为复杂地混杂在一块，尤其在希腊化时代之后，人们的地理和文化视野扩大，带来了文化兴趣上的巨大转变。文化品位从精英化转向世俗化，随之而来的是叙事主题的扩大，如地理学、岛屿历史、小说、博物志等，同时带来了叙事风格的转变，许多奇闻异事和神幻传说都加入进来，且千方百计地穿插各种细节给人以逼真之感。历史体裁日趋多样，哪怕是小说也常以历史事件为背景、以虚构的历史人物为主角。如果说希腊古典时代是以社会精英的政治史见长，那么到了希腊化时代，即使在颇受肯定的波利比乌斯身上，他一方面秉持历史批判方法，批驳其他史家愉悦读者的做法；另一方面注重文化因素的探究，对罗马的丧葬仪式进行探讨。如伽巴（Gabba）所指出的，虚虚实实、真真假假就是我们所接手的历史，我们不能停留在分辨真实与否的目标上，分辨历史的真实不可能从分辨史料出处直接实现，或者说这一目标是不可能完美完成的任务。我们的首要任务是考察其发生发展的语境，在怎样的历史背景和文化背景下这些虚实相间的历史成为了我们接手的史料。①

---

① Emilio Gabba, "True History and False History in Classical Antiquity," *JRS* Vol. 71, 1981, pp. 50—62.

古罗马有着广泛的纪念文化传统，博古学研究和旅行手册是罗马纪念文化的一部分。对于多数罗马人而言，史书不是了解过去的主要知识来源，甚至对那些出身高贵、充分参与到其时代的文学创作和政治文化的人来说，也是如此。历史书写只是联系过去的众多渠道中的一种，不曾想到取代也不可能取代其他了解历史的媒介。罗马人强调纪念，纪念以多种多样的形式发挥作用，历史书写是罗马历史传承和道德传承的一个方面。历史事件和人物事迹通过戏剧、史诗、有形的纪念物、铭文和演说词的形式向公众传达，带有鲜明贵族特征的罗马传统道德习俗带有明显的家族宣传意图，宣传本人及家族列祖列宗的成就，通过无处不在的文字、非文字、实体、非实体的媒介实现宣传信息的传递。"每个政治家的主要抱负在于为自己及其家族以城市中更易接近的和更为传统的地点在罗马人眼前被纪念。……政治家的目的就是纪念，尤其在死后，用于达到那一目的的许多手段包括罗马国家背景下的记忆和传统，不仅是当下，而且以历史的视角邀请与从前的罗马英雄相比较。"[①] 罗马作为帝国首都，像博物馆一样，成为历史及其民族成就的贮藏库，一切都反映出独特的意识形态，纪念物创造了罗马的记忆景观。这些有形的纪念物以历史证据的形式流入李维的历史中，也因为其在历史传承中的重要意义而使李维有意识地在历史书写中不断提及这些纪念物，纪念物作为罗马文化的一部分，也成为李维教化罗马人的有效手段。

---

① S. H. Rutledge, *Ancient Rome as a Museum: Power, Identity, and the Culture of Collecting*, Oxford: Oxford University Press, 2012, p. 29.

李维的《建城以来史》，尤其在前两卷中参考了他所处时代或是他的史料来源所属时代仍能目睹的纪念碑。提及这些纪念碑，意在保证所述历史的真实性，至少可以加强传说故事的可信度。起初意义并不明朗的纪念物、雕像、地名被赋予了丰富的内涵，只不过总是和罗马早期历史的传说相关联，这是在博古学传统和旅行手册的背景之下产生的，是为了详细解释说明这些纪念碑而应运而生的。各种传奇故事以纪念碑为基础不断演绎，后来纪念物反而成了证实经过虚构、演绎而成的传说的证明材料。[①] 李维引用过辛奇乌斯的记述，此人曾撰写过有关罗马或至少是卡皮托山的旅行手册。李维曾提及在卡皮托山的朱庇特神庙右侧的匾牌上敲入钉子标记年代的习俗，还说到辛奇乌斯宣称在沃尔西尼（Volsinii）城的埃特鲁里亚女神诺提娅神庙里也发现有钉子，用来标明年代。[②]

李维在《建城以来史》早期卷册里记述的纪念碑为后续的罗马历史的展开铺设了绝佳的舞台，这些以地点、神庙、雕塑等为代表的纪念碑具有公认的范例意义，是罗马美德的丰富体现。李维随着历史叙事的推进和罗马国力的扩大，正是以对历史人物及其事迹的记述来为已有的纪念碑增光添彩，续写曾经的美德佳话，也正是这些美德铸就了罗马的传奇。博古学研究和旅行记录对李维史学产生了重要影响。一方面，为李维追溯遥远的历史提供较为翔实的实例；另一方面，加强了他对罗马认同的信念，

---

① 　Emilio Gabba, "True History and False History in Classical Antiquity," p. 61.
② 　Livy, 7.3.5—7.

通过范例示范能够为罗马人指明前行的方向。

第一章中我们探讨过李维与奥古斯都的关系，列举李维直接提及奥古斯都的一处，他曾对科苏斯和至尊战利品予以说明。美国学者杰格根据这一段记述，把李维的文本与纪念碑及其范例意义勾连起来，主张在科苏斯故事的背后有三位建立者（auctores）：第一位是科苏斯本人，他是战斗的发起者（auctor pugnae）；第二位是奥古斯都，他修缮了至尊战利品的存放地朱庇特·费莱特里乌斯神庙，是神庙的建立者（auctor templi）；第三位是李维本人，他是历史的书写者，记录根据奥古斯都所述奉献战利品的职位条件，并请读者自己判断。李维的历史文本和文本之外的神庙及铭文之间，过去杰出事迹的开创者和当下对历史英雄的缅怀者之间，结成了紧密的纽带。杰格认为在这里李维接受奥古斯都的一套说法是权威性的，认为奥古斯都修葺神庙对重建宗教生活是值得推崇的，李维本人也清楚表达出自己的历史书写同样具有权威性。[1] 这段记述既尊重了奥古斯都所述的权威性，又凸显了历史学家在重建历史真实和增强历史感悟方面的作用，他们在历史的范例性呈现上是一致的。

综上所述，抱持范例史观的前提在于，认为历史与当下的一致性与连续性，二者之间时间相继，内涵相通。这种一致性与连续性主要体现在伦理道德方面，体现于历史中的人们的道德观念，如虔诚、勇敢、诚信、审慎等不论年代如何变幻都将垂诸永远。在古人的行为中包含着范例，他们的行动体现出恒久有效的

---

[1] M. Jaeger, *Livy's Written Rome*, pp. 182—183.

价值，他们相信过去的行为在当下也会重演，带来同样的道德后果。现代人可以像赞美和贬责同代人一样，以同样的方式和同样的理由褒贬古人。李维记载了许多继承祖先习俗、续写祖先功业的行为，以融入人们更加熟悉的当代史的方式让世人重新理解祖先的德行，吸取先人的经验教训。这些品行如一条割不断的线将往事与现在穿连在一起，现世的人总在不断续写祖先的业绩，或是重蹈从前失败的覆辙，这样一来李维在记述历史中有时年代误置的原因似乎有迹可循了。李维把历史视为范例的集合体，范例性是李维看待历史的态度，也是重述历史的目标。为了达到这一目标，李维通过史学和文学的方法，记述真实，传播价值。

第四章　李维运用的史学方法

　　李维把历史视为范例的集合体，范例性是李维看待历史的态度也是重述历史的目标。李维采用编年史体例，广泛征引文献史料，李维的史学方法是其史学研究的重点问题。奥吉尔维（R. M. Ogilvie）对李维《建城以来史》前五卷的注释本堪称李维史学研究的经典之作。该书首先概要介绍李维的生平著作及写作风格，然后细致精确地对前五卷诸章节进行注释，既注重从文献学角度解释各段落的语法和句意，又注重从史实的角度挖掘历史的真实内容，既以李维的文献记载为根本，又以其他古典文献为扩展，通过各种古典文献的印证比较，提供了扎实的文献依据和历史信息。沃尔什（P. G. Walsh）的《李维：其历史目的与方法》对李维的考察全面细致，体现了作者扎实的史学研究功底和对李维各方面研究的丰厚积累，内容丰富且具有启发性。从李维的出身背景到奥古斯都时代的罗马，从古代的历史编纂传统到罗马道德史特征，从李维的史学方法到文学方法，为我们展现了李维史学方法和文学方法的广阔而生动的画卷。作者对李维的研究基础深厚，方法得当，针对各家之言都作了客观的评判和说明，他指出，把掌握事实的准确性作为罗马共和国晚期历史研究和写作唯一关注的重点，是在应用当代的研究标准，犯了时间上的错误。①

第一节　编年史体例

李维《建城以来史》采取编年史体例，运用罗马历史悠久的编年史形式，为历史书写的权威性和谋篇布局的组织性搭建起条理清晰的框架。编年史体例不仅是李维选择的体裁形式，也关系到他在记述历史时的表述方式，编年史体例更在体裁形式和表述风格之外助益了李维治史要旨的实现，读者可在平铺直叙的编年史简要文告中体会历史传统的召唤，编年史形式揭示出李维叙事的内容、形式、意旨的总体特征，是全面把握李维作品特征的重要组成部分。

编年史形式以罗马官方纪年的历年划分为基础，以对国家事务的仪式性公告为标志，不仅包括政治制度、军事活动的报告，还包括仪式祭典的公告，行政官员、军事统帅、祭司人员都与国家公共事务关系密切，因此制度、军事、宗教是公告中不可或缺的内容。李维的每一卷里都包含着这一类内容，每一年以对

---

① R. M. Ogilvie, *A Commentary on Livy Books 1—5*, Oxford: Clarendon Press, 1984; P. G. Walsh, *Livy: His Historical Aims and Methods*, Cambridge, 1963.

官员选举和祭司公文的报告结尾，下一年以官员履职、分配战
区、被除朕兆、会见使节的记述开篇。当罗马城内的管理事务料
理妥当，执政官前往负责的战场，对罗马城内的记述随之转向罗
马城外，在该年叙事的结尾，再次出现下一年以官方公文为中心
的记述，年年如此，卷卷相似，循环往复。所谓编年史形式，是
国内事件和国外事件交替记录、以一个执政官年进行划分的写作
范式。如李维在第 24 卷中记述第二次布匿战争的第五年，两位
德高望重的执政官当选，元老院让执政官奔赴军队前主持监察官
选举，列举各个战场的指挥官分配情况。随后做出那一年的异
象报告，李维说许多报告被头脑简单和迷信的人相信。为被除
朕兆，元老院遵循宗教仪规，举行宗教仪式，以抚慰神祇。接
下来李维还介绍了军队调遣的情况，其中，两名执政官分别率
领两个军团，驻扎在高卢、西西里、撒丁岛的两个军团驻留原
地，大法官昆图斯·法比乌斯（Q. Fabius）率两个军团戍守阿普
利亚（Apulia），提比略·格拉古（Ti. Gracchus）率奴隶组成的
两个军团负责路凯里亚（Luceria）地区，代理执政官盖尤斯·特
兰提乌斯（C. Terentius）率一个军团镇守皮塞努姆（Picenum）
地区，马尔库斯·瓦莱里乌斯（M. Valerius）统率布伦迪西乌姆
（Brundisium）附近的海军，另两个军团负责布伦迪西乌姆城的守
卫。此外，急需招募 6 个新军团，另需招募海军，当年的舰船总
数需达到 150 艘，这些事务全部由执政官负责。[①]

编年史形式在谋篇和内容上具有官方起源的特点，与大祭司

---

① Livy, 24.10—11.

每年在蜡板上所做历史记录紧密联系。大祭司的记录是罗马历史最重要的依据，罗马共和国的历史依赖于对大祭司记录的搜集整理。大祭司每年记录的公告给罗马史学置入了形式的框架和理念的框架，将罗马的习俗和传统共同融入罗马史学。罗马早期历史学家对大祭司年表加以采用和模仿，内容简略，格拉古时代和苏拉时代的编年史家在此基础上添枝加叶，赋予文学风格，李维按照编年史家们的惯例，以编年史形式作为谋篇布局的基本组织形式，这一传统甚至在帝国时代的编年史家身上依旧延续，塔西佗也概莫能外。

编年史形式首先提供了以年代为顺序的有序时间系统，即使这些公告内容枯燥乏味，单调重复，却是大部头通史著作一以贯之的时间脉络，给跨越李维笔下七百余年的罗马历史赋予了统一的时间线索，从编年体例上形成连贯统一的结构线索。

其次，编年史形式有助于吸引读者对罗马传统的兴趣，有助于李维治史目标的实现。编年公告的内容与国家利益、公民安危紧紧相连，罗马人相信共和国的制度习俗和仪式程序只要能够谨慎遵守，国家和公民的命运都会得到切实保障。运用这样的时间系统有利于在读者心目中埋下同样的爱国主义的种子，其古老形式、简短句式、专门术语、古朴词汇无疑将对罗马的读者提出特殊的要求，[①] 可以说编年史传统形式在唤起读者追寻古风、践行古老习俗的动力方面发挥着重要作用。

---

① T. J. Luce, *Livy: The Composition of His History*, Princeton, New Jersey: Princeton University Press, 1977, pp. 190—191.

　　编年史形式不可避免地与文学加工相结合，但它原有的内在特征很大程度上被保留下来，在特殊情况下甚至达到了加强文学效果、强调古代风尚的作用。对官方事件的记录通常不必详细记述例行程序的细节，在众所周知的官方情况报告中，编年史家可能满足于枯燥的陈述，不再增添细节描写。但如果是读者不熟悉的内容，则必须完整记述至少一次，便于读者充分理解历史作品。这可能要求历史学家对当时的历史情况进行重建，首先交代历史条件，理解历史文化背景，这需要借鉴博古学研究并与历史学家所处的制度条件作一对比，结合格拉古时代和苏拉时代的政治环境进行解释。编年史家当然必须润色简短乏味的编年公告，运用修辞写作的原则构建罗马的历史。李维在以奥古斯都时代对历史的诉求中追随这些编年史家的脚步，他的记述中带有博古研究的痕迹，祭仪占卜占有较大比重，历史事件与宗教的联系被与神圣相关的词汇加强了，李维对这些具有古代痕迹的要素加以利用。古代编年史公告风格的保留对于突出宗教仪式的严肃性以及一些重大事件的突出地位发挥着重要作用。①

　　凯旋式公告是编年史公告的重要内容，凯旋式公告为我们考察编年史形式在李维历史书写中的作用提供了一个专门视角，从中管窥编年史体例给李维叙事带来的突出影响。李维的凯旋式公告遵循凯旋式叙述的标准范式，来自凯旋式年表以及其他年表所共同遵循的程序。首先记述凯旋式申请，接下来按照固定步骤逐一记述，叙述过程中根据具体情况各有增删，譬如对凯旋式举

_____

① A. H. McDonald, "The Style of Livy," pp. 155—159.

办地、战俘情况等作出扩充说明，有时对凯旋式的某些要素做以删减，不过基本上清楚交代提出申请、将领姓名、担任官职、游行队伍、战利品等事项内容，这些构成凯旋式公告的基本组成要素。李维的凯旋式公告与几份现存的年表相较，多有相似之处，虽无证据说明李维直接以档案为史料来源，但至少能够确定的是，他利用的文献资料参考了档案资料和铭文资料，是有可靠的史料来源作为支撑的。

李维文采非凡，但在凯旋式公告的报告中对修辞手法的运用极为克制，使用的词汇与凯旋年表趋同，他在第 21—45 卷里所记述的凯旋仪式与凯旋年表具有明显的统一性，表述方式十分统一。李维笔下的凯旋式公告与大祭司的编年史公告有共同的特点，李维按年代顺序循环往复地罗列凯旋式的历史信息，自觉使用平淡克制的措辞和专业术语。一方面，平淡乏味的报告反衬出精心加工的主体叙事，另一方面类似《大祭司年表》的古朴风格会激发读者庄严的国家情感。①

罗马编年史家重复书写官员选举、分配行省和军队、凯旋仪式，他们不仅是在书写个别人物和事件，而且是在书写类型相近的事件，这给读者留下了统一性的印象，是编年史体例一致性的

---

① J. E. Phillips, "Form and Language in Livy's Triumph Notices," *Classical Philology*, Vol. 69, No. 4, 1974, pp. 265—273. 卢什科夫（Lushkov）不同意上述的主流见解，认为编年公告对主要叙事起到抵消作用，叙事和公文之间的张力是李维想要表达的，他不是在消弭二者的矛盾，而是在保持这种张力。公告本身为主文本提供了反叙事，通过中心叙事和边缘叙事的互动，公告为李维和读者提供了以另一种视野考察罗马历史的空间，参见 A. Haimson Lushkov, "Narrative and Notice in Livy's Fourth Decade: The Case of Scipio Africanus," *Classical Antiquity*, Vol. 33, No. 1, 2014, pp. 102—129。

体现。编年史体例体现出历史的意义，也体现出传统的意义，读者参与到编年史框架之中，他们不仅在每一段精彩演讲或人物事迹中感受历史，也在编年史简单重复的框架中回归传统。在年复一年的编年史范式中，李维书写出历史人物和事件的变迁沉浮。编年史公告以简短公告补充丰富叙事，更重要的是，以统一性给读者带来深刻印象，让读者思考罗马的历史，在接受罗马传统编年简史的同时在情感上接受罗马的历史，激发起他们的民族情感。

综上所述，李维的编年史公告给李维的历史叙事提供了结构框架，同时对于李维写作目的的实现和读者对历史价值的接受具有重要意义。编年史公告将漫长的历史切分为便于掌控的时间单元，这也是读者所熟悉的历史框架，表现出文本组织结构的功能。公告围绕着罗马纪年中完整的一个执政官年，反映出共和国政治结构的内部节奏，体现出国内事务与国外战事相互交替的伸缩幅度，标志着共和国政治制度的正常运转和不断完善，象征着罗马对外征战规模的不断扩大和对古老传统的持久坚守。李维的历史叙事在编年史的框架之内形成了一个统一的时间系统，每一年以按部就班的顺序、以年复一年的公告代替上一年，罗马的历史在这一时间系统中历经变迁，编年史形式为宏大的历史叙事提供了结构组织上的保证。编年史形式的意义不仅体现在支撑文本结构的应用角度，而且体现在彰显历史精神方面的益处，在编年史公告的重复记述中建立起读者与罗马传统习俗风尚的链接，以编年史作为编纂体例不单是书写形式或史学传统的选择问题，也是历史阐释的选择问题。

第二节　李维的史料来源

史料是历史研究的起点和基础，因此分析李维在对汉尼拔战争的论述中所使用的史料方法是研究汉尼拔战争历史的基础，同时通过对汉尼拔战争的研究也可以加深我们对李维史料方法的认识，二者是相辅相成的。李维宣称他阅读过所有希腊罗马编年史，他的话可能是真，但这对他的写作帮助不大，因为这不等于说他撰写其著作的某一部分前参考了全部相关著作。李维依据哪种文献资料一直是史学界研究的难题，因为始自希罗多德的古典史家就很少有人明确说明引用的材料出自何处，一般只有在对某一记载提出批评，或是在描述同一事件的另一种记载时才对史料来源予以说明，李维的作品也是如此。

研究史料来源主要有三种方法：第一种是被引述的著作家的著作流传下来，将之与史家史著对照，相同部分便是这位史家引述的部分，由此断定史料来源；第二种是史家本人申明对某位著作家作品的引述；第三种是通过与其他史家的记载比较，可以得出使用同一史料，或者不同史料的结论。譬如，把狄奥多鲁斯、狄奥尼修斯、普鲁塔克和阿庇安与李维的记载作比较，这些作家所引述的史料在确定李维的史料来源中非常有帮助。就李维所选取的史料而言，经过学者们，尤其是德国学者近百年的文献学研究，我们获知李维所依据文献史料的大体轮廓，虽然仍然存在小范围的争论，但仍可得出总体结论。李维在第三个十卷中依据科埃里乌斯·安提帕特、波利比乌斯和瓦莱里乌斯·安提阿斯作为主要史料。

下表列出李维《建城以来史》书中所见史家名录及参考次数，以十卷为单位排列（诸史家被引用次数的多少不能完全说明李维引述篇幅的多寡）：①

表 4-1 《建城以来史》中史家名录及参考次数

	第 1—10 卷	第 21—30 卷	第 31—40 卷	第 41—45 卷
安提阿斯（Valerius Antias）	2	7	22	5
克劳狄乌斯·夸德里伽里乌斯（Q. Claudius Quadrigarius）	4	1	6	1
辛奇乌斯（Cincius）	1			
法比乌斯·皮克托	5	1		
马凯尔（Macer）	7			
卡尔普尔尼乌斯·皮索（L. Calpurnius Piso）	5	1		
图贝罗（Q. Aelius Tubero）	2			
阿奇利乌斯（C. Acilius）		1	1	
辛奇乌斯·阿里曼图斯（C. Cincius Alimentus）		1		
科洛狄乌斯·里基努斯（L. Clodius Licinus）		1		
科埃里乌斯·安提帕特（Coelius Antipater）		11		
加图（Cato）			1	
路提利乌斯（P. Rutilius Rufus）			1	
波利比乌斯		1	3	1

---

① R. B. Steele, "The Historical Attitude of Livy," *The American Journal of Philology*, Vol. 25, No.1, 1904, p. 31.

　　有关这场战争的文献史料，最主要的当数波利比乌斯的史著。分别比较李维和波利比乌斯两位史家的各段落，可以发现波利比乌斯早在第 21 卷即被李维参考。"波利比乌斯和修昔底德一道，是古典史学的最大的代表"。[①] 波利比乌斯（约公元前 200 年—前 118 年）出生于希腊的麦伽洛城（Megalopolis），在阿卡亚同盟（Achaen League）位居军事指挥官之列。公元前 166 年，同阿卡亚同盟千名希腊显要一起作为人质被送到罗马，一待就是 17 年。他在意大利逗留期间，与位高权重的罗马新贵埃米利乌斯·保鲁斯（Aemilius Paullus）即摧毁迦太基的小西庇阿的生父有着密切交往，因此这种希腊罗马背景对他了解罗马的国家政策和世界形势的发展产生了重要影响。他后来回到希腊逗留了一段时间，又随小西庇阿远征迦太基，见证了公元前 146 年毁灭迦太基的整个战役，并沿非洲海岸进行考察。[②] 他晚年的岁月在希腊度过，利用与罗马贵族的良好关系来协调罗马与希腊的关系，在 82 岁之年坠马身亡。

　　波利比乌斯所著《历史》共 40 卷，是囊括他所知整个文明世界的一部通史。前两卷简要回顾了第一次布匿战争及之前的历史，第 3 卷至第 5 卷记述公元前 218 年至前 168 年的事件，其中，第 3 卷记述第二次布匿战争的历史，前五卷完整保存下来。他著史的主要目的是"怎样、何时以及为何罗马人统治了我们所知的全部土地"，[③] 因此其作品的时间跨度为公元前 264 年至前

① ［苏］科瓦略夫：《古代罗马史》，王以铸译，生活·读书·新知三联书店 1957 年版，第 214 页。
② Polybius, 10.11.4.
③ Polybius, 3.1.4.

146 年，这一阶段正是罗马的大征服时代，从第一次布匿战争到迦太基和科林斯被摧毁的时期，他在前两卷中对公元前 220 年以前的事件进行了较为简略的记述。这位史家所提出的著史目的决定了其著作具有世界史的意义，把罗马与当时地中海世界的历史联系起来。《历史》的前五卷完整保存，"较之其他希腊散文，它的幸存数量让人惊讶，这不应该归因于它的风格或文学特质，仅是因为一个事实，它代表着对罗马英雄时代可论证的最为重要的事件——第二次布匿战争——的最可靠的希腊语记载。在这次战争中，波利比乌斯所选择的时代，罗马从关乎生死存亡的危机中转危为安，成为文明世界当之无愧的强国"。[①]波利比乌斯对第二次布匿战争是最可倚重的希腊记载。

波利比乌斯的历史方法更加科学，他认为个人调查与寻访作为一种研究方法远胜过研究书面史料。他游历了西班牙、高卢、非洲和东方，寻访目击者，把个人调查引入诸如汉尼拔翻越阿尔卑斯山的路线等问题的探讨。波利比乌斯对汉尼拔战争的记载最为可信，李维只提到过一次他的名字，却是以赞同的语气表明对其著作的熟悉，称他是"决不可轻视的著作家"。[②]波利比乌斯引用原始资料，如罗马与迦太基缔结的某些条约、拉奇尼乌姆（Lacinium）有关汉尼拔军队的铭文、西庇阿的书信等。除了使用这些条约、官方文书、书信等史料外，他还广泛使用其他史料并加以批判。波利比乌斯要求史家必须绝对客观，"凡是史家，

①   A. Dihle, *A History of Greek Literature: from Homer to the Hellenistic Period*, p. 291.
②   Livy, 30.45.5, "haudquaquam spernendus auctor".

必须忘掉所有这一切，常常要赞扬其敌人并用最高的赞誉来称赞他们，如果他们的行为需要这么做；甚至要严词指责其最亲密的朋友，如果他们行为中的错误对史家施加这种责任"。[①] 波利比乌斯在最大程度上力求客观，但是其政治观点必然影响到他对事件和人物的评价。他本人属于阿卡亚同盟一员，将之理想化，认为该同盟体现了希腊民主制度自由平等的特点。"波利比乌斯亲眼见到罗马毫无疑义地成为地中海的主人，他深入的洞察力使他记录了这场斗争是如何开启了欧洲新纪元的。以罗马为中心统一的古代史开始，结束于罗马帝国分裂为两半。"[②]

　　波利比乌斯在文体和修辞上干瘪乏味，这一方面与他使用专业领域的科学用语有密切关系；另一方面，他反对以取悦读者为目的的修饰。他严词批评某些史家，这些史家或是出于悲悯和戏剧化效果的需要而服从修辞性文风的规则，或是因缺少批判能力而混淆了史实。波利比乌斯记述史实十分自觉，从不传递未经批判考察过的信息。他的批判能力不是由学校教育训练而成的，而是在政治和军事生涯中锤炼而成的，对战役或外交谈判的记载仅来源于文献资料的地方也显示出他敏锐的洞察力。

　　准确性和开阔的政治视野使波利比乌斯成为一名重要的史家，其成就还在于，他认识到所记载的历史时期是罗马崛起为强国的决定性阶段，他揭示了希腊城邦体制瓦解和罗马政治体制迅速发展的原因。他以希腊哲学中的国家理论来解释罗马国家的突

---

① 　Polybius, 1.14.5.

② 　D. Kagan, *Problems in Ancient History, Vol. 2: The Roman World*, p. 119.

出特点。对波利比乌斯而言，罗马的政治特色在于混合了民主制、贵族制和君主制的因素，其运作有助于维持国家机构内部的稳定，因此顺利实现了扩张。他论证道，一种制度仅强调一个方面往往会孕育腐败，向反面运动，终究经一种革命性的剧变而被另一种制度取代，这就是循环政体理论。这一理论是在希腊哲学家柏拉图之后流行起来的政治理论，虽略显结构式的僵化，但考虑到希腊城邦因司法与政治的空前不稳定而解体，他的解释是可以理解的。波利比乌斯注意到罗马政治生活的另一个关键之处在于家族传统的继承和罗马力量的传接。罗马显要家族一代又一代地献身于公共生活，罗马的政治发展从这些家族的团结和竞争中获得动力。波利比乌斯把史料用于解释政治变革，考察权力制度的兴衰，为未来的政治家提供借鉴。[①]

李维在第 21 卷记载了与这位希腊史家所记载的围困萨贡图姆年代相符的一种说法。[②] 李维记述了对汉尼拔军队人数的不同记载，其中包含与波利比乌斯从拉奇尼乌姆铭文得到的相同估计："步军有 11850 名阿非利加人，300 名利古里亚人，500 名巴里亚里人（Baliares）。这些步军之外增补骑兵辅军，450 名利比亚腓尼基人——一支布匿人与阿非利加人的混血民族，1800 名濒海而居的努米底亚人和摩尔人（Moor），及来自西班牙的小股伊莱格特人（Ilergetes），陆上辅军一样不少，另有 21 头大象。

---

① 参见 A. Dihle, *A History of Greek Literature: from Homer to the Hellenistic Period*, pp. 290—292。

② Livy, 21.15.3，"有人记述萨贡图姆从被包围之日算起第八个月被夺取；汉尼拔此后撤到新迦太基的冬营；在离开新迦太基之后的第五个月到达意大利"，参照 Polybius, 3.17。

此外派一支船队保卫海岸，因为料想在战争的那一领域得胜的罗马人还会就此发难，五层桨舰船 50 艘，四层桨舰船 2 艘，三层桨舰船 5 艘；但仅 32 艘五层桨舰船和 5 艘三层桨舰船装备停当，配有桨勇。"① 这段详细列举的汉尼拔军队人数及人员组成依据了波利比乌斯亲眼所见的汉尼拔刻写的铭文。波利比乌斯宣称，"我不必受到责难，好像我在仿效那些试图使他们不准确的记述让人信服的史家。事实上，我在拉奇尼乌姆角发现了汉尼拔本人铭刻的一块铜版，上面有他身在意大利时的详细情况，因为我认为这是完全可信的证据，我毫不犹豫地作为依据"。②

李维对意大利和西班牙战事的记载同样参考了波利比乌斯。"军队也扩大了。但步军和骑兵扩军多少，我不敢断然宣布——史家们所记军队人数和兵种有很大差别。有些史家称征募 1 万新兵代替老兵，有些称征募 4 支新军团，因此他们共有 8 支军团"，"共 8 支军团派驻战场"的记载来自波利比乌斯。③ "我根据多位著作家的记述，将攻取新迦太基置于这一年，尽管并非没有注意到有些著作家记载攻取它是在下一年。"④ 李维记载新迦太基城被西庇阿攻取是在公元前 209 年，这个时间目前被广为接受，这是依据波利比乌斯的记载。但是李维在第 21 卷和第 22 卷中并未把波利比乌斯的著作用作主要史料，尽管他与李维的记载有极为类似之处，但他对围困萨贡图姆的记载要比李维的简短许

① Livy, 21.22.2—4.
② Polybius, 3.33.18.
③ 西班牙战事：Livy, 21.19.2ff., Polybius, 3.29；意大利战事：Livy, 22.36.2, Polybius, 3.107。
④ Livy, 27.7.5; Polybius, 10.7.1.

多，时间也不同。科埃里乌斯·安提帕特的著作在这两卷被用作主要史料。

波利比乌斯《历史》现存的卷3至卷5涵盖公元前220—前216年的史事，从公元前216年开始，连贯的记载中断，而李维的史著保存了第二次布匿战争（公元前218—前201年）的连续记载，因此具有重要价值。李维一方面借鉴波利比乌斯的著作，一方面借鉴罗马的编年史家的著作。凡是李维利用波利比乌斯著作的地方，他的叙述十分可信，而以罗马编年史家为依据的地方，则需要我们慎重对待。

几位古代作家与汉尼拔战争同时代，依靠访谈见证者、查阅档案、亲身经历来记载历史，提供了宝贵的一手资料。有三位罗马史家脱颖而出，一位是法比乌斯·皮克托，记述了从罗马起源到他生活的年代的历史，他的影响直接反映在紧随其后的历史学家身上，辛奇乌斯·阿里曼图斯曾任公元前210年大法官，曾被俘于汉尼拔军中，他的记载无论从内容还是形式上很大程度上得益于法比乌斯的开创。再一位是波尔奇乌斯·加图，曾经历汉尼拔战争的后期阶段，公元前190年跻身执政官，公元前170年之后著有追溯意大利历史的著作《源流》（Origines）。加图有别于法比乌斯·皮克托的撰述范式，不过仍关注西部地中海的地理和势力范围，也为探讨战争起因贡献了真知灼见。除了上述三位历史学家，恩尼乌斯创作了记述罗马历史的史诗《编年纪》（Annales），从特洛伊陷落直到诗人生活的年代。这几位作家的记录均未完善保存，他们提供的信息却在后世的作品中不断回响，有关汉尼拔战争的史料我们所掌握的重要来源有波利比乌斯和李维，他们也从上述的历史学家和史诗诗人的作品中受益。

法比乌斯·皮克托书写他所处时代的事件、与迦太基的战争，奠定了罗马史学的爱国主义传统。波利比乌斯夸张地把他对罗马国家的热爱比作一位爱人的热情，认为他所述历史有歪曲历史的倾向，"我尤其关注这场战争的强烈动机在于，我认为，人称记载它的最优秀的史家——菲利努斯和法比乌斯——记述得不够真实。诚然，考虑到他们的个性和原则，我不想控诉他们有意歪曲，但他们在我看来在这方面好似一位爱人；由于菲利努斯的深信和一贯的偏见，他会记述迦太基人在每件事上都实施了明智、正确、勇敢之举，而记述罗马人则相反；法比乌斯持截然相反的观点"。① 法比乌斯的爱国主义歪曲对他的后辈产生了深远影响，例如，李维把围困萨贡图姆定为公元前 218 年而非事实上的公元前 219 年，这也许源于法比乌斯，或源于法比乌斯之后的编年史家。这一歪曲的动机是为了减轻罗马对其同盟者的疏忽，强调萨贡图姆遭到进攻和夺取的突然，暗示罗马没有时间去救援，为罗马开脱责任。沃尔什认为是法比乌斯将围攻萨贡图姆的时间从公元前 219 年后移到前 218 年，目的是为了粉饰元老院的无所作为。这一种观点受到巴蒂安的驳斥，巴蒂安认为这种观点是荒唐的，显然这是后来某位不求真的史家所做的歪曲。② "法比乌斯对李维的影响是复杂的，在很大程度上是间接的，他确立了李维遵从的整个历史编纂传统。这种影响主要表现为对罗马事

---

① 　Polybius, 1.14.1—4.

② 　P. G. Walsh, *Livy: His Historical Aims and Methods*, p. 118; E. Badian, "The Early Historians," p. 30, note 24.

业的偏爱导致了爱国主义的歪曲；就形式而言，即复述事件的编
年方法"。①

　　李维对法比乌斯·皮克托的评价很高，但提及的都是零散的
史实。在就特拉西美诺湖战役中伤亡人数的考察中李维参考了法
比乌斯·皮克托，称"有些著作家将双方的损失增加了数倍，我
不会沉湎于无聊的夸大——许多著作家们倾向于此的恶习，我
把法比乌斯·皮克托作为我的史料，他就生活在这场战争的时
代"。② 由于李维对法比乌斯·皮克托的引用次数有限，且专门
涉及某一事件，因此无助于我们弄清在没有提到法比乌斯·皮克
托名字的章节里对他史料的利用程度。

　　对第二次布匿战争的记载也体现在希腊作家笔下。普鲁塔克
的《希腊罗马名人传》中，与第二次布匿战争相关的传记包括法
比乌斯·马克西姆斯、加图、马尔凯路斯（Marcellus）等人的传
记。这些传记体现了普鲁塔克本人撰写历史人物传记的特点。"普
鲁塔克的主要兴趣在于人物的道德和个性，他以这些人物的言行
为实例加以说明。他的传记集几乎不涉及政治分析和具体的军事
活动，通常以主人公的生平为序，但对年代没有精确的记载。然
而，普鲁塔克广泛的阅读使他汲取到许多原始资料。同时，这几
个传记中涉及亚德里亚海以东的事件，大多可以直接或间接地回
溯到波利比乌斯"，③ 因此具有重要的参考价值。

　　阿庇安是公元 2 世纪罗马帝国全盛时期的史家。他出生在埃

① 　P. G. Walsh, *Livy: His Historical Aims and Methods*, p. 119.
② 　Livy, 22.7.4.
③ 　A. E. Astin et al., *The Cambridge Ancient History, 2nd edition, Vol. VIII, Rome and the Mediterranean to 133 B. C.*, p. 8.

及的亚历山大城，曾为一名律师，而后成为埃及地方的行政长官。他所著《罗马史》共24卷，其中完整保存的有第6—8卷和第12—17卷。《罗马史》的结构较为凌乱，有些史料按照人种或地理的原则布局，如萨莫奈战争、凯尔特战争、伊比利亚战争、马其顿战争等；有些史料则按照时间顺序布局，如汉尼拔战争、内战等。关于罗马内战的记载（第13—17卷）是《罗马史》最具价值的部分，而有关第二次布匿战争的记载则体现在伊比利亚战争、汉尼拔战争、利比亚战争的各卷中。阿庇安对史料以地理原则安排的方法给读者造成了不便，在着力使读者关注某一国家的同时，也割裂了历史过程的统一，破坏了罗马国内和国外历史之间的联系。他叙述清楚，但枯燥乏味。阿庇安作为史家的最大优点在于，他叙事客观，不喜用修辞点缀作品，不喜用不必要的叙述脱离主题，他总是力图揭示事件的真正原因。

希腊史家狄奥·卡西乌斯（Dio Cassius，约公元155—230年）出生在小亚细亚比提尼亚的尼凯亚城（Nicaea），出身于罗马帝国的高级官员阶层，公元180年来到罗马，开始了成功的政治生涯。他本人曾担任许多重要职位：元老、执政官、大法官、总督。他在公元前229年第二次任执政官之后退隐坎帕尼亚，后回到尼凯亚的家乡并卒于那里。他的军事、行政经验大大有助于他的写作。他的主要著作《罗马史》共80卷，涵盖从传说中的埃涅阿斯到公元229年的时期。第36—54卷保存得较为完整，所包含的年代从公元前68年到公元46年。第55—60卷和第79—80卷部分存世；最后的各卷有助于了解狄奥所处时代的情况。有关布匿战争这一时期，保留在第 22—23 卷的残篇里。狄奥·卡西乌斯精通历史文献，善于辨析史料中相互矛盾的陈述，使用优美的文字著述。但狄奥所在的时代是古典史学衰落的时代，他的史著体现出古典史学的衰落：缺乏广阔的历史视野，偏爱琐事、梦境、预言等。

以上是对希腊罗马历史学家的记载的介绍，迦太基方面的一手资料的保存情况让人十分遗憾，汉尼拔随军有两名职业历史学家，一位是斯巴达的索西路斯（Sosylus），一位是来自西西里的西勒努斯（Silenus），[①] 他们对战争的记载已经失传，仅有 3 篇残篇存世。有一位历史学家阿克拉伽斯（Acragas）的菲利努斯书写了第一次布匿战争，倾向于迦太基一方，包含汉尼拔战争前罗马和迦太基关系的宝贵信息，如势力范围的界定和条约内容等，可惜菲利努斯的作品也几乎全部失传，仅 5 篇残篇存世。波利比乌斯很可能使用了菲利努斯的记载，但我们难以把他本人的记述和其他史料来源分离开来。迦太基方面史料的阙如直接关系到我们如何公允地评判违背条约等问题。

李维因在《建城以来史》前十卷中保留了大量传奇故事而受到学者的批评。在其著作的前言中，李维宣称，"那些建城前和即将建城时所流传下来的，与其说适合于纯粹的史记，还不如说

---

① 西勒努斯在战争中陪伴汉尼拔左右，用希腊语撰写汉尼拔与罗马的这场战争，"许多人记载了他在这场战争中的业绩，其中有两个人一直追随他左右。只要命运允许，他们就一直和他生活在一起，他们是西勒努斯和拉西第梦人索西鲁斯"，Nepos, *Hannibal*, 13.3, 译文引自［古罗马］奈波斯：《外族名将传》，刘君玲等译，张强校，上海人民出版社 2005 年版，第 233 页。

适合于富有诗意的故事，对此，我既不想肯定，也不想驳斥"，[①]他还在第 6 卷开篇称，"从罗马建城到她先由王，再由执政官、独裁官、十人团和具有协议权的军团长统治的罗马人的历史，对外战争和国内冲突，我已在前五卷中阐述过。这段历史模糊不清，因为时间久远，好像遥远的事物因距离遥远而难以辨认，还因为那个时代的文字记载——历史唯一可靠的保证——匮乏，还因为即使记载存在于祭司的记录以及国家和私人的档案中，却大多已毁于这座城的大火"。[②] 从这些记述中，我们可以看出李维因传说杂陈、史料匮乏的客观情况而在撰写历史过程中面临困境。英国著名历史学家柯林武德批评李维，他认为"这还只是对历史批评方法极为初步的尝试。李维提出了大量的传说资料并接受了它们全部的表面价值；他没有试图发现这种传说是如何发展并且通过怎样的歪曲传给了他；所以他就不可能重新解释一种传说，也就是说，不可能把它解释为意味着某种与它所明白表示的不同的东西。他只能是接受或者抛弃，而且大体上，李维的倾向是接受并且诚心诚意地重复"。[③] 塞姆认为李维对王政时代的处理，不得已留下传说，投入虚构之中，不具备让史实脱离传说的手段。尽管在后面保存下来的各卷中李维的史实性更有保证，但他因为缺少批判手段而暴露了对政治和军事的忽视，不能条理清

---

① ［古罗马］李维：《建城以来史》（前言·卷一），穆启乐、张强、傅永东、王丽英译，上海人民出版社 2005 年版，第 21 页。

② Livy, 6.1ff.

③ 参见［英］柯林武德：《历史的观念》，何兆武、张文杰译，中国社会科学出版社 1986 年版，第 42—43 页。

晰地驾驭史料。①

　　罗马早期历史湮没于传奇故事之中，李维对这一时期难以再现原貌，而随着罗马历史的发展，可信的记载逐渐增多，李维对以后时期的历史记载应该成为我们考察李维历史方法的真正着眼点。

　　通常来说，李维 142 卷历史巨著的最后部分应是最能代表这位史家成熟时期的代表性作品，但这些卷帙已经散佚，只有概要本存世，细致研究这些部分绝不可能，而研究现存 35 卷（第1—10 卷，第 21—45 卷）的后期部分则是退而求其次的最好选择。第 21—30 卷记述罗马与迦太基的第二次布匿战争；第 31—45 卷记述罗马与东方的马其顿和叙利亚的战争，至公元前 167年第二次马其顿战争结束。李维身为罗马人，他的叙事重点在于描写罗马国家在大征服时代中的伟大崛起和罗马人民在与外族战争中不屈不挠的伟大品格。李维笔下的罗马与迦太基、马其顿、塞琉古三国的战争都是罗马伟大崛起和伟大品格的集中展现。在这些战争中，与马其顿和塞琉古的战争发生在罗马本土之外，布匿战争的战场主要在意大利，罗马统治的核心地带，对罗马后来政治经济的发展走势产生了重要影响。从规模和强度来看，尤以布匿战争在大征服战争中最具代表性，而且也因为在布匿战争中涌现出像汉尼拔和西庇阿这样兼具勇气与智慧的杰出将领而被后人牢记。研究《建城以来史》第 21—30 卷与研究第 1—10 卷和第 31—45 卷相较，对于研究李维的史家地位、治史特色有着更为重要的意义，对于探察罗马共和国大征服时代的历史具有重要

---

① 参见 R. Syme, *Tacitus, Vol. 1*, Oxford: Clarendon Press, 1958, p. 138。

的史料价值。

第二次布匿战争的主战场在意大利和西班牙，李维对这些战事的记述依靠共和国后期的小编年史家和波利比乌斯的记载。西西里战场也较为重要，最后的大决战则在阿非利加打响，有关西西里和阿非利加的战事，李维主要依据波利比乌斯的记载，因此李维在这些段落中记载翔实，即使他精心地改善素材，有时却弄巧成拙，但在波利比乌斯对这段历史的记载多已残缺的情形下，李维的记载弥足珍贵。[①] 另一方面，李维在第 26—29 卷中对第一次马其顿战争的记载虽以波利比乌斯为主要史料，但他删减了波利比乌斯的许多记载，这既让人遗憾却也不可避免。原因是这些希腊战事只是罗马与迦太基的主要战事的外围战斗，过多叙述外围战事会造成主题不够鲜明。况且李维从一个罗马人的立场出发，希腊战事对罗马乃至整个战局的影响不大，因此他对此不多赘言。在这里，李维除了运用波利比乌斯的记载，还以小编年史家为补充，但这些编年史家对马其顿和希腊事件的叙述却很不可信。由于波利比乌斯对这些战事的记载仅存残篇，李维的历史便成为这些战事的主要史料，因此其史料价值举足轻重。

李维利用的后期编年史家的著作包含有从罗马档案中整理出的实际信息，李维汲取这些资料描摹战争画卷。随着所述历史的进展，这些历史信息也逐渐增多，李维能够描述出政治任命和军事调动的详细情况，从中我们可以列出一张战争伊始军团部署和将领遣派的较为完整的图表（公元前 215—前 211 年间的西班牙

---

① 　P. G. Walsh, *Livy: His Historical Aims and Methods*, p. 281.

战事除外，但有关公元前 217—前 216 年的信息十分混乱）。此外，李维的记载还保留了有关每年的政治和宗教委任的信息，我们由此可以描绘出军事和政治事件的真实轮廓。[①]

克劳狄乌斯·夸德里伽里乌斯是苏拉时代（约公元前 138—前 78 年）的一位编年史家，著有 23 卷历史，从公元前 390 年直到公元前 82 年或更晚。克劳狄乌斯的历史方法更加科学，他的著作开始于罗马被高卢人攻陷以后，因为他拒斥有可信历史记载之前的罗马早期传统。克劳狄乌斯的编年史的基础是从大年代记（Annales Maximi）和元老院档案得来的信息，也许补充了私人档案收藏。他的写作风格朴实无华，他的拉丁语较之李维更加生硬、缺少变化；前者的文句较简短，各句在 7 到 19 个单词区间变化，而李维的范围是在 4 到 34 个单词之间，这说明了一位平淡无奇的编年史家是如何被一个文笔精妙的史家润饰改写的。[②]李维在第 25 卷提到克劳狄乌斯，就战斗伤亡的问题列举了他和瓦莱里乌斯·安提阿斯以及皮索的记载。李维记述马尔奇乌斯率领军队进攻迦太基人的两个军营，按照克劳狄乌斯的记载，3.7万敌人被杀，1830 人被俘，大量战利品被掳掠。在这些战利品中有一面重达 137 磅的银盾，上面刻有哈斯德鲁巴的肖像。按照安提阿斯的记载，罗马首先夺取一座马戈坐阵的军营，7 千敌人被杀，后在第二场对战哈斯德鲁巴的战斗中，1 万敌人被杀，4330 人被俘。卡尔普尔尼乌斯·皮索则称，罗马人在一次伏击

---

① P. G. Walsh, *Livy: His Historical Aims and Methods*, pp. 281—282.
② R. Mellor, *The Roman Historians*, p. 24.

战中杀敌 5 千。[1]

盖尤斯·阿奇利乌斯（C. Acilius）用希腊语写成罗马史，始于罗马建城。公元前 155 年，阿奇利乌斯为三位造访罗马元老院的希腊哲人做过翻译。"克劳狄乌斯将阿奇利乌斯的编年史从希腊文翻译为拉丁文"，[2] 李维把阿奇利乌斯的记载作为有关西班牙一场战斗的三种记载之一。此处还提到了皮索，李维未给出任何评价。辛奇乌斯·阿里曼图斯是公元前 210 年西西里大法官，与法比乌斯·皮克托是同时代人，二人都是李维最古老的史料。他的名字李维仅提到一次，且是夸奖的，"路奇乌斯·辛奇乌斯·阿里曼图斯称他曾被汉尼拔俘获，他将是我们最可倚重的史家"。[3]

简言之，在第三个十卷中，科埃里乌斯·安提帕特的著作是西班牙战事和汉尼拔胜利进军意大利的主要史料。接着，李维选择安提帕特和安提阿斯的著作作为意大利事件的主要史料，而在最后的各卷中，几乎完全依据安提阿斯的著作。安提阿斯的著作也被用于叙述西班牙战事的某些方面。波利比乌斯的著作是李维对西西里、希腊和非洲事件的主要史料，也许还包括对他林敦事件的部分记载。李维在不满足于安提帕特和安提阿斯的描述时转而求助于克劳狄乌斯和皮索的记载，把他们的著作作为补充资料。无法确切地说明李维是否直接求证了法比乌斯和辛奇乌斯，但可能性不大。以上是李维对文献史料的评价和利用。

李维与波利比乌斯不同的是，他站在罗马本位立场记载历

---

[1]　Livy, 25.39.12—16.

[2]　Livy, 25.39.12.

[3]　Livy, 21.38.2.

史，多有对罗马国内政治军事社会事务的记录，这是波利比乌斯
所缺少的。李维在对罗马政治制度的描述中，虽缺乏理论化的剖
析，但他具体而微地记录罗马的政治运行方式，记述各组成部分
是如何协调运转的。"有关罗马国内史的某些方面，波利比乌斯是
没有帮助的，因为他或是对这些不感兴趣，或是把这些看成是与
世界史背道而驰的。他以深透入理的判断和内部信息展开对制度
的论述，在他看来这有助于解释罗马统一力的逐步扩展，但他更
关心这个机器是如何运作的，胜过了调查每一部分是如何组成的。
与其他机构相比，元老院的职能与他的主题更密切，胜过对政治
的幕后操纵的分析——个体或团体以此获得公职：统治权是他的
主题"。① 波利比乌斯的视野所至为整个地中海世界，罗马是其中
的重要组成部分，但他的兴趣不在详述罗马扩张的政务和战事，
而在深入分析罗马取得成功的制度原因。波利比乌斯重分析，李
维重叙事，李维提供了有关罗马国内情况的更详尽的信息。

第三节　李维的史料方法

从古及今，尤其是 19 世纪以来，国外学者对《建城以来史》
进行了诸多的研究和评述，对李维的史著进行了大量的校勘、注

---

① H. H. Scullard, *Roman Politics 220—150 B. C.*, Westport: Greenwood Press, 1981, p. 249.

释和翻译工作，亦有对李维史著的史料、风格、历史文化背景的
研究。学者们的立场视角各有侧重，研判评断也参差有别。对某
些学者而言，李维著作的研究归根结底是史料研究的问题，他
们认为李维是一位"剪刀加浆糊"的史家（scissors-and-paste
compiler），把各个著作的条目合为一体。这一派的学者包括19
世纪的实证主义史家和20世纪的某些史家，尼森（H. Nissen）
对李维的研究就建立在史料批判之上，他通过探察《建城以来
史》的史料来源并核对李维与原始资料记载的异同，强调李维对
史料不考证辨伪，作为史家存在诸多不足。在尼森的研究基础之
上，维特（K. Witte）得出结论，认为李维运用插入式的方法，
所做的一切只是将各种史料重新排序，把李维视为排版工人。特
兰科勒（H. Tränkle）重申李维的史料问题，认为李维扩充了波
利比乌斯的记述，甚至以牺牲记述内容的连贯性为代价。[①] 英国
著名历史哲学家柯林武德也谴责李维"剪刀加浆糊"的方法，对
他倚赖早期权威史家的著作、对历史研究没有独特见解颇有微
词，认为李维因批判方法欠缺而无法驾驭驳杂的史料，导致他笔
下的古罗马历史掺杂有大量的寓言故事。[②]

　　从20世纪开始，有学者对"李维是剪刀加浆糊的史家"

---

① H. Nissen, *Kritische Untersuchungen über die Quellen der vierten und fünften Dekade des Livius* (Berlin 1863); K. Witte, "Ueber die Form der Darstellung in Livius' Geschichtswerk", *RhM* 65 (1910) pp. 270—305, pp. 359—419; H. Tränkle, *Livius und Polybios* (Basel 1977), pp. 193—228；上述学者观点及出处引自 E. M. Carawan, "The Tragic History of Marcellus and Livy's Characterization," *The Classical Journal*, Vol. 80, No. 2, 1984, p. 131, note. 1。

② ［英］柯林武德：《历史的观念》，何兆武、张文杰译，中国社会科学出版社1986年版，第42—65页。

的观点提出异议，并肯定李维史著的史料价值。莱斯特纳
（Laistner）论证了认为李维机械性地运用史料的观点是如何站不
住脚的。布鲁顿（Broughton）在对罗马共和国大法官的研究中
发现，李维是我们建立有关罗马共和国官员的最早记录的最可靠
的史料。麦肯德里克（Mackendrick）认为李维是我们了解罗马
殖民的最客观、最可靠的史料，赞赏李维作为一名科学性史家的
素质。学者们甚至对于在波利比乌斯与李维记载不一致之处应相
信波利比乌斯的记载的做法也不再全然接受。[①]

科埃里乌斯·安提帕特也许应被认为是第一位罗马史专职作
家，他不曾从政或从军，而是专职从事写作。他也是罗马第一位
用拉丁语撰写断代史的人，以希腊史书为范本写就了一部有关汉
尼拔战争的历史。这部历史共 7 卷，现仅存残篇，第 1 卷止于坎
尼之战，第 5 卷包括重新夺取他林敦，第 7 卷探讨非洲战事。就
安提帕特的史料而言，他在史料的选择和解释上显示出了异乎寻
常的公正性。他不仅参考了罗马作家的作品，而且从迦太基人的
观点报告了这场战争，以汉尼拔和迦太基的军队为写作重点。"他
成为李维第 21 卷和第 22 卷的主要史料，包括西班牙战事和罗马
在特拉西美诺湖和坎尼的惨败。他叙述中的悲惨和虚构有时接近
于危言耸听，他甚至为了使罗马军队的渡海变得生动而加入了一
场风暴。但是，他也在断定汉尼拔翻越阿尔卑斯山的路线及其行
程的长度上显示出相当的准确性。"[②] 他与波利比乌斯一样，选取
法比乌斯·皮克托和西勒努斯的著作为主要史料，用于记述这场

---

① 参见 A. W. Allen, "Livy as Literature," *Classical Philology*, Vol. 51, No. 4, 1956, p. 251。
② R. Mellor, *The Roman Historians*, p. 21.

战争的早期部分。他的准确性有证据为凭：他给出阿尔卑斯山幅员 1000 罗马里，汉尼拔的翻山路线为 1200 罗马里，这两个数字都估算得较好。他所记的汉尼拔经过小圣伯尔纳德山口（Little St. Bernard Pass）翻越阿尔卑斯山，也许仍是汉尼拔如何翻越阿尔卑斯山这个难题的最可能的答案。[1] 科埃里乌斯·安提帕特对第二次布匿战争早期的论述被广泛使用。尽管他的记述具有感情色彩和修辞学色彩，但对战事的记载胜过后期的编年史家，为李维的记载带来了有益的影响，这不仅因为科埃里乌斯对希腊化叙事方法的发展，而且因为他对史料的认真研究和他的公正性。"科埃里乌斯复合了历史准确性的有力风格，他因此也许是一位最优秀的编年史家"。[2] 科埃里乌斯不仅有还原历史真实性的能力，而且显示出他本人的文学创作能力。

　　科埃里乌斯善于运用修辞技巧致力于艺术表现。他的史书文辞优美，以工整的韵律和词语顺序见长，以虚构出的演讲来烘托气氛。西塞罗嘲笑他，同时也称赞他，"法尼乌斯的同时代人安提帕特，他的叙述的确更有张力并显示出某种力量，尽管他的叙述粗糙、不加修饰，缺少来自练习的修饰和技巧；但他仍能促使他的后辈更认真地写作"。[3] 西塞罗在此处不满安提帕特"叙述粗糙、不加修饰"，却仍称赞他在修辞水准上胜过了前人法比乌斯、加图和皮索，是历史的润色者而非仅是描述者。[4]

---

[1]　E. Badian, "The Early Historians," p. 16.

[2]　R. Mellor, *The Roman Historians*, p. 21.

[3]　Cicero, *De Legibus*, 1.6.

[4]　Cicero, *De Oratore*, 2.54.

科埃里乌斯在行文中运用了感统论方法和修辞学的夸张手法，如他对罗马渡海前往阿非利加的记载，李维称"科埃里乌斯没有给出人数，然而大大加深了兵员众多的印象。他称鸟儿因兵士的喊声而坠地，如此多的兵士登船，似乎无人留驻意大利或西西里"，[1] "只有科埃里乌斯描写了天气和海浪造成的磨难。他描述了这只舰队最后被暴风从阿非利加吹到了埃吉穆鲁斯岛，[2] 从那里又艰难地重新启航；当船队差点沉没时，士兵没有等到长官下令便乘小船向海岸方向驶去，仿佛他们遭遇海难一样，不带武器，混乱非常。"[3]

从科埃里乌斯仅存的残篇中可见他的宗教观。他敬畏神，认为漠视神会带来厄运。例如，他将罗马在特拉西美诺湖的失利归咎于弗拉米尼乌斯不顾凶兆、一意孤行。在他看来，梦境是天神警告的媒介，他讲述了汉尼拔欲从朱诺神庙搬走金柱，朱诺托梦警告汉尼拔，他如果这样做将失去另一只眼睛。李维提到了著名的汉尼拔之梦，其中，朱庇特派来的向导命令汉尼拔跟随他前往意大利，"据说他在此于梦中见到一个神祇模样的年轻人，说他本人受朱庇特之遣，引汉尼拔入意大利；因此汉尼拔随行且眼神不得离开他移向别处。起初，他心怀恐惧地跟随，不敢四望或后望；接着，出于人类天生的好奇心，他心想为何不准后望，他无法控制自己的眼睛。他看见身后一条巨蟒蜿蜒爬行，毁坏大片树木和丛林，雷电轰鸣，暴风雨接踵而至。当询问那只怪物是何凶

[1] Livy, 29.25.4.
[2] 迦太基东北 48 公里处。
[3] Livy, 29.27.14—15.

兆时，他得知那是意大利的破坏；他应继续前行，不再发问，并任命运藏匿踪影"。① 李维的这段记述来自科埃里乌斯。此外，科埃里乌斯的史书表现出对女性的浪漫主义兴趣，这源于希腊历史编纂对浪漫主题的关注。李维对西法克斯之妻索菲尼巴（Sophoniba）与马西尼萨之间的轶闻和给予西庇阿一个美貌姑娘的描写都改编自科埃里乌斯的记载。②

　　李维对科埃利乌斯的记载既有肯定，也有驳斥，还有因不能确定而仅列举各种记载的情形。在第 21 卷中，李维表现出对科埃里乌斯所述的汉尼拔翻越阿尔卑斯山的路线的吃惊，"我对他从哪翻越阿尔卑斯山的不同观点更感到吃惊，一般认为他从腓尼关（Poenine）——这座阿尔卑斯山关隘由此得名——通过，科埃里乌斯称他从克莱莫关（Cremo）通过"。③ 在记述科尔奈利乌斯·西庇阿在提基努斯河获救的一段，李维倾向于西庇阿被他的儿子、后来征服迦太基的西庇阿·阿非利加努斯所救，"这名执政官的已长大成人的儿子救他脱离险境。这就是那名光荣结束这场战争的青年，作为征服汉尼拔和迦太基人的闻名遐迩的人，他被人称为阿非利加努斯……科埃里乌斯称，拯救这名执政官的光辉事迹是一名利古里亚裔奴隶所为。我个人更愿意相信由他儿子所为才是真的，这是多数作家和传说传承下来的故事"。④ 在

---

① Livy, 21.22.6—9.
② Livy, 30.12ff; 26.50.1.
③ Livy, 21.38.6, 腓尼关是现今的大圣伯纳德关（Great St. Bernard），克莱莫关也许是小圣伯纳德关（Little St. Bernard）。
④ Livy, 21.46.10.

第 27 卷中，李维提到科埃里乌斯就马尔凯路斯之死记述了三种
说法，"不提他人，科埃里乌斯成功记述了所发生事件的三种说
法：一是传统记载，二是马尔凯路斯的儿子在颂词中所言，三
是他本人经研究得出的观点"，[①] 从而说明科埃里乌斯考证史料
的严谨态度。在他处，李维不赞同科埃里乌斯所述汉尼拔渡过
波河的方法，[②] "几乎所有的编年史家均称法比乌斯在抗击汉尼
拔的战役中身为独裁官，科埃里乌斯甚至写道他是第一位被民
众拥立的独裁官。但科埃里乌斯和其他人都忘了，只有远在高
卢行省的执政官格奈乌斯·塞尔维利乌斯（Cn. Servilius）才
有权提名独裁官"。[③] 在第 29 卷，还有类似的驳斥，李维提到
科埃里乌斯虽未记述西庇阿前往非洲所率兵力的人数，但暗含
对科埃里乌斯夸张描写的批评，他也不相信有如科埃里乌斯所
描述的一场暴风雨。[④] 李维另将科埃里乌斯与其他史家相对照，
提到科埃里乌斯给出汉尼拔进军罗马路线的不同记载；[⑤] 也提到
了瓦莱里乌斯和科埃里乌斯就同一事件的相同和不同之处。[⑥]
李维在第三个十卷的早前部分倚重科埃里乌斯，从评价其记载
的段落可知，李维对科埃里乌斯有较好的把握，且提出了自己
的看法。

在这十卷的前几卷，李维与波利比乌斯的记述存在相似之处

---

① Livy, 27.27.13.
② Livy, 21.47.4—6.
③ Livy, 22.31.8—9.
④ Livy, 29.25.3; 29.27.14.
⑤ Livy, 26.11.10—13.
⑥ Livy, 28.46.14; 29.35.2.

可以解释为李维所依据的科埃里乌斯·安提帕特与波利比乌斯利用了相同的史料。从第 24 卷开始，李维把波利比乌斯作为主要的史料来源，第 24 卷中探讨罗马在西西里及周边地区行动的两段与波利比乌斯现存的记载紧密联系在一起。[1] 我们发现，在涉及希腊和西西里的地方全部依据波利比乌斯的记载，同时他也是涉及非洲战事的重要史料。然而，安提帕特和波利比乌斯的叙事方法与李维的治史目的不甚吻合，李维的治史目的在于追溯罗马先辈的英雄业绩，叙述罗马征服世界的历史进程，唤起当世罗马人的爱国热忱，教育他们继承古人的崇高德行，这需要有关罗马国内政治和管理方面的更全面的信息，从罗马人自身的立场来描述罗马的崛起，于是他更多地利用瓦莱里乌斯·安提阿斯的记载。

瓦莱里乌斯·安提阿斯是罗马编年史家，公元前 1 世纪早期意大利安提乌姆（Antium）人，著有 75 卷的罗马通史，涵盖了直至公元前 78 年或更晚的罗马历史。仅从后来的著作家的征引的片断中可知，他对罗马早期年代着笔墨较多，第 3 卷涉及的仍是罗马国王治下的历史事件。[2]

安提阿斯以夸张不实的浪漫主义风格闻名，这既体现在描写风格上，也体现在对人数的估计上。"瓦莱里乌斯选择更大的画

---

① P. G. Walsh, *Livy: His Historical Aims and Methods*, pp. 121—124. 西西里的叙拉古国王希耶罗驾崩，孙辈希耶罗尼姆斯继位，对罗马的政策发生转变（Livy, 24.4—7; Polybius, 7.2—7）；罗马从陆海两路围攻叙拉古（Livy, 24.33.9—24.34.16; Polybius, 8.3）。

② R. Mellor, *The Roman Historians*, p. 22.

幅和更缤纷的颜料。他依照希腊化的范式，组织材料常常以真实为代价来吸引读者；他创作或润色了在元老院、公民大会或法庭的演讲或辩论的报告，带有浓厚的修辞风格，往往为了家族传统或他所生活时代的政治影响的冲动而歪曲他的材料。这样更古老的更谨慎的编年史传统被那些作家通过戏剧化和感性的方法以及吸引更多公众的方法替代了。"① 他编造伤亡惨重的大仗，虚构战争场面，并受家族利益和爱国主义的驱使而歪曲伤亡人数，为他的瓦莱里乌斯家族祖先虚构了战斗、档案和光荣的成就。他仇恨马略，欣赏苏拉，具有明显的党派之见，称马略在他的故乡安提乌姆不受欢迎。

在夸张不实之外，安提阿斯作为史家有其自身的可取之处，他的记载一定程度上建立在档案证据之上，援引了大量官方记录，这对李维来说具有重要价值。作为一种易于获得的祭司和元老院记录的汇编，其著作省去了李维接触这些原始文献的繁重工作。李维使用他的记载，能够描绘出一幅汉尼拔战争期间元老院活动和组织的更为全面的画卷。可以肯定的是，李维对安提阿斯的记载并非全然相信，他在依据安提阿斯的同时至少又参考了一部著作，互相参照。

瓦莱里乌斯·安提阿斯在这十卷中是除科埃里乌斯·安提帕特之外，李维最常提到的史家，也是受到最严厉谴责的史家。李维不止一次谴责他的大胆和谎言，称他的作品中包含有大量史实和人物的错误。李维对此公正对待，摒弃安提阿斯关于西法克斯

---

① H. H. Scullard, *Roman Politics 220—150 B. C.*, p. 250.

独自一人来到罗马军营进行谈判的记载，[①] 摒弃关于汉尼拔在扎马之战失利后才向西庇阿求和的记述。[②] 李维严厉指责安提阿斯文风浮夸，"瓦莱里乌斯·安提阿斯却敢断定总数"，"他的谎言毫无限度"。[③] 有时，李维未完全纠正错误，而是把安提阿斯的记载与其他编年史家放在一处，如战斗损失，[④] 迦太基舰船的调动，[⑤] 擒获汉诺等。[⑥]

除了这些主要史料之外，李维偶尔也引述其他史料。公元前3世纪的罗马史家法比乌斯·皮克托的著作作为补充资料被提到过一次，与法比乌斯同时代的辛奇乌斯·阿里曼图斯的著作也是如此。因为别处再未引述辛奇乌斯，所以也许是从其他史家那里间接获得其记载的。有关公元前205年的代行大法官普莱米尼乌斯（Pleminius）的活动，李维求证了同时代的科洛狄乌斯·里基努斯。卡尔普尔尼乌斯·皮索仅被提到一次，即在描述西班牙的迦太基人的损失时，这也是唯一一处提到苏拉时代的历史学家克劳狄乌斯·夸德里伽里乌斯的名字。[⑦]

迈克尔·格兰特对李维甄别史料持负面评价，他认为李维虽然甄别史料，但表现平平，态度不够严谨，对早期历史的记载

---

① Livy, 30.3.6.

② Livy, 30.29.7.

③ Livy, 3.5.12; 26.49.3.

④ Livy, 25.39.14.

⑤ Livy, 28.46.14.

⑥ Livy, 29.35.2.

⑦ 法比乌斯，Livy, 22.7.4；辛奇乌斯，21.38.3；里基努斯，29.22.10；皮索，25.39.15；克劳狄乌斯，25.39.12。

既缺乏驾驭能力，又不力求驾驭史料。[①] 通过上述对李维书中第21—30卷史料来源的分析，我们可以看出，李维对各个史家可靠与否有着较好的把握，基本认清了这些作品的优势与不足，求真务实是李维选取史料坚持的基本原则。但值得注意的是，李维坚持客观公正，但他的客观公正是相对的，而非绝对的，他虽然没有像他的某些前辈史家那样随意歪曲历史，但他选择最符合自己写作意图的史料。

李维史学方法的不足也是希腊罗马史学的缩影，古典史学最明显的缺陷便是处理证据的方法。现代的史学方法在当时并不存在，当时搜集和择选信息的准确规则是缺失的，信息的整理恰恰是建立史实的基础。希罗多德被称为"历史之父"，同时也被称为"谎言之父"，究其原因，没有一套搜集择选史料的正确方法，无论作者还是读者对鉴别史料的方法都是十分模糊的，对史家所讲述的故事也没办法核对真伪。著有波斯史、印度史的希腊历史学家、医学家克泰西亚斯（Ctesias）指责希罗多德说谎，而他所著的史书里奇谈怪论层出不穷，还不及希罗多德的记载可靠。克泰西亚斯对人对己的矛盾态度可以用当时的史料方法不成熟来解释。

李维所选取的史料都是二手资料，"李维在任何地方都没有将其记载直接建立在原始证据之上；在他引用古代档案的地方，他是在文学作品中读到它们的，这从对这些材料本质的研究中变

---

① M. Grant, *Greek and Roman Historians: Information and Misinformation*, London: Routledge, 1995, p. 38.

得日益清晰"，^①这种无视一手资料的史料方法无疑是他史学方法的一处硬伤。在现代史家看来，原始的档案史料要比二手的文献史料具有更高的史料价值，在文献与实物俱在的情况下，要优先选取实物证据作为主要史料，因为文献史料不可避免地在传抄过程中出现讹误，而且有些史家可能根据个人的目的和好恶有意无意地歪曲史料的本来面目。他依赖二手史料的原因可从以下几方面进行分析：

第一，这与古罗马历史编纂传统密切相关。乐于接受他人的记述，不费力参考原始文件，是罗马历史编纂学司空见惯的特征。[2]小普林尼在讨论著史的打算时说："如果我的主题处在他人已经谈论过的古代时期，我的材料将是现成的"。[3]古罗马史家的想法多如小普林尼一般，罗马史家多认为收集鉴别分散的文件是撰写断代史的史家的任务。如果所要记述的年代有其他史家已经涉猎过的，则不必枉费功夫，可以信手拿来，而在没有传统记载可供参考的地方才需要亲自查证档案文件。李维所描述的七百年间的罗马历史已有人记载，这使得他可以汲取前人在这一领域的史学成果，把它们综合为一个系统的有机整体。李维也许在对所生活的奥古斯都时代的记载中使用了原始资料，但这一部分的卷帙已经佚失，因此这也只能是猜测而已。

第二，整理档案所面临的现实问题为李维提出了难题。系统的罗马官方文件较为匮乏，有些散落在曾担任高级官员的家族后

---

① P. G. Walsh, *Livy: His Historical Aims and Methods*, p. 110.

② Ibid., p. 113.

③ Pliny the Younger, *Epistolae*, 5.8.

继者手中，如果这些信息被编辑汇总，必将展示出较为清晰的罗马公共生活的发展概况，但查证这些零散的档案史料将耗费大量的时间和精力。鉴于撰述罗马通史的任务之艰、规模之大，李维可能无暇考证档案铭文等第一手资料，以 40 年时间完成 142 卷，相当于每年至少完成 3 卷，这对于拥有最新科研手段的现代史家而言也绝非易事，更何况是古罗马史家；而且如果找人代为查找档案的话须付佣金，撒路斯特就曾雇用秘书帮他做大量的研究工作。无暇和无钱为李维的历史创作带来了难以克服的实际困难。

第三，李维选取史料的方法存在根本缺陷，他本人对文件证据的非科学性态度是依赖二手资料的根本原因，没有认识到档案证据较之文献证据的权威价值。当波利比乌斯报告说他从拉奇尼乌姆得到汉尼拔本人镌刻的其军队的人数时，有人可能会指望李维利用这一数字作为权威证据，而恰恰相反，他从不同作家那里罗列了三种不同的估计数字，没有提到第二种是出自波利比乌斯的记述，更没有指明它更加真实可信。[①] 这些做法不是因为疏漏所致，而是李维对原始档案证据的重视程度不够，没有把原始资料提到优先于文献资料的位置。在他的头脑中，原始资料并不比二手文献资料的可信度高，而且研究原始资料的真伪是博古学者的责任，史家的责任是将前人的历史著述成果以一种更加雅致的外表重新呈现在读者面前。从评判一位优秀史家的现代标准来讲，李维无疑在史料的选择上难辞其咎。

李维运用史料的方法也存在很多问题。一般而言，李维对每

---

① Livy, 21.38.2—3.

个事件的记述一般只倚重一种史料，将其转换成文辞优美的拉丁
散文，并把个人的爱国、宗教和道德动机融入其中。在一段主要
记述的末了，他常常引用其他史料，或是对事件的过程补充另外
的解释，或是提出战斗伤亡的不同人数，以次要史料补充主要史
料的细节描写和具体信息。

　　李维所利用的这种依据主要史料辅以次要史料的组织方法有
着不足之处，他事先不对各种史料进行互证便加以利用，从而在
实际中造成许多混淆。① 当各种史料对某一具体事实的描述有出
入时，他仍按部就班地依据主要史料记述完整个事件之后再加以
补充，未在存有分歧的地方立即使用次要史料加以补充或修正，
给读者留下了前后矛盾的印象。另一种情况下，补充史料本身的
记载也存在不同，这时李维只是罗列出各个史家的说法，没有抱
着严谨的态度进一步探求史料，寻找历史真相。他选择了一条
最便捷也最轻率的方法，选取他认为最可信的一种，或是赞成多
数人所接受的说法，② 以此代替展开调查研究的正确方法。例如，
就汉尼拔战争的导火线萨贡图姆事件而言，他描述完围困萨贡图
姆的主要经过之后引述了波利比乌斯的记载，并对他的记载与执
政官年表的矛盾之处表示质疑，但他并没有肯定波利比乌斯的说
法，而是依据一种不甚可靠的史料，③ 认为萨贡图姆被攻取是在
公元前 218 年。

<hr>

① M. Grant, *Greek and Roman Historians: Information and Misinformation*, pp. 38—39.
② ［美］汤普森：《历史著作史（上卷）从上古时代至十七世纪末叶》第一分册，谢德风译，商务印书馆 1988 年版，第 108 页。
③ Livy, 21.15.3ff.

　　根据波利比乌斯的记载，在李维乌斯·萨利那托（M. Livius Salinator）和埃米利乌斯·保鲁斯任执政官的公元前 219 年，汉尼拔围攻并攻取萨贡图姆。事后汉尼拔率军来到新迦太基的冬营，公元前 218 年启程进军意大利。[①] 同样令人疑惑的例子是，在描述努米底亚首领马西尼萨的军队与西庇阿·阿非利加努斯的军队会合的一段，他不加批判地给出对这支新的骑兵分遣队人数的两种不同观点，"有人说他带来的骑兵不少于 200 名，多数人则说是 2000 人"，然而，在根据波利比乌斯的记载描述完马西尼萨早些时候的胡作非为后，他说鉴于努米底亚的失败，他倾向于人数较少的那个记载。[②] 关于罗马人及其同盟者在公元前 210 年阿普利亚的战斗中所伤亡的人数，他给出了两种记述，一个是1.3 万人，另一个是 7000 人，以"谁能说清楚"来搁置该问题的存在。[③] 他记录了从新迦太基获得的西班牙各部落的人质、迦太基人守军、战俘数目的两种不同观点，他告诉读者称，两种估计中间的数字最有可能。[④] 他武断地在不同记述中取两个数字的中间数为最佳答案，或者不置可否，"至于被运往阿非利加的士兵的数目，著作家们相差不小。我在某些作家的记载中发现是 1 万步军，2200 名骑兵；其他记载是 1.6 万名步军，1.6 万名骑兵；其他的则双倍有余——3.5 万名步军和骑兵。一些著作家没有给出人数，我本人在这些人中，倾向于持不确定的观点"。[⑤] 不能

① Polybius, 3.13; 3.17; 3.33.
② Livy, 29.29.4; 29.33.10.
③ Livy, 27.1.3.
④ Livy, 26.49.
⑤ Livy, 25.1—3.

提供军队人数的确切数字，这样的答案能否令人满意呢？

　　在变换运用史料的过程中，他的记载也出现了矛盾和重复。这一方面是由于年代混乱，李维在转换罗马编年史家和希腊的波利比乌斯所记载的年代时遇到难题，因为罗马纪年和希腊的奥林匹亚德纪年之间转换较为困难，造成他对同一事件记载了两次。另一方面，变换史料所产生的重复则是由于李维没有认真地将各种不同记载重新核查，没有理顺内中关系造成的。在第三个十书中，由于交替使用安提帕特和安提阿斯的记载，李维对汉尼拔在公元前218年到前217年冬在普拉坎提亚附近的军事行动描述了两次；在第21卷中对汉尼拔翻越亚平宁山脉的旅程在第22卷中又再次描述，对格奈乌斯·科尔奈利乌斯·西庇阿在西班牙抗击哈斯德鲁巴的记载也有部分重复，李维在第21卷第61节前半部描述了两人战斗的结局，在这一节的后半部引述了其记载不同于波利比乌斯的另一位史家，以至于李维以为它们涉及的是两场不同的战役，造成重复记述。[①]由于对同一史实的各种记载有时在细节上大为不同，因此李维在转述其他作家著作的同时也混淆了这些记载，把它们当成不同事件而分别记载。李维有时疏忽大意，没有理顺各种史料所记载的史实的内在关系，因此出现不少重复之处。在第21卷第15节中，李维竭力弄清有关汉尼拔侵入意大利的混乱年代，但他在这里没有相信波利比乌斯的记述，而是依据次等的史家。根据波利比乌斯的说法，汉尼拔在公元前221年

----

① 有关军事行动，见 Livy, 21.57.5—14；西班牙战事，见 21.61.4; 21.61.5—11；翻越阿尔卑斯山，见 21.58; 22.2。

成为统帅并攻打奥尔卡德斯人（Olcades）。在公元前220年与瓦卡伊人（Vaccaei）和卡尔佩塔尼人（Carpetani）交战。公元前219年包围萨贡图姆，此后，汉尼拔把军队安置在新迦太基的冬营。

李维的记载中出现了出自爱国之心的歪曲以美化罗马，这些歪曲不能全部归罪于他，可能为共和后期的编年史家因爱国之心或党派偏见所做的歪曲。一名优秀史家会在转述史料的过程中剔除或者尽力减少这些歪曲，李维基本上认识到了各种史料的不实之处，但这些史料在不同程度上还是干扰了他的记载。原因可能是李维追求的是烘托具有罗马人的勇气和毅力的栩栩如生且鼓舞人心的楷模，使他的著作充分发扬罗马史英雄时代的精神。特拉西美诺湖战后，元老院请求叙拉古国王希耶罗派出一支军队支援罗马，李维记述希耶罗主动增援，以此忽略这一令罗马蒙羞的要求。[①] 如此的爱国主义歪曲还表现在依据明显夸大了的敌军伤亡人数。他估计迦太基在麦陶鲁斯河一战中有5.6万人被歼，5400人被俘；波利比乌斯估计迦太基方面损失不少于1万人，两人的记载大相径庭，李维给出的人数是波利比乌斯的数倍。[②] 他又把萨贡图姆遭围困定在公元前218年而非事实上的公元前219年，即把该事件拖后一年，这种歪曲的动机是想通过强调攻打和夺取该城的所谓"事发突然"，把罗马对同盟者的过失减到最小，为罗马未能及时援救萨贡图姆城开脱。这些歪曲与他所依据的带有浓重爱国主义意味的史料有着密切的关系。他的个人经验严重不

---

① Livy, 22.37.1; Polybius, 3.75.7 记载，"他们也向西西里的统治者希耶罗求援，他派出500名克里特人和1000轻装步兵组成的分遣队"。

② Livy, 27.49.6—8; Polybius, 11.3.3.

足，缺乏实际的政治经历，使得他无法纠正这些，他也犯了误译的错误。[①]

李维是典型的从前辈学者著作里博采众长的书斋学者，他因为只依照二手的文献资料、不直接探求原始档案文件而受到质疑。李维引证了较多史料，他甄别史料，但缺乏对原始资料的考证。在对罗马典章制度的介绍、战争描写、地理记载等方面存在不准确和错误之处，另有不少互相矛盾之处。尽管理论上言之，史家治史可将前辈史家的史记与保存下来的条约、人口普查记录、法律条文等原始资料相核对，剔除史书中的不实之处，尽可能地寻求历史的真实，但事实上，罗马史家大多对档案材料兴趣有限，偏爱从其他史家的著作中收集资料。李维在史书中几次间接提到当时仍可查阅到罗马的档案，而他本人并不尽力参考这些材料。虽然史家们对材料的运用打上了他们的观念和风格的烙印，但仍旧少有真正的对原始资料的研究。历史在多数情况下来自见证人和其他著作。当罗马史家尽量避免不真实时，有时他们不掌握评定互相矛盾的证据的方法，他们在一手和二手资料之间没有严格的区分，对二者之中哪个更贴近历史的真实认识不清。[②]李维记述了公元前215年马其顿国王腓力五世与汉尼拔签订同盟条约，条约规定"国王腓力率能够召集的最大规模海军将渡海前往意大利，袭击沿海，尽全力进行陆海战斗；战争结束时，罗马和整个意大利将交由汉尼拔和迦太基人所有，所有缴获

---

①　M. Grant, *Greek and Roman Historians: Information and Misinformation*, p. 38.

②　R. Mellor, *The Roman Historians*, pp. 190—191.

的物资将让与汉尼拔；意大利一旦毁灭，迦太基人将驶往希腊，对国王选择的所有国家宣战。马其顿附近的大陆上的国家和海上岛屿应成为腓力的财产，并入他的王国"。① 李维列出了条约内容，未提及来源，很可能出自所依据的编年史家的记载。

在李维撰写历史的时代，他能够得到的原始资料包括：《大年代记》成书于公元前 130 年前后，是大祭司长斯凯沃拉（P. Mucius Scaevola）以大祭司年表为基础辑录而成，计 80 卷，是第一个连续完整的祭司表。② 大祭司年表是罗马大祭司的官方记载。大祭司长每年在官邸（regia）竖立一块白板，记录下职官的名字和每天发生的具有宗教意义的事件，如节日、献祭、奇闻、日月食和饥荒等。起初也许只提及与宗教相关的国事，例如因占卜出现纰漏，选举不得不重新举行，后来则对一般事件的记录逐渐增多。不管这部《大年代记》是大祭司年表辑录的首次问世，还是添补其他内容而成，尽管元老们可以直接接触到大祭司年表的原文，但《大年代记》的出版方便了他们收集资料。《大年代记》显示出了罗马历史编纂的通常框架，包括每年的官方事件、职官名录、职官选举、分配军权以及宗教祭仪，这些奠定了后来编年史家著史的基础。③ 学者对《大年代记》内容的真实性表示质疑，但对公元前 3 世纪之后的条目可靠程度，意见基本是肯定的，《大年代记》对公元前 300 年以降与官职有关的所有事件保

---

①   Livy, 23.33.10—12.

②   B. W. Frier, *Libri Annales Pontificum Maximorum: The Origins of the Annalistic Tradition*, p. 163.

③   H. H. Scullard, *Roman Politics 220—150 B. C.*, p. 250.

留着详细记载。①

　　《元老院决议》(*Senatus Consulta*) 一直被保存着，由主持元老院会议的执政官或大法官选出的一个委员会开会起草，该委员会通常由议案的发起人及支持者组成，其成员的名字被记录在这份文件上，文件的抄本存放于国库 (aerarium)。到西塞罗的时代，已经出现包含每年《元老院决议》的一份列表，有关元老院讨论的记录到恺撒时代才出版，一些私人记录一定从更早时期即被保存，至少保存了对重要问题和官员的记录，这些私人记录后来可能被归入公共记录 (tabulae publicae)。除了出版的元老院演说集，少有关于元老院讨论的资料可以获得，但《元老院决议》至少提供了议案发起者、支持者或否决者的名字。可以肯定的是，李维没有直接参考这些，他的版本不同于现存的《酒神祭仪的元老院决议》(*senatus consultum de Bacchanalibus*)，他一定引述了一种后期的编年史料。②

　　当时可利用的原始资料还包括家族所藏档案。罗马官员除将部分官方文件交由大法官存放于国库外，手中还保存有部分文件，李维在《建城以来史》第 29 卷中就提到了官员保留的人口普查报告，"克劳狄乌斯·尼禄完成净化仪式。随后收到 12 个殖民城各自的监察官呈交的普查报告，以前没有过这样的事。目的是把这些文件在公共记录中备案，说明他们在军队人数和金钱上的实力"。③ 这些档案记录中包括许多有关国事的重要信息，如

---

① P. G. Walsh, *Livy: His Historical Aims and Methods*, p. 110.
② Ibid., p. 112.
③ Livy, 29.37.7.

人口普查表、财产资格和涉及监察官职能的其他信息，其中也夹带着明显的家族偏见。这些记录零散地由曾任职官的那些家族保管，如果能够汇总，必将对了解罗马社会史概况具有重要价值。更多的历史资料保存在布告（tituli）、铭文（elogia）、颂词（laudationes）中。

口头传说在理论上可与保存的条约、人口普查记录、法律以及法令相核对。在公元前 1 世纪，苏拉建立了一座大型的公共档案厅，尤利乌斯·恺撒手头有元老院会议记录的摘要，但李维更倾向于二手文献史料。国内外许多史家都批判李维运用史料的方法，"李维编史的目的和文学家的风格，使他在写作时没有采取谨严的态度和批判史料的方法。他很少研究第一手材料，或亲访古迹，只是转述和编纂以前和当代史家如波利比乌斯及其他编年史家的著作。当各家说法不一时，他很少比较考证，只是据理推断，主观地采一家之言，有时也自作主张。他有时误解原著，有时因出处不同，而使前后叙述不能一致。他对优美的传说兼收并蓄。爱国者的立场也使他在叙述战争时对罗马的功业和罗马人的品格有所夸张，对罗马的败绩及错误有所文饰。因此在阅读及采用李维的著作，尤其是有关早期罗马的部分时，必须采取慎重的态度，参阅其他史料，相互印证"。① "李维的倾向性使他必然会片面地选择事实。例如，在重述波利比乌斯的著作时，他从其中抛掉一切会使罗马黯然失色的东西。而且在国事问题和军事问题方面李维都不是行家，可是他经常又不得不谈到罗马的宪法和战

---

① 吴于廑主编：《外国史学名著选》（上册），商务印书馆 1986 年版，第 162 页。

争。这种情况对于他的著作的内容势必发生不利的影响"。[1]

李维不利用档案文件的一手资料，不过他对二手资料运用得较好，较多地运用各个史家的记载，他列出各种不同记载作以参照，提出自己的观点；有时还明确表示自己对这些记载中哪个是真并不肯定，有时推测两个极端中间的记载可能是最可能的。例如，对夺取新迦太基的记载，他给出人质数目的不同记载，在此他至少参考了三位史家，波利比乌斯、西勒努斯、安提阿斯，并补充说"如果必须赞同某个史家，则适度的人数是最有可能的"。[2] 在西庇阿率多少军队去往非洲的记载中，则至少参考五位史家。[3] 格拉古之死及被埋葬的细节也给出了不同记载，马尔凯路斯的情况也是一样，列举了科埃利乌斯·安提帕特的三种不同说法，最后说明多数权威史家记述他离开军营出外侦查，落入敌人的埋伏。[4] 李维的面前有来自不同编年史家的相互矛盾的记述，他本人无法提供最准确的信息，他参考各位史家说明了自己也不太确定。

李维记录的许多细节是他可获得的传统记载的一部分，这些传统包括口头传说和文字记载，他运用表示不确定的动词，如据说、据载、据传、据回忆、被提出、被相信（dicitur, fertur, traditur, memorare, prodere, credere），表示他对一些事件细节的

---

① ［苏］科瓦略夫：《古代罗马史》，王以铸译，生活·读书·新知三联书店 1957 年版，第 21 页。
② Livy, 26.49.2—7.
③ Livy, 29.25.2—3.
④ Livy, 25.17，格拉古之死；27.27.12—14，马尔凯路斯之死。

怀疑。许多段落中给出某些史料所得到的总体评价，主要通过意为被质疑或被认同的动词（ambigitur, discrepat, constat, convenit）说明。表 4-2 为这些动词在《建城以来史》各卷中的使用频率列表：①

表 4-2 《建城以来史》各卷中非确定性动词的使用频率

	第 1—10 卷	第 21—30 卷	第 31—40 卷	第 40—45 卷
dicitur	39	5	7	6
dicuntur	7	7	4	1
fertur	6	6	3	1
ferunt	33	11	4	3
traditur	21	2	2	4
tradunt	4	1	2	1
memorare	3	—	—	
prodere	8	4	3	—
credere	3	2	1	—
other verbs	6	—	1	
ambigitur	4	2	1	—
certum est	1	—	—	
constat	22	6	4	—
convenit	4	3	2	1
discrepat（haud or nec）	2	1	1	
总计	166	52	38	20

---

① 此动词表引自 R. B. Steele, "The Historical Attitude of Livy," pp. 21—22。

从表 4-2 中我们可以看出，这些非确定性的动词随《建城以来史》各卷的推进而逐渐减少，说明李维手头可靠的史料逐渐增多，他对自己记述真实历史的信心逐渐增强，"坦率承认存在困难以及无法解决困难是李维的特点，也是他著作的一个优点"，[①]表示不甚确定的动词体现出李维对待史料较为严谨的一面。

李维注重文献史料和文物遗迹之间的互证，他记述汉尼拔围困卡西利努姆城（Casilinum），城外的罗马军队由格拉古指挥，依靠河道给城内居民输送物资，但在秘密通道被发现后，城内陷入饥馑，被迫提出和谈，汉尼拔以赎金为条件接受谈判。李维记述城内的罗马守军多数是普莱奈斯特（Praeneste）人，近一半死于杀戮和饥饿，其余人等由他们的大法官马尔库斯·安尼奇乌斯（Marcus Anicius）率领，安全返回普莱奈斯特。李维称，安尼奇乌斯从前做过祭司，他从事这一职务有普莱奈斯特广场上竖立的雕像为证。他的雕塑身着盔甲和托加袍，蒙着头，铜版上有一段铭文："马尔库斯·安尼奇乌斯为了卡西利努姆城的守军兑现了他的诺言"，同一铭文也见于幸运女神神庙的三尊神像下方。在对安尼奇乌斯职务的考证中，李维用他蒙头的典型装束来证明他担任过祭司，表现出对一手史料一定程度的重视，但按照他的经历推测，他应该未曾亲自走访过普莱奈斯特。[②]

对李维的最严重的异议在于他的史料方法，没有探究和评估原始证据，这在很大程度上说是对罗马历史编纂学的控诉。

---

① R. B. Steele, "The Historical Attitude of Livy," p. 44.
② Livy, 23.19.18.

"在现代，修昔底德的公正和他对准确性的热衷被视为一名理想中史家的素质。但我们忘记了在这方面修昔底德是特殊的；其他希腊和罗马史家把可读性至少放在与精确性平等的位置。此外，重要的不仅是真实本身，还有逼真。塔西佗通过他的语言、戏剧性的构建绘制出一幅有震撼力的画面，非常不同于他对事实的准确报道。塔西佗在写道德史，提出弃除暴政和政治自由的更大的真实。对小细节的关心是一个学究式的博古研究者所关注的，而非一名史家关注的"，[1] 一手资料是博古学者的研究范畴。塔西佗以运用元老院档案文件见长，但他也称，"至于我本人，如果作者们的说法没有出入，我便遵从他们的说法，如果他们的说法相互间有出入，我就把他们每个人的说法都列举出来"，[2] 说明古代史家对有出入的史料的态度大凡如此，依次列举，不予置评，可读性和准确性相得益彰是希腊罗马史家的主要追求。

自 20 世纪 80 年代起，古典史学发生修辞学转向。伍德曼在 1988 年出版的《古典史学中的修辞学》(*Rhetoric in Classical Historiography*) 中提出，古典史学主要是修辞学的分支，若以现代术语来分类，将归属于文学而非历史。怀斯曼（Wiseman）提出一些论证与伍德曼的观点不谋而合，在他 1979 年出版的《克里奥的梳妆品》(*Clio' Cosmetics*) 中讨论了史学与修辞学和诗学的关系，论证称它们在目的和方法上比我们想象的紧密

---

[1]　R. Mellor, *The Roman Historians*, pp. 192—193.

[2]　Tacitus, *Annales*, 13.20.

得多。①

　　伍德曼和怀斯曼等人的研究引起学界热烈反响，史学和修辞学的关系被不断拉近，史学和修辞学的紧密关系逐渐成为学界共识，从修辞学的视角研究历史叙事和修辞手法的成果日益显著，但是把二者混为一谈则另当别论。著名学者卢斯在书评中高度评价了伍德曼的作品，称其撰写了一部引发思考的原创性作品。他在学术立场上基本是站在伍德曼阵营的，但同时提出伍德曼仅从修辞技法上进行剖析，可能会顾此失彼，得出偏颇的结论。卢斯重申，历史和其他诸如修辞学和诗歌的领域仍有明显的界限，在古人的头脑中没有混淆这一界限。真实难求不等于不求真实，真实可能因为诸多原因难以达到，但那不是因为刻意歪曲和彻底的谎言。他指出伍德曼解释了一些问题，一些问题尚待解释。②

　　在史料方法之外，我们应关注修辞学手法的运用，康奈尔评价了怀斯曼的论著，认为这部书极富创见和煽动性，他指出怀斯曼著述的优点之一便是旨在把罗马历史学家放在语境（context）中研究。康奈尔再次重申罗马编年史的可靠性问题，编年史家自由地、有倾向性地以几种方式处理史料：通过语言的运用，择取或删略专门数据，以专门方式塑造每个插段，思考人物行为动

---

① A. J. Woodman, *Rhetoric in Classical Historiography: Four Studies*, London and New York: Routledge, 1988; T. P. Wiseman, *Clio's Cosmetics: Three Studies in Greco-Roman Literature*, Rowman and Littlefield: Leicester University Press, 1979.

② T. J. Luce, "Review of Rhetoric in Classical Historiography: Four Studies by A. J. Woodman," *Phoenix*, Vol. 43, No. 2, 1989, pp. 174—177.

机，撰写主要人物的演说词，等等，他们也会存在因为政治斗争而篡改历史的情况，这些正如怀斯曼正确指出的，是历史女神克里奥的梳妆品。但在康奈尔看来，编年史家捏造全部插段是十分不可能。学者达蒙（Cynthia Damon）对修辞学过度解释历史学提出质疑，历史学家的虚构（inventio）是没有限度地肆意发挥？答案恐怕是否定的。虚构是有限度的，是受到多种因素制约的，古代作家不可能凭空捏造，有些内容我们虽然不知道其来源，但其历史情景的确是可信的。他认为在逻辑上，在史料的穿针引线、添枝加叶方面可以说历史是虚构的，但实质内容恐怕难以全盘推翻。[①] 历史学有自己的界限，真实是史学的目标，虽然真实是有限度的，但李维所作罗马史的基本史实是清楚无误的，插叙细节不可能是完全虚构的。

对于书写遥远过去的古代历史学家，探求真实可信的历史难度极大，李维感受到历史书写在真实性和艺术性上的考验，觉察到他自己的历史叙事将不可避免地受到推敲，"新史家总是相信他们将提供内容上更可靠或是在文学艺术上超越质朴的古代"。[②]真实性和艺术性是史家史才高下的标准。在他看来，史家之间有两种互相竞争的方式：一是提供更为可靠的历史信息，二是提供更为精致的文学技艺。诚然，李维可能通过书写的技艺来克服部分历史语焉不详的现实，但那没有发展为历史事件无中生有的

---

① Cynthia Damon, "Rhetoric and Historiography," in W. Dominik and J. Hall, eds., *A Companion to Roman Rhetoric*, Oxford: Blackwell Publishing, 2007, pp. 439—450.

② Livy, *Preface*, 3.

"发明"，历史叙事以风格化为重，有些添加的历史事件是以逻辑为基础的，而非以知识为基础的，其细节是可能的，而非可靠的。有些事件充实着那些老生常谈的记述，有些现在无法弄清其范围和可靠性，是可能性的虚构，而非符合史实的虚构。[①] 李维如何将他的历史叙事风格化将是我们下一章要探讨的内容。

---

① Cynthia Damon, "Rhetoric and Historiography," pp. 443, 450.

第五章　李维采用的文学风格

　　在古代世界，历史与文学杂糅在一起，史家首先是文学家，这可以追溯到"史学之父"希罗多德。从希罗多德的作品得到大众阅读开始，愉悦读者便是史家写作的目的之一，通过对历史人物的心理刻画引起读者相应的心理变化。在罗马，西塞罗希望史家成为"事件的润饰者"，用生动的故事给读者带来欢愉。罗马修辞学家昆体良把历史描述成"散文体诗歌"，称史家的任务是"讲述而非证明"，即叙述先于分析。以著史严谨闻名的罗马史家塔西佗和阿米安（Ammianus）也没有丢弃文学技法，他们运用十分风格化和修辞化的技法来使笔下的历史更加令人信服。[1]古希腊罗马史学与文学之间的关系随着现代史学的语言学转向而格外受到关注。

　　李维不仅是位史学家，而且是位文学家，他欣赏西塞罗的演说术，在历史书写中采用了西塞罗倡导的风格特征，尽管李维早

---

① 　参见 Ronald Mellor, *The Roman Historians*, pp. 188—189。

期各卷注入了古风和诗体的成分，后来则转向了古典的标准。^①
国内外学者对李维文学风格的评价基本一致，认为"李维是古代
罗马第一流的散文家，有高深的文学素养和修辞造诣，有奔放的
热情和丰富的历史想象力。其文体流畅精炼，辞藻典雅富丽，叙
事栩栩如生，人物景象跃然纸上，使读者仿佛身临其境，深受感
染。李维在书中插入的很多讲演辩论，以反映各个阶层以及代
表人物（包括作者本人在内）对各重大事件的观点及态度，多系
作者依照希腊罗马的雄辩术精心雕琢而成"。^②李维身处拉丁文
学的"黄金时代"，他的修辞艺术以及带有诗歌色彩的风格遵循
"黄金时代"的写作技巧，从中吸收了许多优点。

随着对李维研究的不断推进，以史料考证为中心的讨论逐渐
向修辞学视野下的考察转移。伍德曼和怀斯曼两位学者有关古代
史学与修辞学关系的重磅力作给古典历史学界带来轩然大波，引
发了古典史学的修辞学转向。^③就李维研究所取得的突出进展而
言，当下的修辞学研究已经突破以写作风格和修辞手法为研究对
象的传统局限，^④把李维的修辞学手法融入古罗马时代的社会语

① R. Syme, *Tacitus*, Vol. 1, Oxford: Clarendon Press, 1958, p. 137.
② ［古罗马］李维，王敦书译：《李维〈罗马史〉选》，吴于廑主编：《外国史学名著选》，商务印书馆 1980 年版，第 161 页。
③ A. J. Woodman, *Rhetoric in Classical Historiography: Four Studies*, London and New York: Routledge, 1988; T. P. Wiseman, *Clio's Cosmetics: Three Studies in Greco-Roman Literature*, Leicester University Press, 1979.
④ A. W. Allen, "Livy as Literature," *Classical Philology*, Vol. 51, No. 4, 1956, pp. 251—254; M. Hadas, "Livy as Scripture," *The American Journal of Philology*, Vol. 61, No.4, 1940, pp. 445—456; H. V. Canter, "Livy the Orator," *The Classical Journal*, Vol. 9, No.1, 1913, pp. 24—34.

境中加以考察。①

第一节　戏剧性手法

　　罗马的历史编纂受到戏剧创作的影响。希腊化时期的史家大大扩展了戏剧创作手法在历史编纂中的使用，这种在历史编纂中运用戏剧性手法的传统也传入罗马。罗马人眼中历史和悲剧的共同点一定要比现代人看来为多，他们会认为二者都在记述伟大人物的事迹，无论是传说中的人物还是真实的人物，因此他们对人类情感方面的描写有所侧重。李维经常使用气愤（ira，indignatio）、疯狂（rabies）、惊恐（pavor, trepidatio）这类词语为他的记述增加悲悯的效果。他依据史料，只有在叙述历史事件

---

① 菲尔德海尔（A. Feldherr）在其《李维历史中的景观与社会》中表达了反对将李维史学研究中的历史与文学两方面割裂开来的观点，他认为不能把李维史学中的历史研究简单理解为对原始资料的整理校勘，把文学形式的研究片面理解为对原始资料的文学再现。他认为李维通过描写宗教仪式、纪念物等历史语境中的罗马景观，生动反映出罗马国家的社会变迁。玛丽·杰格（M. Jaeger）的《李维笔下的罗马》也为我们提供了李维研究的全新视野。这部著作站在人文主义的立场审视李维通过追忆历史遗迹的过往来唤起人们追寻古代传统的人文情怀，是一部深入研究李维通过对罗马城景象的生动描写，富有洞察力地解释古代历史的书籍，书中《第二次布匿战争的记忆和历史遗迹》的章节尤其有助于我们深入挖掘李维第二次布匿战争史书写的叙事手段及背后隐藏的思想内涵，参见 A. Feldherr, *Spectacle and Society in Livy's History*, Berkeley: University of California Press, 1998; M. Jaeger, *Livy's Written Rome*, Michigan: Michigan University Press, 1997。

时才进行戏剧化描写或增强戏剧化效果，描写战斗中的呐喊、会议中的群情激昂、人们的恐惧与怜悯等。没有试图虚构出历史事件，虚构出可以增添戏剧化效果的场合，仅从这些戏剧化手法来看，李维与历史小说家有某些共通之处。不同的是，历史小说反映的历史背景是真实的，但历史人物、事件等可以是虚构的，李维不虚构历史事件和场合，他的写作手法是历史小说式的，但他的写作态度却是史家才具有的。

即使李维把希腊化时代悲剧式的描写手法服膺于历史的真实记载，却仍为那些能够传情达意的传奇故事、通过言谈对人物性格的间接描写以及令人瞩目的大场面留下了大量的个人发挥空间。[1] 他择取题材，丰富情节，如围城、对话、会议、个人的苦难等，各段情节中穿插跌宕起伏的故事、润饰原始材料以产生栩栩如生或悲悯感人的效果，在采用投入真情实感的写作风格等方面，显示出希腊历史编纂学的影响。

李维善于通过描写人们的惊恐、悲痛、气愤等情感来烘托气氛。例如，他描绘的坎尼之战后迦太基人打扫战场时所目睹的景象，"第二天早上，天一放亮，他们便积极前来收捡战利品，看到连敌人都觉得可怕的杀戮。地上躺着成千上万的罗马人，步兵和骑兵混杂一处，命运把交战和溃退中的他们集中一起。被杀戮者中突然站起一个血淋淋的人，他的伤口因为清晨的冷冽而抽动，被敌人砍倒；有些人被发现时还活着，大腿和筋腱受伤，他们露出脖颈和咽喉，乞求胜利者让他们流干剩下的血。有些人被

---

[1]　L. Bieler, *History of Roman Literature*, p. 147.

发现时头埋在地洞里。他们显然为自己掘出了这些深坑，把土堆到脸上，窒息而亡。最令所有在场者注目的是一名努米底亚人，他被从一具罗马人尸体下挖出时还活着，但鼻子耳朵已被咬烂；而这位罗马人，手上拿不到武器，就用牙撕咬对方，在狂怒中死去"，①以战后惨不忍睹的景象描写，侧面烘托两军异常惨烈的殊死搏斗。

罗马包围叙拉古城时，瘟疫在双方军队中泛滥，病患接连死去，人们由哀痛、恐惧变得麻木，"瘟疫侵染双方，转移了两军对战术的注意。由于秋季和对健康有害的环境，让人无法忍受的发热影响了两个军营几乎所有人的健康，城外比城内更甚。起初他们由于季节和环境原因患病死亡。后来陪护人员染病，以至于患病者得不到照顾，被弃置一旁。葬礼和死亡每天都在人们眼前发生，白天夜晚，四面八方都传来哀号。最后，从适应到苦恼，他们失去了人类的情感，非但不为死者痛哭，反而不把他们抬出来埋葬；死尸散放在垂死的人眼前，死者对病人有害，不仅因为恐惧，而且因为尸体腐烂发出的恶臭。有些人选择拿起剑赴死，他们单独一人冲入敌人的前哨"。②李维以被围困居民的苦难描写折射战争的残酷无情。

李维通过栩栩如生的描写使读者身临其境，其中一处对迦太基人亲眼看见阿尔卑斯山时的描写，让读者感受到阿尔卑斯山的巍峨和翻越它的艰险，"无论以前的传言如何——不明之物往往

---

① Livy, 22.51.5—9.
② Livy, 25.26.7—12.

被夸大其词——他们对此也有思想准备，但从近处眼观群山的高度，与天空几乎连成一片的白雪，建于岩石上零乱的小屋，严寒中的畜群和牲畜，头发蓬乱的粗人，一切有生命和无生命的都僵立在寒冷之中，其他所见到的比语言所能形容的更加可怕，他们当时再次感到恐惧"。①读者读到此段不禁寒战，仿佛置身冰雪覆盖的阿尔卑斯山。

在罗马海外征服的战事中，围城战是其中的重要战法。李维描写这些战事，不仅为了给读者以教益和启迪，而且也为吸引读者的注意力，他将重点放在对被包围者处境的描绘上，让读者感受到围困之下人们的心理状态。李维经常先以简短的语言提及进攻一方，接下来对防御一方做长篇记述，尤其对他们的心理状态作以评述。他记述西庇阿·阿非利加努斯在西班牙对伊洛尔奇人（Ilorci）的包围就是一例："士兵受到指挥官的激励，他们把梯子分配给从各小队精心挑选的人手里，军队被分成两支，一支由副官莱利乌斯（Laelius）率领；他们同时从两个地方进攻该城，造成了双重惊恐。并非一名指挥官或者多位领导者敦促，而是意识到自身的罪行而感到恐惧，才使公民们奋勇保卫城市。他们记得并彼此提醒：目标并非胜利，而是免于对他们的惩罚……所以，不仅那些达到从军年龄的男人，而且女人和儿童都尽精神和身体之力帮助；他们给战斗者递送武器，为建筑者向城墙堆放石块。他们关注的不仅是自由，自由会鼓舞起勇敢者的勇气；所有人看到的是终极惩罚和可怕的死亡。他们的勇气不仅被劳作和危

① Livy, 21.32.7.

险而且为看到彼此而鼓舞。因此他们以如此的热情加入战斗，以至于这支征服了整个西班牙的军队多次被该城的年轻人从城墙击退下来，在这场不光彩的交战中陷入慌乱。"① 此段中，李维除了描写防御一方的勇气，还以"整个西班牙的征服者多次被击退"来增添围城事件的情节波澜，增强叙事的戏剧化效果。

李维对城市陷落的记述往往很相似，这在很大程度上是因为他专注于能够吸引读者阅读兴趣的具有悲剧色彩的围城事件。围城战中受困一方成了战争叙事的主角，读者强烈体会到一种悲天悯人的心情，譬如他在笔下萨贡图姆的围城事件中描写了城中居民誓死抵抗的决心。在抵抗失败后，他们宁死不屈，不愿落入敌人手里。在包围萨贡图姆期间，阿罗库斯（Alocus）劝说萨贡图姆人屈服，"大批人为了听到这番讲话渐渐围拢上来，公民大会与元老院合为一处，此时要人们在给予答复之前，突然从人群中退出。他们把国家和私人所拥有的全部金银运到广场，并快速燃起大火，将其投入火中，许多人也纵身跳入火中……他们把自己和妻儿关在屋内，点燃头顶上的房子，或者拿起武器，永不放弃战斗直到牺牲"。② 另一个例子是罗马在西班牙进攻阿斯塔帕（Astapa）时，"敌人的进攻开始了一场屠杀，他们根据战争法与抵抗的士兵交战。更可怕的是，城内又发生了一场屠杀，他们自己的公民正在杀戮一群手无寸铁、不做抵抗的妇女和儿童，并把尸体——许多人还有口气在——投入燃起的火堆，血流熄灭了燃

---

① Livy, 28.19.9—15.
② Livy, 21.14.1; 21.14.4.

起的火焰。最后，男人们对悲惨地杀戮自己的亲人感到疲惫，他们自己连同他们的武器投入大火之中"。[①] 被围困的居民以宁死不屈的气概抵抗失败者给读者以强烈震撼，此时的李维似乎化身罗马敌人一方的史家。

我们在李维的描写中感受到他对被围困者的同情，虽然罗马人是进攻者，但李维更关注被围困一方，记述他们的精神状态而非他们的御敌方法。李维对被困者心理的描写构成了整个攻城情节的主体，舍弃对进攻者以及其武器装备的大段描写，以达到戏剧化的效果。他专注于被困者的处境，猜测攻城可能给人们带来的心理影响，像希腊化时代的"悲剧式"史家那样，用"同情与恐惧"来感染读者。然而，这些心理描写没有退化为纯粹的煽情，李维更关注被困者经受打击时的动机和情感，多于他们落入敌人手中后的悲惨命运。[②]

李维的戏剧性手法除了表现在心理描写上，还表现在谋篇布局上。李维将一些持续时间久、牵涉范围广的事件像戏剧一般分成几段插曲，通过几段插曲将叙述逐渐推向高潮。例如围困萨贡图姆的事件，李维将叙述分成几部分，插入与包围不直接相关的事件。他在描述完汉尼拔对萨贡图姆的第一次进攻后，记述罗马使节出使西班牙，随后出使迦太基，迦太基元老汉诺发表国家将因汉尼拔招致危险的长篇演讲。接下来围城事件进入第二阶段，此间该城堡垒的一部分被攻陷，阿罗尔库斯前来力劝萨

---

① 　Livy, 28.23.1—2.

② 　Walsh, P. G., *Livy: His Historical Aims and Methods*, pp. 196—197.

贡图姆人投降。最后，记述包围的第三个阶段，攻城继续，萨
贡图姆陷落，罗马向迦太基出示最后通牒。在这种分段式叙述
中，读者见到的不是对萨贡图姆事件的连贯性描述，而是随着三
个独立场景的不断推进，等待事件的结局，调动起读者的阅读
兴趣。

　　李维对战事的描写是为了满足普通读者的兴趣，因此他进行
的是一种清楚明了、易于理解的阐述，以战略战术的通俗描写代
替了专家式的描述。如对叙拉古的包围，李维记述了带有攻城
装置的罗马战船。叙拉古城有阿基米德发明的投掷器，这些投掷
器型号各异，射程不同，使用的投石重量不等。叙拉古士兵通过
城墙上的发射孔向敌人放箭，另有一种从城墙上方抛出、用链条
固定的铁爪钩，这种装置可以钩住敌船，吊起后松开，使船只落
水沉没。波利比乌斯也记述了罗马从海陆两路围攻叙拉古的战
事，与李维对军事机械的描写相较，波利比乌斯提到了罗马战船
上的投掷器萨姆布卡（sambuca）和叙拉古城的投掷器斯克皮昂
（scorpion），并详细说明了它们的高度体积、构成部件和操作方
法，还有罗马战船用以防护的防壁织具等，[①] 这些是李维书中没
有的内容。从二者的比较可以看出，波利比乌斯具有工程技师般
的兴趣，李维则对军事装备和攻城器械的构造细节兴趣寡然，两
人所述历史的价值各有侧重。在李维的记载中，读者的兴趣被他
引人入胜的描写和戏剧化效果调动起来。在李维看来，从心理方
面的战争考察是史家的一项重要技艺。

① Livy, 24.33—34; Polybius, 8.4—6.

第二节　演说词

怀斯曼说："历史学家宛如演说家，如果历史学家必须提供善恶的范例以便影响读者的态度和行为，那么说服便是他的任务，不亚于演说家。"[①] 历史学家与演说家的相似性在于二者都负有说服的职责，历史学家尤其需要为读者提供教益。李维也如演说家一般撰写演说词，就第三个十卷的主题而言，主要涉及军事题材。军事主题的相关记述可以区分为三种类型：第一是对战事本身的描述，包括上文说到的李维心理描写和戏剧化手法的使用；第二是对官员和祭司的任命、国家节日庆典、奇闻异事的记述；第三种则是占有大量篇幅的演说词呈现，包括罗马和其他地方召开的会议讨论、高级官员之间的协商谈话、将领们在战前的誓师演讲。李维整部著作中的演说词的数量据估算不少于2000篇，在现存的35卷中，不算间接引语式的演说词，就有407篇，数量极多，是推进战争叙事的重要手段。

古希腊罗马人将演说词分为三种类型：适用于法庭的司法性演说（genus judiciale）；适用于正式仪式的说明性演说（genus demonstrativum），修昔底德的《伯罗奔尼撒战争史》中伯里克利

[①]　T. P. Wiseman, *Clio's Cosmetics: Three Studies in Greco-Roman Literature*, pp. 39—40.

在阵亡将士葬礼上的讲话就是著名一例；适用于元老院会议、公民大会和战场的讨论性演说（genus deliberativum）。这三种演说类型按目的划分，第一种为指控或辩护所作，第二种为赞美或责难所作，第三种为勉励或劝诫所作。李维《建城以来史》中的演说词包含有上述这些类型，较所有前辈史家的著作，其题材范围更广，但《建城以来史》的主题决定了书中涉及法庭和仪式的演说较少，绝大部分演说归入讨论性演说一类。讨论性演说在李维史书中的结构较为简单，大体分为序言、论题、论证和结论四部分，但论题部分往往被省略。这种结构正好符合西塞罗定立的三个目标：delectare（吸引、愉悦）、docere（教育、说明）、movere（打动、影响）。演说者首先吸引听众的注意，然后进入演说的核心部分，为应采取的行动对策提供指导，最后以热情洋溢的话语调动听众的热情。[①]

李维善于在叙事中插入雄辩有力的演说词，"在对演说词的再创作中，他有着炽热的爱国热情、生动的想象力、丰富多变的词汇，他的演讲是修辞学和心理描写技法的杰作"。[②] 李维在这一方面的天赋也是古代作家如塔西佗、塞涅卡和昆体良认同他的一个重要原因。这些演说词并非真实的再现，而是历史情境的再现，如李维本人所称，他"以古代的方式思想"，[③] 体验笔下人物的切身感受，演说词被用作一种生动的戏剧化手法来描绘人物和动机。

---

① 参见 P. G. Walsh, *Livy: His Historical Aims and Methods*, pp. 220—221。

② John Sandys, "Prose from Cato to Cassiodorus," in J. E. Sandys, ed., *A Companion to Latin Studies*, p. 664.

③ Livy, 43.13.2.

对古代史家而言，演说词不仅是叙事方法，也是一种分析方法。"通过演说词可以恰当地描摹一个人、一个政治派别或一支民族的意愿动机。现代史家以第一人称传达出对历史的分析判断，古代史家则偏爱通过修辞性的演说达到此一目的。因此，史家有时虚构出发表演说的场景，综合并分析某一个行动的原因"。[1] 波利比乌斯曾谴责这种加入非历史真实的演说词的做法，许多现代史家也大力批评在史书中创作演说词而非重现实际所说话语的做法。[2] 然而，插入史家本人创作的演说词的做法早在希罗多德时就已出现，历史编纂在修辞理论中被认为是演说作品，因此创作演说词的修辞手法已成为罗马历史编纂的一个突出特点，历史家们将其视为一种合情合理的表述手段。随着演说术在当时的罗马教育和公共生活中的地位日益凸显，这种构建方法也成为历史学家最受人钦佩的特质之一，譬如撒路斯特在其《喀提林阴谋》中改写恺撒和加图的原版演说，塔西佗在《编年史》中改写罗马皇帝克劳狄的演说，他们通过演说词提供对历史人物个人主张的原因分析。[3]

坎特尔（Canter）在他的《演说家李维》一文中分析了李维在多大程度上以及在怎样的基础上可以被称为演说家。他称，"对李维演说词的研究可以说明他运用演说词的方式与一位演说

---

[1]　R. Mellor, *The Roman Historians*, pp. 188—189.

[2]　H. Nissen, *Kritische Untersuchungen über die Quellen der vierten und fünften Dekade des Livius*, Berlin, 1868, 25ff, quoted from P. G. Walsh, *Livy: His Historical Aims and Methods*, p. 221.

[3]　Sallust, *Catilina*, 51ff.; Tacitus, *Annals*, 11.24.

家发表演说的方式如出一辙。他不是用自己的口吻讲述历史人物
的计划、行为、动机，他运用演说词让历史人物本人说出自己的
故事。他试图制造出一种效果，让读者感到仿佛一位演说者就站
在他们面前，用他自己的声音，自己的口吻，解释自己的作为。
李维的演说词不只是为了外在修饰的需要，它们还有一个更为广
泛的目的，也就是服务于这位演说家的辩论性和解释性的需要。
从李维大量的演说词中可以更仔细地看到其中的演说要素，修辞
和心理的技艺格外分明，他在其中淋漓尽致地达到了他的演说
目的”。① 我们可以称李维为演说家，但前提是他身为历史学家，
这些演说词服务于历史编纂的原则和目标。演说词是他史书的一
个重要特征，也是古代学者眼中的华章。

　　第三个十卷中有几段典型的讨论性演说，通过比较李维和波
利比乌斯对汉尼拔战争时期相同演说的不同记述，我们可以看出
李维重新安排传统史料的修辞技法。以普布利乌斯·西庇阿与
汉尼拔在意大利首次交锋前的誓师演讲为例，此处波利比乌斯并
非李维直接参照的史料，但可以作为一种传统记载的参照。在波
利比乌斯书中，两段演讲都很简短，汉尼拔的讲话要比西庇阿略
长，并放在前面。李维书中的演讲则相反，两段演讲的篇幅都很
长，西庇阿的演讲放在前面，起到承接上文的作用，而后汉尼拔
的长篇演讲每个要点几乎都与西庇阿的演讲一一对应。西庇阿在
提基努斯河战前誓师，"你们将与那些人，在上一场战争中从陆

---

① H. V. Canter, "Livy the Orator," *The Classical Journal,* Vol. 9, No. 1, 1913, pp. 29—31.

路和海路所征服的人，二十年来课以贡赋的人，从其手中夺取西西里和撒丁岛作为战争的嘉奖的人——交战。因此，在这场战斗中，征服者与被征服者往往体现出的那种精神将注入你们和他们身上。……你们仍以为他们大有希望，认为他们的人数确实不多，但士气高涨，体力十足，没有什么力量能够顶住他们的威力和军队。但恰恰相反，他们虚有其表，他们因饥饿、寒冷、肮脏、污秽而疲惫不堪，在石崖之间撞伤而致残，关节冻僵，肌肉在风雪中僵硬，四肢在严寒中失去知觉，武器七零八落，马匹蹒跚而行，你们将与这样的骑兵和步军交战。你们没有敌人，只有敌人最后的遗存"。在这里，西庇阿通过强调自身的优势与敌人的劣势以鼓舞士气，宣扬罗马将轻而易举制服对手。西庇阿接着说，"你们不应为了曾存有争议的西西里和撒丁岛而战，而应为意大利而战。……将士们，坚定信心，好像我们在罗马城下作战一样。每个人想用武器保护的都不该是他自己的肉体，而是妻子和幼儿；每个人不仅应关心家庭，而且应在心中反复思量，元老院和罗马人民正指望我们的帮助：这就是我们的力量和勇气，此后也将是那座城市和罗马帝国的幸运"，指出大敌当前，形势严峻，人人有责，共赴国难，宣称赢得胜利将为罗马赢得光荣，说明了战争的紧迫性和正义性。①

汉尼拔面对将士，鼓舞手下说："如果你们拥有存在于他人命运的微小事例中的那种精神，那么你们便会拥有存在于你们命运之中的同一种精神，胜利就是我们的了；那不仅仅是一个场

---

① Livy, 21.40—41.

景，而是如同你们自身境遇的一幅画面。也许命运已将你们置身
于比你们的俘虏所承受的更沉重的锁镣和更紧迫的必要之下"，
与上文西庇阿的演说一样，说明战斗的必要性和取胜的可行性。
随后他说，"如果我们只是英勇地收复从我们父辈手中攫取的西
西里和撒丁岛，那么它们仍是最丰厚的回报；无论罗马人在屡次
的胜利中获得并积累了什么，无论他们拥有什么，所有一切连同
其主人都将属于你们。为了如此丰厚的奖励，来吧，拿起武器，
神会保佑你们！……现在是你们进行有利可图的战斗并在穿越众
多山川河流和武装民族的漫长征程中所付出辛苦得到回报的时候
了。在这里，命运已为你们定下了努力的目标；在这里，命运将
以所赢取的战利品重赏你们"，[1] 重提第一次布匿战争失去的西西
里和撒丁岛，强调这次意大利之战的正当性。与西庇阿的演说略
有不同，汉尼拔更多强调了胜利的现实利益，体现为收复失地和
获得丰厚战利品，西庇阿则强调这是一场保家卫国的战争。

　　李维保留史料中的要点并重新组织，构建了一个精心设计的
文学框架。李维的这两段演讲都进行了大幅扩展，渲染战事的严
峻性和重要性。西庇阿和汉尼拔在提基努斯河战前誓师，还有西
庇阿在攻打新迦太基前誓师所发表的长篇演说，西庇阿和汉尼拔
两人在阿非利加的会谈，都表现出李维的记述扩充了波利比乌斯
的主题，他的描写较比波利比乌斯更为生动翔实。[2] "李维的演

---

[1]　Livy, 21.43—44.
[2]　西庇阿在提基努斯河战前誓师，Livy, 21.40—41, Polybius, 3.62ff.；西庇阿在
　　新迦太基战前誓师，Livy, 28.27—29, Polybius, 11.28；西庇阿和汉尼拔在阿
　　非利加会晤，Livy, 30.30—31, Polybius, 15.6—8。

说在展现形式上、偶尔在题材内容上也与他参考的史料不同，但这并不能说明李维不忠实于史料，他是以修辞的方式转述，使得这种更加精妙绝伦的描述反倒令人生疑。"[1] 李维创作演说的目的不是空泛展现修辞学技巧，而是通过讲话者之口来塑造人物品性和心理，为人物动机和事件发展提供可信的解释。由此可见，李维是如西塞罗一样的"修辞性"治史观的代表。

第三节 语言风格

李维撰述鸿篇巨制的计划为其著作的历史内容和文学风格的各个方面都提出了新的问题，如何才能在整个 142 卷中令读者兴趣不减？对此，李维在描述中采用了多种风格以取得多样化的效果，正如昆体良所说，李维的风格如"乳汁般醇厚"。[2]

现代学者关注到李维写作风格中浓重的诗样色彩，[3] 他的语言蕴涵丰富，舒缓流畅，将散文与诗歌融为一体。在罗马人眼中，历史与诗歌之别远比现代人所认为的少得多，古罗马修辞学家昆体良就将历史比作无韵诗。《建城以来史》在措词、词序和长短格律上带有诗一般的风格，尤其在前十卷中，李维经常采用

---

[1] P. G. Walsh, *Livy: His Historical Aims and Methods*, p. 38.

[2] Quintilian, *Institutio Oratoria*, 10.1.32.

[3] Morris H. Morgan, "Hidden Verses in Livy," *Harvard Studies in Classical Philology*, Vol. 9, 1898, p. 61.

半诗体的风格，有些节段用六音步格律写成，前十卷鲜明的诗歌特色与有关早期罗马的史料紧密相关。"李维认识到拉丁语经过诗歌创作而取得了很大进展，也认识到随着时间的推移，演说的方式和形式的改变也是必需的。他演说式的散文因为引入诗歌要素而扩大和丰富。从他作品中诗歌式的词汇和短语可以明显看出他对诗歌的用词和雅致的要求。"[1] 李维演说词中的诗歌风格及其变化是李维全书语言风格的特征及变化的缩影。他一定饱读诗歌作品，然而在现存《建城以来史》中，他唯一提到的一位罗马伟大诗人就是恩尼乌斯。[2] 恩尼乌斯是公元前 3 世纪晚期至公元前 2 世纪早期的史诗作家，撰写了 18 卷的《编年纪》，涉及罗马从建城到崛起的宏大主题，他史诗中浓厚的民族自豪感和道德说教意味，对罗马历史散文及史诗影响深远。他的史诗即使没有被李维直接运用，显然也影响了李维所运用的编年史料的叙事风格。另一方面，诗体风格也是奥古斯都时代修辞学所推崇的。"《建城以来史》前十卷具有古风和诗样的特色，而在第三个十卷及第四个十卷中，诗歌的用词和句式逐渐减少，李维回归到古典风格的更为严谨的形式和规范。"[3]

李维在对细节的处理上力求风格的丰富多样。当记述选任官员、分配战区和进行占卜等例行事件时，他采用平铺直叙的编年史风格，使用固定的词汇并尽量少用从句。重要的情节，诸如坎

---

[1]　H. V. Canter, "Livy the Orator," *The Classical Journal,* Vol. 9, No.1, 1913, p. 27.

[2]　Livy, 30.26.9.

[3]　L. R. Palmer, *The Latin Language*, London: Faber and Faber Limited, 1961, p. 138.

尼会战、特拉西美诺湖之战和西诺斯塞法莱之战，偶尔因为插入语（如 sub idem forte tempus，"与此同时"）和对主要人物的概述（如 erat tum inter castra iuvenis Cn. Marcius nomine，"此时军营中有一个名叫格奈乌斯·马奇乌斯的青年"）而中断，但总体上保持了整段情节的一贯性。在对具体事件的描写中，他在开始时常用分句来解释主要人物的动机和想法，并以军事公报的套语，尤其是使用无人称的被动语态，或者简短的断句来描写行动，运用不定式或者现在式逼真地再现历史场景。在描述故事发展的高潮或结尾时，李维的措辞通常富有多用于史诗的词汇，力求更富感染力，这段描写最后以一句简短的结语（如 haec eo anno acta，"那就是这年所发生的"）而结束。通过这种富于变化的语言手法，李维向读者说明了军事事件的主要经过并传达出主人公的情感体验。[1] 他笔下的典型情节通常采用从句和分词短语相结合的句法结构，在戏剧化场景的描绘中运用富有感染力的一连串短句，从而将各个时段串联起来。李维的文学功底还表现在他善于将正反对应的拉丁词汇运用于演讲之中。在这些方面，他继承了西塞罗的风格，平衡运用从句和短语，自由运用修辞学的要素，叙事畅达、语言宏富。细心的读者会在《建城以来史》的前言中洞悉其精妙的用词顺序，其中不仅形成了特殊的节奏，而且所运用的头韵体、精心选择的措词、用以加强语汇和词序表现力的修辞学要素，都为李维史书的形式之美涂上了浓墨重

---

[1]　参见 R. M. Ogilvie, "Livy," in E. J. Kenney and W. V. Clausen, eds., *The Cambridge History of Classical Literature: Latin Literature*, Cambridge: Cambridge University Press, 1982, p. 464。

彩的一笔。①

　　史家采取何种语言风格与史家本人的文学造诣、所选取的叙事题材密切相关。李维作为一名文学家，关注其著作的散文风格。"拉丁语的文学丰富性非常适合于追溯英雄式古代历史的这位大师级作家，相反，撒路斯特和塔西佗则运用一种更简单、更尖刻的语言揭露现实，针砭时弊。如果李维的叙述手法适合追忆罗马过往的话，那么更为尖锐讽刺的散文则适合无情揭露共和国后期和帝国早期的现实"。②李维的语言风格无疑是与追求罗马建城以来的历史主题相适应的。此外，影响史家语言风格的另一个重要因素在于，他要把自己的作品呈献给怎样的读者。若面向学识深厚的读者，他理所当然地运用严谨的学术手法、专门知识，还有专业性的语言；若面向学识不多的读者，他则运用能被大众读者广为接受的通俗手法和常识，以栩栩如生的描写使读者身临其境，调动起人类共通的心理情感，李维属于后者。

　　古希腊史家修昔底德在现代得到了"科学史家"的赞誉。他在理性、谨慎性和准确性方面是完美的典范，是各个时代严肃性史学应效仿的榜样，但也有一些评论家回应说他是位文学家，并非科学史家。英国古典学者康福德就认为修昔底德"本想采用科学的方法，但他失败了。随着他著作的进展，支配他选取材料和描述事件的原则越来越不科学。想象力，连同这种对事物的感觉，能够填满其余空白的部分。人物被理想化到一个相当抽象的

---

① 参见 P. G. Walsh, *Livy: His Historical Aims and Methods*, pp. 274—275。

② Ronald Mellor, *The Roman Historians*, p. 189.

程度"；^① 还有学者认为，"修昔底德服从于对材料的塑造，以便取得悲剧的影响：读者成为戏剧的观众，当剧情展开时感受悲悯和恐惧，他对艺术的诉求多于对科学的诉求，情感多于理智；仍有一些人认为他在理智、理性的观点之上强调机会和偶然的因素"。^② 学者们就修昔底德的治史态度和史学方法展开唇枪舌战，提出完全对立的解释，科学与艺术，理性与感性，必然性与偶然性，就评价修昔底德所展开的论争实际上也反映了对古典作家评价标准的激烈交锋。

科学性历史和艺术性历史在古典著作中的错综交织为评价古典史家和古典著作设置了难题。笔者认为内容真实和叙事艺术是历史著作不可分割的两方面。就历史著作的求真性而言，史料的真实是历史编纂的立身之本，正如波利比乌斯所言，"生物失去双目会成为废物，历史失去真实则会成为无稽之谈"。^③ 其次，史家叙事必为达到某一目的，或是让人铭记过往的人类事迹，或是给人以启迪和教训，而实现著史目的的根本手段在于所述之历史真实可信。读者只有先对史实信服，才有可能接受史家所要传达的对历史的理解以及所要实现的启蒙意义。除此之外，为了实现史家的著史目的，单单凭借叙史的真实是不够的，尤其在希腊化和罗马时代对修辞学倍加重视的史学传统中。波利比乌斯因其史学方法与我们现在所推崇的史学方法接近而被现代学者视为评判古

---

① ［英］弗朗西斯·麦克唐纳·康福德：《修昔底德：神话与历史之间》，孙艳萍译，上海三联书店 2006 年版，第 110—111 页。
② T. J. Luce, *The Greek Historians*, London and New York: Routledge, 1997, p. 80.
③ Polybius, 1.14.6.

代历史著述的标尺。然而，与此大相径庭的是，他的作品未得到同代人的喜爱，这其中的一个重要原因便是其语言艰涩难懂、平淡无奇。[①] 在李维所处时代，盛行的历史著述氛围是求真兼求美的，二者并行不悖。这本是一个可称完美的治史目标，但由于李维的文学天赋较自身的史学才能更胜一筹，因此在文学表现力上多有让人叹为观止、多可圈可点之处，而单就其史学方法而言，则因自身无军事政治经验、缺乏地理知识、对史料的筛选和甄别存有不足，损害了其历史著作的真实性；但从李维的主观意愿而言，他的确秉持求真务实的态度，书写中也基本保留了编年史传统中的历史真相，需要牢记的是这种求真态度是相对的，而非绝对的。

从 19 世纪开始，现代史学理论发展，文学技法被认为与历史学、社会科学中的其他学科都是不相关的，我们往往排除或低估艺术和想象力方面的价值，以一种大大不同于古典史家的编纂形式定义了历史的体裁。[②] 例如，李维在描写围城事件中对被困者的处境所发挥的想象力、为重现过去而改编或创作演说词的做法都是其史著艺术水准的体现，他以通过文学艺术手段做出的枝叶来丰富罗马编年史的枝干。"以现代标准衡量李维作为历史学家的能力，很难得到十分令人满意的答案，但李维作为伟大的散文作家的地位受到承认：他是最雄辩的历史家，有着一种炽热的爱国热情、想象力和多变的词汇，偶尔带有一种诗歌的色彩"。[③]

[①] E. Gabba, "True History and False History in Classical Antiquity," *Journal of Roman Studies*, Vol. 71, 1981, p. 50.

[②] 参见 Ronald Mellor, *The Roman Historians*, p. 190。

[③] A. Petrie, *An Introduction to Roman History Literature and Antiquities*, p. 126.

有些学者则认为，李维的史籍是文学而非历史，认为他的优点在于艺术而非科学。持这种观点的有尼布尔、蒙森、伊尼（Ihne），他们认为"李维给他的作品赋予了修辞的特性，那么他就与他所处时代的文学创作和古代主流的历史观念一致，寻求通过风格化来吸引读者、愉悦读者"。[①] 沃尔什不赞同这种认为李维的作品仅为修辞作品的观点，他说，"有人认为李维是主人，技法是他的奴仆，错误地以为他选择和处理史料纯粹以艺术标准为前提。通篇比较他对史料的取舍就会发现他对史料要点的可靠再现。人们在此不会找到希腊史家杜里斯（Duris）和菲拉库斯（Phylarchus）过度择取史料的影子，他们不惜牺牲历史的真实性，只关注猎取题材，找不到题材便随意编造。李维只是在可获得的题材上妥善运用戏剧化的写作手法，没有把历史学家的责任从属于文学目的。他的重要性在于他是具有西塞罗史观的史家，力求在优美文字的外表下写出真实的历史"。[②] 李维的文学和历史并不能截然分开，将二者区分对待显然是不合适的，也太机械，[③] 李维的文学手法也是史学方法的一部分，很大程度上影响了他的谋篇布局。李维在前人著史所形成的罗马编年史框架之内又加入了文学性的描写，描写人物的内心情感和戏剧化场面。李维重新组织他所选择的史料，在结构安排中体现出他的侧重强调或是轻描淡写，对读者如何理解历史产生导向性作用。

---

① 　H. V. Canter, "Livy the Orator," p. 26.

② 　P. G. Walsh, *Livy: His Historical Aims and Methods*, pp. 275, 287.

③ 　Archibald W. Allen, "Livy as Literature," *Classical Philology*, Vol. 51, No.4, 1956, pp. 251—254.

波利比乌斯在他的《历史》中谈到了史家需具备的三个条件，把历史的方法论和医学的方法论联系在一起。他认为"历史编纂由三部分组成，首先是研究整理书面资料并比较其内容，第二是考察城市、地点、河流、湖泊、海陆的大体地貌特征以及它们之间的距离，第三是评论政治事件。他解释说，查阅古老的回忆录是发现前人对总体情况、地点、部落、国家和事件的观点，所有这些都对史家有益，因为过去的事件将我们的注意力引向将来。但是单纯的书面研究是非常不够的，不是因为这些资料没有涵盖史家所要叙述的时期，而是因为历史编纂需要一种在图书馆中无法获得的调查，没有哪个画家仅从古代大师的研究中便可掌握绘画技法的"，[①] 以此说明实地调查和实际经验对历史编纂的重要意义。若从波利比乌斯的观点衡量李维，李维无疑是不合乎优秀史家条件的，他是一位书斋史家，全部精力用于书写历史，没有军政方面的实际经验，因此对历史中的军政事件的记述缺少深度的挖掘和独到的判断。李维作为史家的洞察力没有他的文学领悟力突出，但这并不能让我们对一个事实视而不见，即同西塞罗一样，李维把历史看成是"时代的见证，真理的光辉，记忆的生命，生活的老师，古代社会的信史，只有演说家才能使之永存不朽"。[②] 鉴于他求真兼求美的治史理念，他在撰述历史的过程中切实履行了将历史真实与叙事艺术相结合的历史编纂方法，并取得了不朽的成就，李维的《建城以来史》使罗马历史永存不朽，这是历史记忆的功能所决定的。

---

① Polybius, 12.25e.1—7.
② Cicero, *De Oratore*, 2.36.

第四节 记忆叙事

人类的活动通过记忆加以保存并传承，记忆的内容是受到社会制约的文化传统，也是被社会选择的历史传统。历史书写是传承记忆的媒介，是承载记忆的一种形式，是处理当下与值得纪念的过去的关系的一种手段。了解历史、纪念历史有许多不同方式，历史书写是其中的一个要素。当前学界对记忆研究产生了浓厚的兴趣，学者们的兴趣主要集中在两个方向，一是记忆的交流性结构，如在哈布瓦赫（Halbwachs）的记忆理论基础上阿斯曼夫妇（J. and A. Assmann）的研究成果；二是记忆的物质和象征性支撑，如皮埃尔·诺拉（P. Nora）借用古典修辞学的场所（locus）概念来界定"记忆之场"。李维的历史书写可以从他与读者在文本中的交流以及文本中呈现的记忆之场的角度进行探讨。①

如前文所述，李维撰写的这部罗马史是一座丰碑，源自拉丁语 monumentum。该词经常指专门的、实在的物体，有目的建造、充当纪念标识的纪念碑，如坟墓、神庙，极少数情况下不指代有形物体，作为隐喻的象征手法使用；其次，该词指代可

---

① Dieter Timpe, "Memoria and Historiography in Rome," trans. Mark Beck, in J. Marincola, ed., *Greek and Roman Historiography*, Oxford: Oxford University Press, 2011, pp. 172—174.

能并非有目的建造、却发挥实际纪念功能的事物和地点；最后，"monumentum" 指代文献和历史。① 根据刘易斯、肖特编《拉丁字典》，monumentum 是指 "保存对所有事的记忆的事物、回忆录、纪念碑，尤其指为了长久保存对某人某事的记忆而建起的建筑、雕塑、绘画、坟墓。"② 纪念碑具有有形事物与历史文献的双重含义，其共通之处在于发挥唤起记忆、铭记历史的功能。纪念碑这一双重含义在李维的作品中有机地联系在一起发挥作用。

李维在作品中记录了一些纪念碑，这些纪念碑不仅是地理标识，也是记忆标识，标记出一个事件或地点的重要历史意义，为历史叙事进一步展开铺设伏笔，随着纪念碑的接连展现，建立起读者能够心领神会的记忆链条。李维在叙事中十分注意记忆的可变性和能动性，通过以纪念碑为媒介的记忆推动历史叙事的进展，铺设起一条遥相呼应且两相对比的叙事链条。李维对坎尼战役和麦陶鲁斯战役进行了描写，其后对两场战役进行回顾，分段式的战争记忆叙事推动了战争局势的改变。坎尼战后的日子是第二次布匿战争的至暗时刻，读者会猜想坎尼的惨败首先带来罗马人的张皇失措，随后应对这次惨败负责的人加以惩罚。的确，罗马人起初对坎尼传来的消息感到惊慌失措，③ 然而，李维在列举坎尼战后叛离罗马的同盟城镇的名单后，加入了一段罗马人欢迎他们的将领回归的记述，缓解了战争后果的严重性，紧张的笔调稍许平缓。接纳一位吃败仗的将领，且没有任何人提出和谈的

---

① G. B. Miles, *Livy: Reconstructing Early Rome*, p. 17.
② C. T. Lewis, C. Short, eds., *A Latin Dictionary*, p. 1163.
③ 恐惧、混乱、悲伤，Livy, 22.54.8, pavor, tumultus; 22.56.4, luctus。

要求，罗马以积极的态度面对失败。尽管瓦罗比任何人都难辞其咎，然而形形色色的群众走到街上，感谢他没有对国家绝望。如果他是一位迦太基领袖，结局注定不同。无论在这位执政官抵达罗马之前或在他重返战场之时，当失败的记忆被重新唤起，罗马表现出宽宏大量。李维记述了这场惨败之后民众对失利将领宽容大度，元老院肯定指挥官没有对罗马绝望，这些表现大大减轻了战争带来的伤痛和对读者的冲击。[①] 罗马人异于常理地对指挥将领瓦罗表达感谢，把他变成了坚定决心的象征，实际上将失败的记忆加以转化，表现出他们团结一心的斗志。

记忆在李维的笔下是能动的，李维的谋篇布局是巧妙的，文本中将领与士兵建立起记忆的交流，文本外作者又与读者建立起记忆的交流。李维叙事手段的高超之处在于，从对战争记忆的悲观叙事延伸到对罗马精神的正面歌颂。罗马人的伟大精神使得他们能够把记忆从潜在让人萎靡不振的事件中转化为激发强大力量的来源。[②] 作为坎尼战役胜利一方的迦太基方面反应与罗马完全不同，反战派领导者汉诺问起和谈一事，当得知罗马方面不提和谈要求（mentio pacis）时，他语气中满是失望，称这场胜利对战局没有丝毫改变，和汉尼拔进入意大利的那一天没有两样，甚至和第一次布匿战争没有两样，迦太基没有时来运转，这次战争凶多吉少。他回忆起公元前 241 年标志着第一次布匿战争结束的埃伽特群岛之战的失败，认为罗马若坚定不移、拒不和谈，迦太基

---

① Livy, 22.61.13—15.
② M. Jaeger, *Livy's Written Rome*, pp. 98—99.

是无法从失败者那里等来和谈请求的，汉尼拔注定成为一个失败者。① 由此可见，坎尼的胜利没有推动汉尼拔持续扩大战果，反而从汉诺的表态中暗示出胜利中的危机。汉尼拔没有能力将坎尼胜利的记忆转化为激发迦太基当局及军队昂扬斗志的能力。

　　第 27 卷中，罗马在麦陶鲁斯河战役打败了哈斯德鲁巴的军队，这是第二次布匿战争中的一次重要转折。哈斯德鲁巴和兵士们共赴沙场，共同对敌，但当士兵筋疲力尽，战局已无翻盘的可能，他改变了主意，为了不让追随自己的兵士落入敌人手中，他单枪匹马杀入敌军，战死沙场。"最后，当运气毫无疑问地站在敌人一方，为了不留下一支追随他的大军，他策马冲入罗马队列。在那里，以堪比他父亲哈米尔卡和他哥哥汉尼拔的方式，拼死一战。"② 李维接下来描写了罗马人接到麦陶鲁斯之战捷报时的难以置信和欢呼雀跃的场面。随后，"当执政官克劳狄乌斯·尼禄返回军营，他命人把他小心保存并带在身边的哈斯德鲁巴的人头扔到敌人的岗哨前；阿非利加战俘被绑缚着示众；另外，把其中两人释放，遣往汉尼拔处告知所发生的一切。据说汉尼拔悲痛欲绝，既是公共的也是个人的痛楚，他说他认识到了迦太基的命运"。③ 罗马将领送给汉尼拔的哈斯德鲁巴项上人头成为一个视觉线索，既牵动着汉尼拔，也牵动着读者，让读者去想象汉尼拔痛楚绝望的感受。李维紧接着描写了汉尼拔整编军队开往偏于意大利一隅的布鲁提乌姆，以汉尼拔的一句"认识到了迦太基的命

① 　Livy, 23.13.1—5.
② 　Livy, 27.49.4.
③ 　Livy, 27.51.11—12.

运"预示战争最终的结局。视觉是一种情感的牵动，这一牵动实际上牵扯出汉尼拔和读者对战争过往的记忆，这一记忆不同于强化性的机械记忆，而是联系着理性与感性的记忆。罗马是在向汉尼拔释放出一系列信号，迫使他承认迦太基不可避免的失败，读者也会回想起此前迦太基丧失新迦太基和哈斯德鲁巴在西班牙的落败。迦太基失利的记忆联系在一起，引向迦太基走向失败的结局。

　　第 22 卷中的坎尼战役和第 27 卷中的麦陶鲁斯战役的结尾表明，罗马和迦太基已经对换了胜利者和失败者的位置，记忆在对换过程中发挥了重要作用。[1] 罗马人面对坎尼战役的惨败重整旗鼓，不仅原谅归来的失利将领，而且感谢他没有对国家失去希望。汉尼拔面对麦陶鲁斯河战役的失利则完全丧失信心，已经猜测到最终失败的结局。李维评价麦陶鲁斯战役，他说麦陶鲁斯之战和坎尼之战是对应的，只不过结局相反，"那场战争中没有哪场战斗杀敌如此之多，无论在将领的死亡还是军队的死亡上，等同于坎尼一战的灾难似乎转换了"。[2] 麦陶鲁斯之战带来的绝望，已经注定了迦太基的失败。坎尼战役中罗马失利，麦陶鲁斯之战中迦太基失利，两场战役不仅因为战斗本身的胜负结果不同，更因为它们所产生的作用截然不同，记忆能够带来截然相反的结果。李维在两次战役之间埋下了罗马转败为胜的契机，这一动力是通过记忆转化实现的。这样，李维在谋篇布局中巧妙设计记忆的环节，既在文本之外建立起记忆的交流，也在文本之内推动战

---

[1]　M. Jaeger, *Livy's Written Rome*, p. 97.

[2]　Livy, 27.49.5.

争叙事的发展。在坎尼和麦陶鲁斯战役中，这样一种叙事手段的意义已不仅停留在文本的内在联系层面，而是树立了罗马成功的范例，与李维的写作主旨吻合。

李维对诺拉（Nola）战役和坎尼战役的再现反映出罗马统帅马尔凯路斯高于汉尼拔的积极运用记忆的能力，也从侧面反映出李维以记忆为线索的叙事手段。第 23 卷中，马尔凯路斯在坎尼战败之后重塑失败记忆，他在诺拉城把对罗马构成不利的因素迅速化解，把该地争取为盟友，作为进攻汉尼拔的重要基地。马尔凯路斯据守诺拉之时，一个当地青年班提乌斯（Bantius）图谋叛变。此人曾是罗马辅军中的一名骑兵，参加过坎尼战役，汉尼拔在坎尼之战阵亡将士的遗骸中发现了他。当时他已生命垂危，汉尼拔对他好生相待，送他回家，并以礼相赠。班提乌斯感激汉尼拔的恩情，在诺拉城内密谋策划起义，意图把诺拉城献给汉尼拔。马尔凯路斯思考对策，想到或惩罚或争取的两种办法，决定首先争取这名勇士的支持，于是召见他说，知晓他屡建战功，为了罗马人民的安全和荣誉赴汤蹈火，向他许诺各种晋升和嘉奖。这名青年心满意足，放弃了谋反的打算。马尔凯路斯又送他一匹战马并赏赐金钱，保证他对罗马的效忠。[①] 李维以班提乌斯的事例说明，倾向于迦太基一方的力量逐渐向罗马一方转移。马尔凯路斯是积极运用诺拉记忆的高手，他在与汉尼拔开战前的誓师大会上鼓舞士气，运用曾在诺拉战胜敌人的记忆去调动士兵的积极性，强调将要进攻的是"两天前打败的人，几天前从库麦赶走的

① Livy, 23.15.7—15.

人，前一年被他从诺拉击退的人"。①

这两段记述里马尔凯路斯在坎尼惨败后的不利局势下在诺拉城中积极转化消极力量，积极争取叛乱者，从而有力克服了战争势头朝消极方面发展的趋势，扭转了坎尼战役后罗马的颓势。之后，马尔凯路斯将诺拉作为具有积极意义的地方，以在此取得胜利的崭新记忆鼓励士气，通过更新记忆，以诺拉胜利的记忆取代坎尼失败的记忆，作为对罗马军队的正向指引。

坎尼、诺拉两地战事的提及在李维的记述中不止一次出现，这种对一地一事的重复，在克里斯蒂娜·克劳斯（C. Kraus）看来，是叙事中的有意重复。她指出文本中的重复是罗马人认识自己过去的缩影，李维的文本富含这些重复模式，例如儿子模仿父亲，多年里重复的仪式祭仪，故事与故事之间的呼应。读者沿着历史学家编织的历史链条，去识别哪些是值得效仿或避免的范例。历史学家通过记述范例对读者产生能动性的作用，这需要读者与历史学家步调一致、产生共鸣，这一过程有赖于读者的认知方式和他们所熟悉故事的既定范式，他们熟悉的正是这种反复呼应的模式，读者的认知方式来源于罗马的社会文化。古代罗马是一个遵循传统的社会，叙事重复不是累赘，而是呼应传统，调动读者认知的重要手段。我们在李维的文本中发现了许多模仿、重复、复制、呼应的人物和故事。②克劳斯注意到了重复在李维叙

---

① Livy, 23.45.1.

② C. S. Kraus, "Repetition and Empire in the Ab Vrbe Condita", in P. Knox and C. Foss, eds., *Style and Tradition: Studies in Honor of Wendell Clausen*, Stuttgart und Leipzig: Teubner, 1998, pp. 264—268.

事中的重要意义，重复记事助推了读者认识历史的过程，深化了从历史中借鉴范例的影响，因此重复是促使读者识别范例的重要手段，不过她没有进一步认识到重复与记忆的联系。重复是记忆的必要条件，历史范例的识别和借鉴是以记忆的重复和转化为媒介的。

马尔凯路斯以记忆的积极运用推动战事的积极进展，他甚至敢于将坎尼战役失败的记忆运用到对手身上，指出汉尼拔的军队在卡普阿的冬营地彻底堕落，汉尼拔在那里斗志消磨殆尽，士兵的纪律、声誉和期望通通丢掉。他们因为美酒和美女而筋疲力尽，整个冬天在各种腐败中度过。如坎尼给罗马带来的重创一样，卡普阿是汉尼拔军队遭遇重创的地方，"卡普阿就是汉尼拔的坎尼"。[1]

一处地点，一个事件都是罗马人眼中的纪念碑，坎尼这处地点和在此发生的鏖战是不可忘怀的记忆。坎尼战役是一次标志性事件，罗马人说起这一事件时会以"坎尼失利后"（post Cannensem Cladem）为时间参照。[2] "坎尼失利后"标志着一个新的时期，这说明罗马人对坎尼之战记忆犹新，这次重要事件不能轻易消失于历史的长河，对它的记忆从发生之日起便不断被利用。

通观第三个十卷余下篇章，罗马一次次回忆起坎尼，坎尼实际上充当了纪念碑的作用，在一些场景下反复重提。当罗马

---

[1]　Livy, 23.45.2—4.

[2]　有关"坎尼失利后"，见 23.4.6，23.30.11，23.30.19，23.35.1，24.18.3，24.45.2，25.22.3，26.41.13，27.1.4，27.2.2。

为在高卢的失利而悲痛时，元老院责令市政官巡查罗马城，敦促商铺重新开放，不允许在公共场所痛哭。森普洛尼乌斯（Ti. Sempronius）召开元老院会议，他提起坎尼的惨败，却是以正面意义鼓舞人心，他称："没有屈服于坎尼惨败的人不应该在面对较小的灾难时失去信心"。[①] 经受过坎尼战败的洗礼，再没有什么困难能够挫败罗马人，坎尼惨败的消极意义转变为积极意义的事例有如上文说到的马尔凯路斯在诺拉鼓励麾下士兵，说布匿军队在卡普阿的腐朽堕落，军纪涣散，称卡普阿就是迦太基人的坎尼，敌人的战斗力今非昔比，不足为惧。当汉尼拔向罗马进军时，法比乌斯·马克西姆斯为稳定人心，利用坎尼战役说明进攻卡普阿的政策不可动摇，不支持从卡普阿撤军驰援罗马，罗马自会安然无恙。他说汉尼拔虽在坎尼取得胜利，却没敢立即进攻罗马城，今日他在卡普阿的驻扎不意味着他有望攻取罗马，他的进军不是为了包围罗马，不过是为解除卡普阿之围的虚招，宣称见证了汉尼拔打破条约的朱庇特神和其他神明将会保佑戍守罗马城的军队。[②]

公元前210年，当年少的西庇阿（P. Cornelius Scipio）向手下军队提起他在西班牙阵亡的父亲和叔父时，他称坎尼是一座纪念碑，见证了罗马人的勇气，"特雷比亚、特拉西美诺湖、坎尼除了有罗马军队和执政官阵亡的记忆之外是什么呢？还有意大利、西西里大部、撒丁岛的起义，最大的惊恐不安，一支迦太基

---

① Livy, 23.25.1—3.
② Livy, 26.8.3—4.

军队在安尼奥（Anio）河和罗马城之间安营，眼见胜利的汉尼拔快要兵临城下。在这整个冲突中，一件事一直不可撼动，是罗马人民的勇气，靠此重整旗鼓。"① 西庇阿强调了这些战役留下的不仅是罗马将领和士兵流血牺牲的记忆，更有罗马人民英勇不屈的精神，罗马人依靠顽强的斗志重振雄风。西庇阿将坎尼战役重新解释为一次挑战而非重创，将士兵在坎尼战役之后与哈斯德鲁巴的交战树立为新的范例，西庇阿说："士兵们，当在坎尼失利后，他进军阿尔卑斯山和意大利时，你们是所有人中最早抵抗哈斯德鲁巴的"，② 以此鼓励士兵以勇武气概书写崭新的历史。

在第三个十卷中，坎尼显然是战争叙事的关键，也是李维范例教化旨归的关键。坎尼是罗马人的重要挫折，李维关注罗马的伟大，尤其是其所向披靡的军事能力，坎尼失利可能给这位历史学家带来了一个难题。令人吃惊的是，李维在对坎尼的记述中运用记忆策略驱除失利的不利影响，反而把坎尼重塑为具有积极影响的范例。坎尼不仅揭示了罗马人的性格，例如自我恢复的能力和从过往中学习的能力，也记录了罗马人和迦太基人变化多端的命运。③

迦太基骑兵将领马哈尔巴（Maharbal）在汉尼拔坎尼战役之后的庆功宴中曾发表意见，称汉尼拔没有抓住时机向罗马进军，汉尼拔"只知道如何取得胜利，却不知道如何利用胜利"。④ 李维是认同这一见解的，这段轶闻也可以作为汉尼拔没有成功把坎

---

① Livy, 26.41.11—12.

② Livy, 26.41.13.

③ Jane D. Chaplin, *Livy's Exemplary History*, p. 54.

④ Livy, 22.51.4.

尼用为范例的佐证。战争过程中汉尼拔利用坎尼之战的尝试在两个方面逐渐落空：一是与意大利半岛上盟友的关系，仅意大利南部投靠汉尼拔，罗马的主要同盟者仍忠心耿耿；二是他与麾下士兵的关系，士兵怠惰不堪，士气低下。坎尼的胜利随时间的流逝而失去了说服力，变得老气横秋，迦太基对胜利的希望也随战事的僵持而一点点磨灭，这也是汉尼拔没有有效运用坎尼范例的体现。罗马善于利用范例，汉尼拔虽是坎尼的胜利者，却没能善用范例，即使在他的演说中引用了坎尼的胜利，却没有带来任何说服性影响。罗马则是重复且有变化地利用坎尼的记忆，一步步转化为促成罗马成功的范例。罗马人逐渐摆脱坎尼失利影响，汉尼拔最辉煌的胜利却已经成为过去，他无法给他的手下树立任何新的范例，从而也给文本之外的读者释放出前功尽弃的讯号。[①] 李维通过对战争记忆转化的记述，推动战争叙事向前进展。

　　战争是历史记忆的范例，历史记忆在李维笔下发挥着叙事线索的作用。克罗敦是布鲁提乌姆的海滨城市，朱诺神庙是这座城市旁边的著名神庙，这座城市和这座神庙作为纪念碑对李维的叙事发挥结构性的作用。第 28 卷接近结尾处，李维简要概括了公元前 205 年一年中布鲁提乌姆发生的事件，以汉尼拔刻写的铭文结束："在布鲁提乌姆人的土地上，那一年几乎没有取得值得纪念的事迹。一场瘟疫感染了罗马人，也感染了迦太基人，带来同样的伤害，除此之外，饥饿和疾病也摧残着迦太基军队。汉尼

---

① 　Jane D. Chaplin, *Livy's Exemplary History*, pp. 65—70.

拔在拉奇尼乌姆的朱诺神庙附近度过一夏，在那里奉献了一座镌刻有布匿语和希腊语铭文的祭坛，保留有他战功的记录。"[1] 汉尼拔记录的战功和李维记载的战事，在战争书写这件事上不谋而合，书写的目的都是为了纪念。李维在前言中几处把研究历史和考察纪念碑相提并论，称撰写历史是为了保存对罗马人功业（res gestae）的记忆，[2] 李维和汉尼拔在选择记录过去历史这件事上是一致的。

李维没有说明知晓这一铭文的来由，是他亲眼所见抑或阅读所得。他可能依据的文献材料包括科埃利乌斯·安提帕特和波利比乌斯，或将这两位史家的记载结合在一起。波利比乌斯首先在他的西班牙叙事中提及铭文资料，申明列举的汉尼拔进兵的人数是引用了拉奇尼乌姆海角发现的铭文，"我在这里提供汉尼拔在西班牙的成就的信息，不必对信息准确性感到吃惊。我不该被随便责备，以为我像那些想把自己的错误自圆其说的作家一样。事实上我在拉奇尼乌姆角发现了汉尼拔在占据意大利期间刻写的铜版，我认为这是绝对值得相信的史料，我决定遵照这一文件。"[3] 波利比乌斯多次强调写作的可信性，强调自己亲眼看见本身足以证明记载的准确性和道德的正当性，他从对汉尼拔的记录引申开来，把自己亲自见证历史的做法和他归在蒂迈欧（Timaeus）身上的缺陷区别开来，他批评蒂迈欧使用建筑和神庙上的铭文，却

---

[1]　Livy, 28.46.16，这段记述包含战功（res gestae）和有关纪念性的表述，如 "没有值得纪念的事迹"（nihil ... memorabile gestum）。

[2]　Livy, *Preface*, 1, 3, 4.

[3]　Polybius, 3.33.17—18.

不说明在哪里又是怎么发现的。① 在记述汉尼拔翻越阿尔卑斯山之后，他再次提及铭文信息，"从新迦太基行军耗时 5 个月，花费 15 天翻越阿尔卑斯山，现在他勇敢地下山进入波河平原和因苏布里人（insubres）的领地，他现存的兵力是步兵 1.2 万名阿非利加人和 8000 名伊比利亚人，骑兵不超 6000 人，如他本人在铭文中所说，他在拉奇尼乌姆镌刻有他的军队人数"。② 波利比乌斯通过批驳蒂迈欧的记载，强调亲身寻访是获得真相的唯一正确途径。

李维记载了在该地的朱诺神庙发生过的几件事，若将第 24卷和第 28 卷相关段落联系在一起阅读会发现，每次的涉及连在一起会形成一条叙事链，构成罗马扩张的叙事主线之外的一条辅线。

波利比乌斯和李维史学方法的差别从对克罗敦铭文的运用可见分晓。波利比乌斯重视实地考察的实践方法，强调亲身寻访得到真相是唯一手段；李维重视怀古纪念的教育方法，李维通过汉尼拔在克罗敦的铭文，强调铭记历史，追忆过去。波利比乌斯选择在汉尼拔从西班牙向意大利进军之时便列举汉尼拔的兵力，李维则是放在汉尼拔在意大利的战事结尾处，按部就班地介绍这一纪念碑，补充一年中发生的大事。波利比乌斯没说铭文有希腊文，李维指出铭文是希腊语和腓尼基语双语的；波利比乌斯详细罗列士兵数目，然后以铭文为证据，强调所保存信息的准确性和

---

① 　Polybius, 12.11.1
② 　Polybius, 3.56.4.

可信性，李维仅涉及军事功绩，没有讲述铭文详细内容；波利比乌斯对铭文以第一人称进行评论，李维的描写是以第三人称。此外，两位作者的纪念碑都反映了其历史书写的主要目的，与他们面对的读者有关。波利比乌斯面向军事领袖和政治家书写历史，强调信息准确和作者的调查，李维则通过唤起对罗马过去的记忆来教化罗马人，强调纪念和读者的参与。[①] 从中可见波利比乌斯重视实地考察的历史研究方法，对于兵力数字的敏感度要高于李维，急于在汉尼拔远征之中列举这一数字，且借此批评蒂迈欧史学方法的不足，他对铭文的利用体现出他史学方法的鲜明特征。李维则把这段放在第 28 卷末尾，把纪念碑看作对汉尼拔活动的纪念，记录纪念碑便是记录历史，记录世界上伟大民族的功业，两人的叙事策略和重点是不同的。

　　李维第一次详细描写朱诺神庙是在描写克罗敦的插叙中，其叙事线索如下：（A）一个叛逃者引领布鲁提乌姆人一队人马围困该城，经平民的准许，第一次进攻便拿下除堡垒以外的整座城市。（B）该城贵族据守堡垒作为屏障。阿里斯托马库斯（Aristomachus）也逃到这里，他似乎是背后把城市交给布鲁提乌姆人的叛逃者。（C）克罗敦这座城市在皮洛士来到意大利之前有 12 里长的城墙，经历皮洛士战争的破坏，仅半座城市有人居住。河流流过城市中央，流过建起房屋的地方，堡垒离居民区有一定距离。（D）距这座城市 6 里处有一座朱诺神庙，远近驰名，周围

---

① Mary Jaeger, "Livy, Hannibal's Monument, and the Temple of Juno at Croton," *Transactions of the American Philological Association*, Vol. 136, No. 2, 2006, pp. 389—414.

所有民族都前来崇拜。战争给这座城市留下屡屡伤痕，西西里僭主狄奥尼修斯曾攻取该城，皮洛士战争后又有布鲁提乌姆人围攻占领该城，城市逐渐凋敝。相反，朱诺神庙一直维持着它的尊荣神圣。神庙旁边有一片长满高大挺拔银杉的圣林，环绕着丰饶的中央草场。畜群在朱诺圣地和谐安宁地生活，从畜牧生活得来丰厚的收入，宛如黄金时代的景象。神庙有奇迹发生，据说在神庙的前厅有一处祭坛，祭坛里的灰烬从未被风吹起。（c）克罗敦的堡垒一面朝向大海，另一面俯视平原，曾经只靠天然地形进行防御，后来围筑一道城墙，通过堡垒背后的悬崖，西西里僭主狄奥尼修斯设计夺取了该城。（b）克罗敦的贵族坚守城内的堡垒，固若金汤。（a）他们受到城内平民和布鲁提乌姆人的围攻。[①] 这一段插叙中，从 A.进攻克罗敦城——B.贵族据守城堡——C.克罗敦城的战略位置——D.朱诺神庙的富庶神圣——c.克罗敦堡垒的位置——b.贵族据守城堡——a.围攻堡垒，形成了一个回环的叙事链条，李维在叙事中先推进再回撤，从克罗敦一地讲到朱诺神庙一地，再回到克罗敦的战事，一张一弛中体现出李维写作手法的收放自如。

　　李维叙事技巧娴熟，让攻城带来的混乱、城市景观的变化与宁静祥和、丰饶富庶的朱诺神庙形成强烈反差，呈现出黑铁时代与黄金时代的对比画面。不过这种黄金时代的祥和景象并没有存续太长时间，李维用完成时态记述神庙的富有，说明神庙已风光不再，克罗敦城繁荣尽失，人口多数迁出，陷于荒凉，这段记述

---

① 　Livy, 24.2.10—3.9.

也预示了在第三个十卷最后汉尼拔在该地的暗淡结局。① 第 28 卷结尾，汉尼拔在朱诺神庙建立祭坛、刻写铭文，回想第 24 卷中记述的克罗敦的衰落景象，表面上看汉尼拔竖立纪念碑增加了神庙的名声，实际上通过记述克罗敦城和朱诺神庙的荣光已经不在，暗示汉尼拔所记录的战功也已成为过去。

回环式和前后呼应式的记忆叙事别有深意，不仅只是形式上的前后呼应，还有作者隐含的寓意。我们如果把视野放宽，联系整个十卷来看，尤其是这十卷的卷首和卷尾，便能看出李维想要表达的丰富内涵了。

在第 30 卷，李维记述了汉尼拔在朱诺神庙的渎神举动以及告别意大利，他的记述是值得玩味的。汉尼拔退到布鲁提乌姆，在意大利战事的最后几年留在那一地区。当西庇阿的征服迫在眉睫时，汉尼拔接到国家召唤，整装待发，准备从拉奇尼乌姆角返回非洲。李维记述汉尼拔在意大利的最后行动是屠杀他的意大利同盟者，他们拒绝跟随他去往非洲而撤到朱诺神庙避难。② 汉尼拔在神庙里大开杀戒，亵渎了神明。李维把这些同汉尼拔行将离开与这一宁静圣地的早先记忆相联系，暗示了杀戮意大利人宣告着这座神庙"黄金时代"的结束。阿庇安在史书中记载了汉尼拔在意大利的最后活动，他把意大利盟友分为两类，那些在自己城邦做出伤天害理勾当的人愿意前往非洲，以逃脱责罚，其余人想留在意大利，则犹豫不决。汉尼拔让手下选出想要留下蓄养为

① Mary Jaeger, "Livy, Hannibal's Monument, and the Temple of Juno at Croton," pp. 398—399.
② Livy, 30.20.6.

奴的人，余者一律处死，还处置了无法带走的 4000 匹战马和驮畜。[1] 阿庇安把这次杀戮表现为残酷之举，本质上事关军事战略，防止意大利同盟者和战马驮畜被罗马一方所用。与阿庇安相较，李维没有对汉尼拔杀戮意大利人的行为作出战略动机的说明，主要突出神庙中的杀戮是汉尼拔明显的渎神行为。[2] 而且，在这里，意大利人（genus Italicum）是作为集合名词出现的，没有列出他们所属的地区等，暗示着汉尼拔是从总体上与意大利人也与意大利作了一了断。汉尼拔郁郁寡欢地离开意大利，"他们说几乎没有人离开国家出外流放像汉尼拔离开敌人的土地那般哀伤。他不停回望意大利的海岸，谩骂神和人，责骂自己和自己的头脑，没有率领他沾满鲜血的士兵从坎尼的胜利进军罗马。他说西庇阿在执政官任期内在意大利还没见过一个迦太基人，却胆敢前往迦太基，而他本人在特拉西美诺湖和坎尼杀死了 10 万士兵，在卡西利努姆、库迈和诺拉附近年纪渐长。做了这些指责和牢骚，他从长期占据的意大利离开了。"[3]

回想在第三个十卷的卷首也有汉尼拔遥望意大利的一段，含义却截然相反。在第 21 卷中，汉尼拔为鼓舞翻越阿尔卑斯山旅途劳顿的士兵，让他们在一处悬崖凸角处停下，眺望下方的意大利，他说："当军旗在黎明时分移动，队列穿过白雪皑皑的小路缓慢前行，不堪重负和沮丧无望显露在每个人的脸上，汉尼拔走到军旗前面一处突出的地方，从那里看得开阔，他让士兵停下，

---

[1]　Appian, *Roman History*, 7.59.
[2]　D. S. Levene, *Religion in Livy*, Leiden: Brill, 1993, p. 74.
[3]　Livy, 30.20.7—9.

给他们指点意大利，山下是平原，他们正在穿过的并非仅是意大利的城墙，而是罗马城的城墙；在此之后一切都会变得不费吹灰之力。只需一场至多两场战斗，他们就会拿下意大利的堡垒和头领。"① 从意气风发到灰心丧气，两段叙事给读者留下完全相反的印象，它们在空间方位上也是完全相反的。

　　汉尼拔的意大利远征从第 21 卷开始，直至第 30 卷结束，地理方位从北到南，标志着战争叙事的从始至终。视角的转移，起初从北方望向南方，汉尼拔在阿尔卑斯山凸起的山崖向下俯瞰；最后汉尼拔从南方望向北方，从海上回望拉奇尼乌姆海角，两种视角遥相呼应。阿尔卑斯山是意大利的城墙，汉尼拔率军翻越阿尔卑斯山进入意大利，② 布鲁提乌姆是意大利的最南端，③ 拉奇尼乌姆角则在布鲁提乌姆的最边缘，汉尼拔就是在这里启程返回非洲，也是马其顿国王腓力五世秘密与汉尼拔接洽、派使节登陆的地方。④ 第 21 卷和第 30 卷一个在北，一个在南，除了视角上的呼应，还有其他前后呼应之处。汉尼拔远征失败，他把罪责算在自己头上（ipsius caput），因为没有率军直捣罗马招致神祇的惩罚，和第 21 卷中罗马是意大利的头领（caput Italiae）形成照应。第 21 卷里他向士兵许诺的一场至多两场战斗便能拿下意大利的头领——罗马，第 30 卷里他哀痛于在特拉西美诺湖和坎尼之后没有乘胜追击而错失良机，⑤ 第三个十卷的首尾两卷实现了大逆

---

① Livy, 21.35.7—10.
② Livy, 21.41.15.
③ Livy, 27.51.13.
④ Livy, 23.33.4.
⑤ Livy, 30.20.1—4.

转。第 30 卷里，汉尼拔杀戮在朱诺神庙避难的意大利人，他的
渎神行为取代了第 28 卷奉献祭坛的敬神活动，汉尼拔离开意大
利时的悲愤难平代替了在朱诺神庙里记录下的个人战功，汉尼拔
在意大利土地上的远征以失败告终。

　　李维的《建城以来史》是一座文本的纪念碑，记忆依托空间
集聚层累、唤起共鸣，李维书写罗马的历史记忆依托罗马城的发
展及其象征意义。他利用空间作为叙事的组织要素，利用叙事为
各处场所赋予特定的意义。① 李维热爱祖国，遵循按编年史纪事
的前辈史家，他在中心与边缘之间切换，探讨国内和国外（domi
militiae）的事件，他的中心定为罗马城，边缘则一般随着与外敌
的冲突而延展。当历史从过去向李维所在的当下延伸，李维记录
了记忆的层次累积，记忆在罗马这个固定的中心不断累积，这座
城市成为了因为众多的历史事件而平添文化意义的场域的集合。
这个有序的空间和有纪念意义的景观结合起来加强了李维在史书
中着力书写的重要阶段和中心主题：罗马从贫微处发展为伟大帝
国，罗马因一支吃苦耐劳、热爱自由的民族发展起来，这支民族
却在道德上日渐衰颓，进而倾覆。李维的文本构建了一座被书写
的城市，一座有内在秩序的城市。②

　　李维的史书呈现了一座构建的罗马城市，③ 史家和读者通过

---

① M. Jaeger, *Livy's Written Rome*, p. 26.
② Mary Jaeger, "Urban Landscape, Monuments, and the Building of Memory in Livy," in B. Mineo, ed., *A Companion to Livy*, pp. 65—66.
③ 关于城市空间在叙事中的运用，参见 Kraus, C. S. 1994. "'No Second Troy': Topoi and Refoundation in Livy, Book V," *TAPA*, Vol. 124, 1994, pp. 267—289。

历史文本共同经历一场时空之旅，许多读者迫不及待地想快进到现代看个究竟，"急于接触的是一个异常强大民族的威力长期以来自行毁灭的新事物"。① 李维引导读者进行一场回顾之旅，多次提醒读者历史和当下的时间和地点。纪念碑和地点充当时间之门，门外是"那里和那时"，门内是"这里和现在"。有些在"那时和那里"建立起来的纪念碑在李维所处的"这里和现在"依然矗立，那是一种提醒，提醒过去发生过的历史。

卡皮托山是罗马的中心，供奉着罗马的主神。罗慕路斯在此建立朱庇特（Jupiter Feretrius）神庙，卡皮托山成为存放外来战利品的地点。国王小塔克文在卡皮托山建设至尊至伟朱庇特（Jupiter Optimus Maximus）神庙时，需要搬迁几座小祭坛，所有的祭坛根据鸟占都可以拆除，唯有边界神（Terminus）拒绝移到别处，坚持留在此地，预示着这个国家坚实稳固，象征了它的永久存在。另一个奇观是挖掘神庙地基时发现有一颗完整的头骨，这预示了罗马帝国的恢宏未来，这里将是帝国的堡垒、世界的首脑，罗马的占卜师和从埃特鲁里亚找来的占卜师共同确认了此事。② 卡皮托山对于城市发展和罗马历史具有重要的象征意义，这里是一个版图辽阔帝国的中心，是永远坚固的存在，卡皮托山与世界统治紧密联系，预示了罗马日后成就伟大帝国的运势。与卡皮托这处地点相联系的人和事，归根结底是与罗马统治一个世界帝国相联系的。

---

① Livy, *Preface*, 4.
② Livy, 1.55.1—5.

正因为罗马城已积累起厚重的历史记忆，存留了大量不可重现的历史记忆，所以在面对罗马的危机时才选择不放弃这座城市，即使千疮百孔，这些丰富而厚重的历史记忆沉淀在历史建筑和历史地点上，共同构成了不可复制的罗马历史的有形物质遗产和无形的精神纪念。第 5 卷中，在罗马受到高卢进攻的情况之下，当卡米卢斯努力劝说罗马人不要放弃他们被毁的城市，不要前往维伊另换新都时，① 李维的叙事回归地形学描写，因为罗马城市景观已经积累了象征意义与历史记忆的丰富层次。

卡皮托山是罗马的"头脑"，是将领们前往战场的出发地和他们凯旋而归的返回地。第二次布匿战争的记述与这座山联系紧密，卡皮托山的象征意义在这场战争的叙事中被加以利用，既有纪念意义，也发挥结构性的作用。如在第 21 卷末尾和第 22 卷开篇，当选的执政官弗拉米尼乌斯恐其政敌阻止他与汉尼拔开仗，未在卡皮托山上进行占卜仪式，便迫不及待前往分派给他的军事指挥区。元老们将此解释为对诸神的亵渎和对元老院的蔑视，因为官员必须在获得国家的守护神批准，必须合乎仪规地履行宗教仪式，庆祝拉丁节、在阿尔巴山上献祭、在卡皮托山上许愿之后才能掌握权力。② 然而弗拉米尼乌斯置若罔闻，无视任何宗教环节，招致失败。第 26 卷开启了汉尼拔战争叙事的后半段，这一卷以卡皮托山上召开元老院会议开篇，李维记载了两名执政官就职，召集元老院来到卡皮托山，咨询元老有关国务、开战、战

---

① 　Livy, 5.51.1—54.7.
② 　Livy, 22.1.5—7.

区、军队的各项事宜。[①] 在第 30 卷末尾，汉尼拔战争迎来最终结局，西庇阿凯旋回到罗马，登临卡皮托山。[②] 我们看到李维笔下的战事从卡皮托山上的宗教仪式开始，叙事从罗马城的中心开启，再切换到罗马城以外的战场，当战争结束，又以卡皮托山上的献祭仪式结束，卡皮托山周而复始地举行许愿和还愿的宗教活动正是强调了卡皮托山对于罗马繁荣强盛的宗教意义，每次官员们出征前往战区，都在壮大罗马的统治。由此一来，从罗马国家的中心到边缘，再回到中心，罗马统治的疆域也在一次次的回转中不断扩大。我们知道李维以五卷或十卷为一个单元进行编排，第 21 卷、第 26 卷、第 30 卷分别位于五卷一组的首末关键位置。有关卡皮托山的提及，将领的启程和回归实际是文本空间的移动和回归，从著作结构上看，达到了前后照应的功用，加强了卡皮托山作为罗马中心、罗马作为世界头领的象征意义。

综上所述，地点、建筑、铭文等实体和隐喻的纪念碑在李维的叙事中发挥着不可或缺的作用，坎尼之战、麦陶鲁斯之战及诺拉之战，汉尼拔出征意大利和在告别意大利前刻写的铭文，卡皮托山上的宗教仪式和凯旋将领的感恩献祭，都在叙事线索上前后联系与对比，结构上前后呼应，内容上前后逆转。这些纪念碑既构成了文本结构的骨架和节点，也构成了一个个具有特殊意义的叙事链条。在这些纪念碑所承载的记忆中，当下的记述和过去的记忆结合在一起构成了不可分割的联结，在整个十卷中一个个小

---

① Livy, 26.1.1.
② Livy, 30.45.2.

的记忆联结汇合为一个更大的整体。李维把值得纪念的历史事件串联起来，体现出《建城以来史》篇章结构上前后呼应、两相对比的巧妙设计。这些以记忆和空间串联起来的纪念碑在篇章结构的设计中熠熠闪光，它们实际上为李维文本之内的人物和文本之外的读者提供了效仿和规避的道德范例，李维的文学方法也是为他道德教化的治史主旨服务的。

第六章　李维秉持的道德史观和宗教观

　　历史学家在著作中融入个人的价值观念是毋庸置疑的，这一方面是因为历史学家不可能完全摒弃个人情感，做到绝对的客观公正；另一方面也是因为历史学家治史是为了实现历史编纂的社会价值。"研究历史的确需要价值判断的介入，历史学家也应当是某些价值的坚守者和捍卫者。只不过这种价值判断的依据不是纯粹个人的、集团的乃至民族的偏好，而应是人类所共有、时代所弘扬的价值，如真理、善良、正直、平等、自由、权利等人类共同追求的理想。"① 真理、善良、自由、和谐也是李维在史书中所追求的理想，是他希望罗马社会达到的理想。

　　罗马史学带有浓重的道德色彩，在现代研究中，往往由神学家、哲学家和社会学家所讨论的道德问题，在古罗马则是史家的职责。罗马人以道德尺度探寻历史，探讨政治，而希腊人则多运用哲学进行阐析。罗马的历史编纂植根于罗马的公共生活之中，

---

① 李剑鸣：《历史学家的修养和技艺》，上海三联书店 2007 年版，第 122 页。

罗马史家对道德的关注以规范公共秩序、促进社会和谐为目标。随着罗马共和国疆域逐渐扩展，及至帝国时期国土空前广大，外表的繁华无法掩藏国家内部的腐化，如此牵涉甚广的内部危机逃不过知识阶层的慧眼，罗马历史学家自觉地以道德说教为特征进行历史编撰，在撒路斯特、李维、塔西佗的著作中我们均可找到对自由与暴政的冲突、权力的腐化、政治制度和社会风俗的衰落等社会危机的有力论述，罗马共和国的衰落从根本上被归结为道德问题。[①]

第一节　罗马史学的道德阐释

公元前 2 世纪的加图是第一位用拉丁语著述的罗马人，他在《源流》一书中列举出各种善行，解释过去而非仅是叙述过去。著有从布匿战争到格拉古时代历史的阿塞里奥（Sempronius Asellio），像加图一样列举了历史上的美德善行，认为历史是有用之学，史书可以论道经国，避免国家遭受危害。[②] 其后的奈波斯、撒路斯特、普鲁塔克、塔西佗等人的作品中无不以道德为主题，他们怀古喻今，或是正面歌颂，或是反面批判，均重视历史的教育功能，以警示后人弃恶扬善。奈波斯的《外族名将传》的

---

① 　R. Mellor, *The Roman Historians*, pp. 4—5, 197—198.
② 　R. Mellor, *The Roman Historians*, p. 21.

主题是道德，他非常注意每一事件的道德训诫意义，通常以格言的形式表达这些训诫，他在每个人物的传记中对该人物的介绍都清楚地表现出对道德问题的首要关切，尤为关心政治领袖的品性对国家产生的影响。与奈波斯同时代的撒路斯特同样拥有深切的国家情怀，但描绘的对象与奈波斯形成鲜明反差。对撒路斯特来说，群体道德才是决定国家命运的因素。[①] 撒路斯特深刻揭露罗马贵族群体的营私舞弊和腐化堕落，揭示作为罗马统治核心的元老院的腐朽无能，劝诫人们弃离肉体的享乐，使自己的精神与诸神和谐一体。他说："要知道，从财富和美貌得来的声名是转瞬即逝的，脆弱的，只有崇高的德行才是光荣的和不朽的财富。"[②] 其后的罗马史学巨擘塔西佗继承罗马的道德史传统，他明确表示著史是为实现记录美德和远离罪恶的目的，"人们撰述历史的首要任务是保存人们所建立的功业，并且使邪恶的言行对后世的责难有所畏惧"。[③] 他的分析鞭辟入里，尽量避免早期编年史家笔下的较为肤浅的道德说教，讲述了有关传统美德的故事，主题是将美德的丧失与政治自由的丧失联系在一起考虑，说明了在君主统治下，政治美德远比为保卫国家战死沙场体现出的美德更为复杂。[④]

李维作品的叙事风格带有浓厚的文学色彩，效仿了希腊悲剧

---

① ［古罗马］奈波斯：《外族名将传》，刘君玲等译，张强校，译者序，上海人民出版社 2005 年版，第 12 页。

② Sallust, *Bellum Catilinae*, 1.4.

③ Tacitus, *Annales*, 3.65.

④ R. Mellor, *The Roman Historians*, pp. 94—95.

和史诗的风格，但在主要内容和精神内涵上深深扎根于罗马史学的土壤，是罗马史学的典型代表，其著史目的清晰反映出罗马史学的道德史观，继承和发扬传统是《建城以来史》一以贯之的主题。一位犹太裔学者摩西·哈达斯（Moses Hadas）甚至将李维的史书与《圣经》相提并论，他从新的视角作出富于启发性的分析，认为李维相信，罗马成为最伟大的国家是天命所归，因为罗马曾长久地抵制贪婪和奢侈的诱惑，长久地推崇清贫和节俭，突出李维史书的爱国主义特征。① 上述论断加深了我们对李维爱国主义观念和道德史观的印象。

　　李维在前言中明确阐发了自己的撰史主旨，他说："在我看来，每个人都应当密切地注意这些问题，通过哪些人以及运用哪些才能建立和扩大帝国；然后应注意到，随着纲纪逐渐废弛，道德可以说先是倾斜，继而愈加下滑，最终开始倾覆，直至我们既不能忍受我们的罪过，亦不能忍受补救措施的今日"，② 希望读者认识到道德的兴衰与国家的命运休戚与共，罗马凭借美德成就伟业，因道德败坏而纲纪废弛。他又说："在认识往事时，尤其有利而有益的在于：你可以注意到载于昭昭史册中各种例子的教训，从中为你和你的国家吸取你所应当仿效的东西，从中吸取你所应当避免的开端恶劣与结局不光彩的东西"，③ 阐释了历史的价值所在，即人们可从历史中寻求行动指南，清楚应仿效的美德或

---

① M. Hadas, "Livy as Scripture," *The American Journal of Philology*, Vol. 61, No. 4, 1940, p. 446.

②③ ［古罗马］李维：《建城以来史》（前言·卷一），穆启乐、张强、傅永东、王丽英译，上海人民出版社 2005 年版，第 21 页。

应避免的恶行。李维笔下的历史是道德教化的历史，"对李维来说，至关重要的是历史的道德和政治功能，他的责任是使罗马人回想起伟大的过去，希望他们从贪婪和无耻的沉沦中悬崖勒马，唤起身上一种崭新的、更加伟大的自豪感……我们可以把他看成是在说教。李维的这部作品可以归类为旨在进行道德教育的历史，罗马的历史、罗马的崛起与衰落被李维归结为道德问题"。① 沃尔什也认为李维的史著旨在进行道德教化，"在现存各卷中，李维的历史被先入为主的伦理观念所支配。他把过去看成是行为方式的战场，力图说明国家兴旺、人民富足所必需的道德品质。爱国主义观念指引着他描写具有这些美德的罗马人民，层出不穷的罗马领导者是其中的特殊范例。因此道德的和爱国主义的考虑交织在一起，服务于说教目的，以便向后人说明，国家的伟大有赖于促进内外政策健康发展的道德品质"。② 李维以道德的视角审视罗马的历史，以道德作为理解历史的有效方法，也以培养人们的品德情操为终极目标，是一位名副其实的说教的历史学家。

李维道德史观的哲学源头与斯多亚派的伦理观念息息相关。斯多亚学派的伦理学观点认为，只有有德性的生活才是幸福的生活，过这样的生活能够实现真正的自我，为宇宙理性的目的服务。德性本身是唯一的善，不道德是唯一的恶，同这个理想相比，其余的一切都无足轻重。健康、生命、荣誉、财产、地位、

① M. Grant, *Greek and Roman Historians: Information and Misinformation*, p. 87.
② P. G. Walsh, *Livy: His Historical Aims and Methods*, p. 66.

权力、友谊和成功，本身并非善；死亡、疾病、耻辱、贫穷和出身卑贱，本身也并非恶。快乐和幸福不是绝对的善，那是随行动而来的，不应该把它看作是目的。它们的价值有赖于我们如何利用，有赖于对我们的品格产生怎样的影响。有德性的生活才能给人带来真正的幸福，道德行为意味着一个人具有善的知识，而且有意识地去实现至善。德性并非天生，要通过后天的教育和实践方能获得。[①] 由此看来，有德性的生活需要掌握善的知识加以助力，历史当之无愧成为教导人们认识德性、理性生活的重要途径，历史编纂也成为思考善的含义、区别善与恶的分野的重要手段。

第二节　美德的典型范例

美德是罗马人历史观念的重要组成部分，罗马人以美德为尺度丈量过去，理解过去，以美德为基点自我定义，寻求认同。罗马历史学家通常以美德为核心关怀，阐释美德内涵，旨在培育理想的罗马人，从这个意义上来说，历史学家是共和国和帝国政治文化的积极推动者，试图通过延续罗马传统的政治文化和价值观念，来延续罗马国家的生命力。他们警醒地认识到罗马精神的

---

① ［美］梯利：《西方哲学史》（上册），葛力译，商务印书馆 1975 年版，第 129—131 页。

动摇，意识到美德的缺失在现实中动摇了罗马的立国之基，他们抱持着对传统美德的坚定信念，在追忆罗马的历史中找寻美德最具生命力的范例。"作为罗马民族的史诗，李维的历史取得了如此巨大的成功，以致它湮没了所有早期的编年史，原因不仅在于李维把罗马人刻画成为英雄，还因为他提供了一系列值得敬佩的先例。"①

李维的写作主旨是道德说教，道德的载体在于活生生的人物，于是李维的历史集中于塑造罗马人的性格，从中列举出正反两方面的实例教育读者。李维笔下的美德表现为宗教、政治和私人活动的基本原则。在宗教活动中，敬神（pietas）并履行条约和誓言（fides）；在公共政治中，稳定和谐（concordia），服从军事和民事的权威（disciplina）；在政治和战争中，保持审慎（prudentia）和理性（ratio），适时地表现出仁慈（clementia）；在个人层面上，保持举止与地位相符的庄严（dignitas），并抱持严肃的态度（gravitas），过节俭的生活（frugalitas）。②李维在《建城以来史》中把这些抽象的品质融入对人物性格及言行的描绘中去。

李维强调崇敬诸神，遵行宗教仪式，宗教对人的品性有着彻底的教化作用。他曾描述一个名叫盖尤斯·弗拉库斯（C. Flaccus）的贵族，此人从前生活堕落，放荡不羁，自从担任弗拉明祭司负责圣仪后，与过去判若两人，生活有度，虔诚敬神。李

---

① ［英］克里斯托弗·罗、［英］马尔科姆·斯科菲尔德主编：《剑桥希腊罗马政治思想史》，晏绍祥译，商务印书馆2021年版，第495页。
② P. G. Walsh, *Livy: His Historical Aims and Methods*, p. 66.

维写道："如果这个故事没有从恶名发展成美名，我本应忽略这位朱庇特祭司何以被迫担任圣职的故事。"[1] 李维特别提出宗教生活给他带来的彻底改变，使他重获新生，否则李维不会详细记述这次宗教委任。李维相信敬神带来善果，渎神招致恶果，弗拉库斯的故事成为向善避恶的范例。这位弗拉库斯能够浪子回头全凭古代宗教的教化之功。

　　无独有偶，渎神招致恶果的事例见于罗马将领弗拉米尼乌斯。他在就任执政官一职时，不遵循参拜朱庇特神庙的仪规，不举行一切必要的宗教仪式，"他所表现出的是对法律和元老院的权威敬畏不足，甚至对神不虔敬，狂妄而冲动"。[2] 献祭牺牲时，用于献祭的小牛从他手中逃脱，他却无视这个凶兆，仍贸然行动，结果酿成特拉西美诺湖的惨败。[3] 李维寻求从宗教层面解释弗拉米尼乌斯在特拉西美诺湖惨败的原因。

　　遵守纪律、服从军事和民事的权威是又一重要美德。斯多亚派哲学中的和谐观念强调的是抽象意义上人与宇宙和谐共处，而李维笔下的和谐则更多地表现为人与国家的和谐，这一和谐只有通过服从纪律、服从国家意志才能实现。尽管李维对纪律这一主题的发挥往往折射出其史料中隐含的意思，但李维在转述原始素材的基础上无疑融入了自己的思想，打上了个人的烙印。例如，当坎帕尼亚人凯里努斯·维拜利乌斯（Cerrinus Vibellius）向罗马人克劳狄·阿塞卢斯（Claudius Asellus）发起挑战时，这位罗

---

① 　Livy, 27.8.5.
② 　Livy, 27.3.4—5.
③ 　Livy, 21.63.13.

马人首先向执政官请示，待其准许后方才持兵器纵马出列，与敌人战于一处，[1]从中可见士兵对长官和军队的严格服从，不得将令不得出战。李维还写到，意大利盟友在汉尼拔入侵意大利的过程中大多对罗马忠心耿耿，"因为他们在统治之下行为有度，并非不愿服从他们的长者，那正是效忠的唯一保证"。[2]遵守纪律、服从权威在李维看来是实现国家和谐稳定的重要保证。

审慎和理性是伟大军事将领的必备素质，在李维对"拖延者"法比乌斯的性格刻画中得到生动的体现。李维竭力强调这名优秀指挥官从不错失良机，讲述他如何"小心谨慎地侦察路线，向敌军的方向前进，尽管他决定不错过任何良机，除非条件允许……确实，汉尼拔立刻对这位独裁官的审慎感到忧虑"，法比乌斯持重谨慎的态度才是汉尼拔所向披靡的最大忌惮。李维从不吝啬对法比乌斯的赞美，"如果他的权威和战略极为重要，那么他在不久之后又让人们懂得了一名优秀指挥官的运气只是一时，头脑和理性才是可控制的力量"。[3]好运只能作用一时，战局的最终进展从根本上取决于军事将领的运筹帷幄和深思熟虑，法比乌斯凭借睿智为罗马的战略反攻保存了有生力量。

军事将领缺乏审慎和理性的品质，往往会导致灾难的降临。曾经攻取叙拉古的执政官马尔凯路斯因求战心切，陷入汉尼拔的埋伏不幸阵亡，"马尔凯路斯之死令人伤感，既有其他原因，也是因为这与他的年纪不符，他已年过六旬，也与他作为一名经验

---

[1]　Livy, 23.47.1ff.

[2]　Livy, 22.13.11.

[3]　Livy, 22.12.2—6; 22.25.14f.

丰富的指挥官的远见不符，他以这种草率之举断送了自己及同僚的性命，几乎将整个国家推到悬崖的边缘"。① 盲目草率与深思熟虑互为反义，其结果也必然相反，不仅危及自身的性命，而且殃及国家的安危。李维记述特雷比亚河战役失利的根源，将之归咎为塞姆普罗尼乌斯·隆古斯的草率（temeritas）和冒进（ferocitas）。他长篇描写了塞姆普罗尼乌斯·隆古斯在同僚西庇阿卧床不起时贸然开战的故事，生动刻画了塞姆普罗尼乌斯的急功近利。李维精心加工传统记录，暗示出战争失利的道德根源；反观波利比乌斯的记载，我们从中发现的仅是对这段历史的白描。波利比乌斯记述了这场战役前的情况，由于西庇阿负伤，塞姆普罗尼乌斯·隆古斯得以自行处理各项事宜，但他想征求同僚有关与汉尼拔交战的意见。西庇阿表示反对，并说明理由。塞姆普罗尼乌斯意识到这些理由的确属实，但在野心和盲目自信的驱使下贸然一战，因盲目自信输掉了这场战役，② 同一个事件，两人著史风格存在很大差异，波利比乌斯叙述平实，李维叙事富于戏剧性。

李维崇尚节俭（frugalitas），反对奢侈，认为奢侈无论对国家还是对个人均有百害而无一利，这尤其体现在汉尼拔从公元前216 年底至公元前 215 年初的那个冬季在卡普阿城的事例中，说明奢侈无度是迦太基在第二次布匿战争中失败的重要原因。此前，迦太基人纪律过硬，战斗力强，任何艰险都无法征服他们的

① Livy, 27.27.11.
② Livy, 21.53.1—7; Polybius, 3.70.2ff.

意志，但在那年冬天，糖衣炮弹将他们彻底摧毁，他们耽于享乐，荒淫无度，比汉尼拔率领他们从坎尼向罗马城进军时还要严重。前一次耽搁延迟进军罗马可能仅被视作延误了胜利，后一次在卡普阿的治军错误则彻底消除了他们获得胜利的可能。灾难性的放纵行为严重削弱了汉尼拔军队的战斗力，士兵斗志全无，汉尼拔好像率领着另一支军队从卡普阿启程，而非原来具有古代美德的队伍。[①]

李维坚持个人的言谈举止必须保持庄重（dignitas）和严肃（gravitas）。翻开《建城以来史》的各卷，竟然找不到罗马人的欢声笑语，这一定是李维试图剔除史料中幽默诙谐元素的结果。当罗马人围困叙拉古时，阿基米德用他发明的器械将罗马船只吊离水面并破坏其攻城梯（sambucae，也意为竖琴）。罗马统帅马尔凯路斯表情冷漠地说道："阿基米德正用我们的船只从海里舀水，我的竖琴师则从盛宴上被耻辱地赶走。"[②] 波利比乌斯记载了这个笑话，李维则忽略不提，因为不符合塑造罗马人严肃恭谨的形象。

上述实例说明，李维心目中一个品行高尚的罗马人必须具备的道德标准：包括对神虔诚，对人诚信，作战英勇，服从上级，追求和谐，审慎理性，生活有度，严肃庄重。这些美德合为一体，勾勒出李维心目中罗马人的理想形象。需要指出的是，李维并不抱持排外性的爱国主义，他乐于赞扬符合他理想中品德的外

---

① Livy, 23.18.11—16.
② Polybius, 8.6.6; Livy, 24.34.16.

族人，与赞扬心目中罗马人的典型形象一样，旨在训诫行为不端的罗马人，鞭策他们积极向上。

第三节　李维的宗教观念

"李维眼中的历史的决定因素不只是道德，在道德之上，还包括神和命运这类常见的超人的力量。这是终极的力量，道德也受着它们的制约。因为如此，他认为许多祸端起于对神的不敬，因而津津乐道各种灾变、朕兆，反映出古代史家普遍存在的对历史难以把握的矛盾弱点"。[1] 李维与古代作家相似的宗教观念在于普遍认为只有敬神，得到神的恩宠，城邦才会兴旺发达，否则神明怪罪，惩罚世人，滋生祸端。天命神意需要神谕、朕兆等途径向世人显示，人们通过宗教献祭活动来维持与众神的和谐关系。当神和人之间的和谐关系破裂，上天要降临灾难时，神祇会以凶兆警示世人，李维记述了许多祸从天降的凶兆和异象。

公元前214年，"那年发生了太多异兆：在拉努维乌姆（Lanuvium），乌鸦在朱诺·索斯皮塔（Juno Sospita）神庙里筑巢；阿普利亚一棵翠绿棕榈树失火；在曼图阿城（Mantua），明奇乌斯河（Mincius）的一处湖泊染成血红色；卡勒斯城（Cales）的

---

[1]　郭小凌：《西方史学史》，北京师范大学1995年版，第95—96页。

天上落下白垩粉，罗马的牛市天降血雨；在因斯特尤斯街（Vicus Insteius）上，一眼地下泉喷出巨大的水柱，掀翻大大小小的坛罐并将之冲走；卡皮托山上的公共中庭（Atrium Publicum）、马尔斯广场上的伍尔坎神庙、萨宾土地上的瓦库那（Vacuna）神庙和一条街市、伽比人（Gabii）的城墙和一座大门都遭到雷击。此外，其他奇闻也在街谈巷议：普莱奈斯特马尔斯神的矛自动移位；西西里的一头公牛说出话；马库奇尼人（Marcucini）中间，一个婴儿在母亲的子宫里高呼'凯旋了'；在斯波莱提乌姆（Spoletium），一名女子变成男子；在哈德里亚（Hadria），空中浮现出一座祭坛，还有身穿白袍的男子的轮廓。实际上，在罗马城也是如此，灾异不断，广场出现蜂群，蜂群因极为罕见而被视作异象。在占卜师的指示下，用发育完全的牺牲来消弭这些凶兆，宣布向罗马众神祈祷"。① 灾异征兆预示了罗马的灾难，公元前 208 年，"来自坎帕尼亚的消息称，在卡普阿，命运女神和马尔斯神庙以及许多坟墓遭到雷击；在库迈，老鼠啃咬朱庇特神庙里的黄金。在卡西努姆（Casinum），据说一大群蜜蜂在广场上筑巢。也有消息称，奥斯提亚的城墙和城门被雷电击毁，在凯莱，一只秃鹰飞进朱庇特神庙，沃尔西尼的一处湖泊被鲜血玷污。由于这些凶兆，人们进行了一天的祈祷。数日里，发育完全的牺牲被宰杀，但未得到吉兆，很长时间里没有获得众神的和谐。凶兆落到了执政官的头上，而国家未受破坏"。②

---

① Livy, 24.10.6—13.
② Livy, 27.23.2—4，类似的记述见 21.62.1—10; 28.11.1—5; 29.14.1—5。

超自然力以各种自然力警示人类，包括自然天象、气候灾异，还有世间的各种奇闻。李维把这些天上人间的离奇现象用神明的意志决定来解释，警示人间将发生灾难。了解上天的意志主要通过三种途径：占卜（auspices）、朕兆（omens）和预言（prodigies）。

占卜是在国之大事开始之际寻求上天的征兆，通过鸟类的飞行和活动、天上的惊雷和闪电，还有献祭动物内脏的脏卜法，来探求上天意志的动向。第一次布匿战争中的克劳狄乌斯·普尔凯尔（Claudius Pulcher）违逆占卜所示，鲁莽开战，输了海战。公元前1世纪克拉苏在卡莱战役中兵败身死，据说也因为无视占卜酿成惨剧。

朕兆是另一种上天预警人类的渠道，这些离奇现象从民间搜集并禀告给元老院，元老院得到报告后进行公开的净化仪式，被除这些凶兆。也许到共和国后期，元老院了解各地异象、被除凶兆的做法因为兵戈扰攘的时局而逐渐销声匿迹，贵族家族和政治人物遭遇的各种奇闻遂成为异象朕兆的主要来源，这是元老院权力逐渐式微、个人权力趋于集中的政治风向在宗教领域的具体表现。朕兆是自动显现出来让人明辨的现象，不仅简单表示上天恩准或反对，还可以明示具体内容，甚至展现未来将会发生的小段细节。

朕兆和占卜没有明确的边界，朕兆有时候是在和占卜极为相似的情况下获知的。二者又有所不同，占卜是就某一特殊活动征得上天的首肯，朕兆则不针对个别问询给出肯定或反对的意见，而是宽泛地表明上天的情绪和态度，是就整个罗马国家的形势而言的。奇闻异象在某些情况下是能够化解的，元老院组织公共仪式来化解可能发生的灾难。如果应对得当，预示的不幸结果能够发生逆转，而占卜则是不可能的，占卜只能一次性显露上天的旨意。适当的敬神活动包括几方面内容：向某位神祇祈祷，向某位神祇许诺建造神庙，合乎规范地举行宗教仪式等，这些均是虔诚敬神的举动。相反，宗教仪式不合规范，公开辱没神明，祭司玩忽职守，忽略祭神仪式，均是不虔诚的行为，上天会降灾于人类。能否得到上天的保佑，归根结底有赖于对众神的崇敬程度，类似得道多助失道寡助。无论上天恩准与否，敬神活动主要针对国家事务而言，是对国家整体利益做出的示意，个人在国家宗教面前十分渺小，占卜、灾异、朕兆即使作用于个人，也并非针对个人的利益，主要针对的是国家的整体利益，虔诚敬神的行为主要是对国家的宗教职能提出要求，对个人的要求处于次要地位。个人的宗教行为对国家和个人的前途命运可能发挥一定作用，但缺少相关的确切记载。

李维的史书中包含了大量崇拜神祇的记录，许多学者以此为依据对李维个人的宗教观提出了诸多猜测，他们的观点大致分为三种：第一种认为李维虔诚信仰传统宗教。持此观点的斯图波勒（Stübler）认为，李维是一位传统的宗教信徒，全心全意信仰传统的神明，相信奥古斯都是神之子，担负着拯救罗马的使命降临罗马。第二种观点与此相反，认为李维个人并不虔诚信仰罗马传统宗教，而是关注人在社会历史发展中的积极作用。持这一派观点的学者卡杨托（Kajanto）主张，尽管李维经常提及宗教事务，但认为历史事件主要由人决定，不由天神和命运决定。巴耶

（Bayet）也认为李维无宗教信仰，强调李维具有理性主义精神，他在宗教事务上的兴趣只能被解释为看重宗教现象在历史中的重要作用，他指出李维在许多段落中批评了过度的宗教情绪。第三种为折中论点，把李维的宗教观念与哲学观点结合在一起考虑，强调李维在斯多亚哲学影响下从事历史编纂，以弥合上述两派迥异的观点。沃尔什把李维看作一位具有斯多亚哲学思想的学者，认为李维继续尊重传统信仰与实践，宗教在一个全面的哲学体系中被赋予了象征性的意义。他论述了李维采用斯多亚哲学方法处理宗教问题，重新解释古代信仰，尽可能调和古代宗教信仰与人类理性的关系。①斯多亚哲学主张人要服从天命神意，这为罗马的传统宗教提供了新的理论依据。通过关注人对神、人对人的责任，通过强调美德应受嘉奖、罪恶应受惩罚，通过相信上天注定罗马成为世界主宰，李维试图使这一解释原则与奥古斯都时代的社会需求相适应，斯多亚哲学已成为日益吸引奥古斯都时代作家的一种思想原则。②上述观点理由各异，均有李维记载中的证据做支撑。

　　第一种观点所认为的李维崇信传统宗教有迹可循，不虔诚敬神将遭天谴的故事在李维对第二次布匿战争的记述中不胜枚举。执政官马尔凯路斯和克里斯皮努斯（Crispinus）的死与他们没有

---

① I. Kajanto, *God and Fate in Livy*, Turku: Turun Yliopiston Kustantama, 1957; J. Bayet, *Budé edition of Livy I*, Paris, 1940, p. 39; G. Stübler, *Die Religiosität des Livius*, Amsterdam, 1941; P. G. Walsh, *Livy: His Historical Aims and Methods*, pp. 46—81; 参见 John Scheid, "Livy and Religion," in B. Mineo, ed., *A Companion to Livy*, Oxford: Wiley Blackwell, 2015, pp. 78—79。

② P. G. Walsh, "Livy and Stoicism," pp. 375, 356.

正确举行赎罪仪式有直接关系，"因为这些朕兆，进行了一天的祈祷，多日里宰杀成年牺牲却没有得到吉兆，诸神的平和很久没有达到，可怕的结果落在了执政官们的头上"。① 弗拉米尼乌斯在特拉西美诺湖失利在李维的行文中似乎早有预言，弗拉米尼乌斯没有按既定仪式获得占卜权便从罗马动身启程，"一个私人公民既没有占卜权，也没有接受占卜而离开罗马，在国外的土地上开始得到占卜权"②，这在元老们看来完全不堪设想，必将铸成大错。

在特雷比亚河战役失利之后，特拉西美诺湖失利之前，李维赘述了两大段奇闻朕兆："有些征兆是，出身自由人之家的六月大的婴儿在菜市高呼'胜利了'；在牛市，一头牛自行爬上住宅的三楼，受到住户的惊吓摔下楼；天空出现船只影像的海市蜃楼，位于菜市的希望神庙被雷击中；拉努维乌姆的献祭牺牲走动；乌鸦飞入朱诺神庙，落在她的圣椅上；在阿米特努姆的许多地方，有人远远看见穿着白色衣服的人影，但他们不靠近任何人；在皮凯努姆，天空下起石头雨；在凯莱，神签变细；在高卢，一匹狼从卫兵的剑鞘中抽出剑，携剑跑走。十人团被命令就其他的凶兆咨询圣书；由于皮凯努姆所下的石头雨，举行了为期九天的献祭；在被除凶兆的过程中，几乎每个公民都参与其中。"③ 另一段对灾异事件的报告中称："人们的恐惧加剧了，同时从多地有异象得报：在西西里，许多士兵的长矛起火，在撒丁

① Livy, 27.23.4.
② Livy, 22.1.5—7.
③ Livy, 21.62.

岛，一个骑兵正在夜间巡逻，同样的事情发生在他手中的棍子
上；海岸燃起了许多大火；两块盾牌渗出鲜血；有些士兵被雷电
击伤；日晷似乎缩小了；在普莱奈斯特，天空落下闪光的石块；
在阿尔比（Arpi），圆盾出现在天空，太阳似乎在和月亮战斗；
在卡培那，两轮月亮在日间升起……"① 接下来又是大段对净化
仪式和抚慰神祇活动的记述：元老院投票决定净化这些异象，献
祭体型大小不同的牺牲，诸神的祭坛全部举行为期三天的祈祷仪
式。十人祭司团参考圣书，确保这些仪式按规范进行。元老院
接受十人团的劝告，首先将重达50磅的黄金雷霆献给朱庇特；
向朱诺和密涅瓦献上白银贡品；向阿文丁山上的朱诺·莱吉那
（Juno Regina）和拉努维乌姆的朱诺·索斯皮塔献祭大型牺牲，
妇女们倾囊相赠，将财物献给阿文丁山的朱诺·莱吉那女神。②
李维有关朕兆的记述之后往往接续被除仪式和献祭活动，以平息
神祇的怒火。在占卜师的指导下，执政官主持祭仪，向众神献祭
并祈祷，以求平息众神的愤怒，为罗马国家的长治久安祈福，这
些为平息神明怒火的补偿仪式也缓解了民众的恐惧心理。由此可
见，以官方举行宗教仪式来结束各地异象的记录体现了李维崇信
传统宗教的态度。

　　另一种对李维宗教立场的典型看法是，李维对传统宗教总体
上持质疑态度，所记载的宗教内容主要来自编年史家的传统记
载，看重的是宗教发挥稳定社会秩序的实际作用。从一些段落的

---

① 　Livy, 22.1.8—13.
② 　Livy, 22.1.14—20.

字里行间，可以发现李维对宗教现象的怀疑态度，他在本质上是一位怀疑主义者。

重要的一段是李维在一段异象之后的总结，他说："从坎帕尼亚得报，卡普阿的福尔图娜和马尔斯两座神庙以及一些坟墓被雷电击中；在库迈，老鼠啃咬朱庇特神庙的金子。要我说，扭曲的宗教把诸神放在微乎其微的位置。"① "扭曲的宗教"（prava religio）语气十分强烈，句首处的"adeo"（说）及其现在时用法，让整句话简洁有力。这句话的意思是说，那些相信天神的人如果其虔诚超出限度，将走向事情的反面，是对神意的漠视。另一段对异象的记录中李维流露出对盲目轻信的鄙夷，"阿里西亚（Aricia）的城墙和城门，甚至朱庇特神庙都被雷电击中，还有其他听到看到的滑稽可笑的事被信以为真。塔拉西那（Tarracina）的河上看到根本不存在的战船幻影；在朱庇特·维奇利努斯（Jupiter Vicilinus）神庙，在康普萨（Compsa）的地界上，传出兵器碰撞的声音，阿米特努姆（Amiternum）的河流鲜血横流。这些异象根据大祭司的指令进行了赎罪祭"。② 这一段记述中，即使后面说到各种奇闻异象，但前面一句概况"滑稽可笑的事"（ludibria），其实已经将后面人们的所见所闻全盘否定了，表露出李维的怀疑。

李维在又一段里记述称："那年冬天，罗马城及周边地区发生了许多凶兆，或如人们一旦开始关注神时常发生的那样，会有

① Livy, 27.23.2.
② Livy, 24.44.8.

许多报告并轻信。"① 短语 "轻信"（temere credita）暗示了人们
把这些奇闻朕兆信以为真是极为盲目的，应慎思笃行。口吻虽然
比上述两个例子含蓄一些，不过依然指出愚昧无知带来轻信凶
兆。类似的还有一段轻信的记述，"提到一个朕兆，接着便是接
到其他异象的报告"，② 人们轻信异象，上报异象，从众心理让更
多人盲从轻信，上报的异象变得越来越多，是恐慌情绪快速蔓延
的结果，这些报道被李维以一种心理学的角度进行诠释。奇闻异
事经过人们的口耳相传和添枝加叶变成了预示厄运的凶兆，引起
人们的恐惧，扰乱人们的判断，在民众中间造成轩然大波。他记
述称 "那一年得报了大量朕兆，有更多单纯虔诚的人相信，则有
更多报告"，③ 里面 "单纯虔诚的人"（simplices ac religiosi）是贬
义用法，religiosus（复数为 religiosi）本身不是贬义词，这里却
以明显的贬义来使用。从中可以看出，李维不赞成简单的虔信，
虔诚需要经过理性检验，否则与盲从无异。

　　李维在列举异象的时候有时会直接做出评述，表达他本人的
怀疑，如他描述克罗敦朱诺神庙的传奇，称 "这座神庙以其财
富著称，不仅因为其神圣，他们也给它一些虚假的奇闻"，认为
人们为了增添神庙的神圣氛围而编造出奇闻异事，表达出对宗
教传奇的深深怀疑。李维还讲述了西庇阿宣称自己能够通灵的
轶闻："西庇阿之所以杰出，不仅因为他真正的勇气，而且因为
一些技巧，他从年少时便练习展示它们，在公众面前做大多数

---

① 　Livy, 21.62.1.
② 　Livy, 27.37.2.
③ 　Livy, 24.10.6.

的举动，好像被夜里所见或诸神启示驱使一样，不论因为他十分迷信，还是为了人们能够责无旁贷地执行他的命令和建议。"①李维表达了对西庇阿获得神明启示的看法，即使西庇阿本人相信这些是为神启，李维却认为那些纯属迷信的表现，被迷信蒙蔽了（capti quadam superstitione）。一些专门用词也隐含着李维的怀疑。当李维报告这些奇闻时，他用到一些表示不确定的修饰词，如 dicitur、fama est、traditur、nuntiatum est，意为据说、据传、据报，把自己隐藏在超自然故事报告的背后不直接做出表态，不正面表现自己的好恶，却又时时流露出来，读者在很大程度上能够觉察到他的怀疑。

从以上列举的例子可以看出，李维对罗马宗教是抱持怀疑态度的，许多异象的发现和汇报是人们预感到事态向不详的方向发展，因此轻信许多离奇现象的结果。迷信实际上是想法天真、盲目轻信的人对宗教的歪曲，李维记述了西庇阿的梦兆和启示，不否认西庇阿本人相信这些幻觉，但却流露出相信幻觉幻象乃是草率做法的见解，盲目轻信是不值得称道的。李维有关凶兆的老生常谈很大程度上是人们在恐惧情绪下的歪曲解释。②

第三种观点认为李维运用斯多亚哲学诠释宗教问题。斯多亚哲学对奥古斯都时代作家的影响日深，不仅反映在维吉尔和李维对宗教仪式和习俗的偏好上，而且在奥维德的《岁时记》、普洛佩尔提乌斯（Propertius）和提布鲁斯（Tibullus）的诗歌中均有斯多亚哲

---

① Livy, 26.19.3—4.
② Livy, 29.14.1—2，"那一形势让人们的头脑中充满了迷信的恐惧，他们往往议论并相信凶兆"。

学的体现。维吉尔的《埃涅阿斯纪》的中心主题在于罗马成就帝国是上天的意旨，是天命所归。沃尔什认为，罗马史学具有浓厚的斯多亚哲学色彩，从加图到塔西佗，整个罗马史学都蒙上了斯多亚宇宙论和伦理学理论的色彩。李维是一个纯粹的传统主义者，他的历史中具有内在的哲学观点和符合这一观点的语言表述，这在罗马传统思想中是司空见惯的。然而，只有在李维的作品中才能全面考察斯多亚哲学的观点，罗马伟大的历史学家中唯有李维才关注于展现与斯多亚哲学主张相一致的连贯完整的历史。①

　　沃尔什的方法以斯多亚哲学打通了李维的信仰与怀疑的边界。斯多亚哲学与罗马传统宗教具有良好的融合基础，二者有许多共同之处，新斯多亚哲学存在于罗马的传统之中，在以波塞多尼乌斯为代表的哲学家的指引下推动了罗马宗教的理性化。罗马宗教尊崇神祇，李维报告各种异象，一方面反映出他不确定的态度，同时也反映出他接受这些异象具有预示性的可能。他将异象看成无序世界的可能性象征，可能预示着日后的灾难，这与斯多亚哲学的主张是一致的，宏观世界与微观世界互相联动、和谐一体，微观世界的失序映射出宏观世界的无序，这样便是以复杂的斯多亚哲学宇宙论解释社会现象。值得注意的是，他经常将罗列的这些异象以另一种更为理性的方式作出解释，或是通过一些表示"传言、据说"的短语将自己与确信这些报告区别开来，体现出李维历史阐释中的理性精神。

　　李维相信斯多亚宿命论，遵从命运的安排，不过需要满足一

---

① 　P. G. Walsh, "Livy and Stoicism," *The American Journal of Philology*, Vol. 79, No. 4, 1958, pp. 355—375.

些条件，包括维持上天与人类的和谐关系，宗教、政治和私人生活建立在斯多亚哲学倡导的美德基础之上。遵循理性和美德，与宇宙和谐共处，这类人注定成功；与此相反，破坏与天神的关系，冲动作恶为虐，这类人注定失败，这是李维在历史中普遍运用的阐释逻辑，他相信命运对人类经历和国家命运具有决定性影响，深信罗马是在天神的庇佑和命运的预示之下建立和发展起来的。李维在早期各卷中多有天神显灵的段落，整个早期罗马历史呈现为一个艰难尝试的时期，罗马人民的军事和民事方面的德行不断经历考验而得到加强，这一切为胜任统治世界的使命做好了准备，颇有天将降大任于罗马的意味。

命运（fatum、fortuna）在罗马普遍使用，fatum 更多带有宿命论的内涵，fortuna 表示运气、偶然的内涵更为明显。李维书中 fatum、fortuna 及其同根词的使用表明了他的斯多亚哲学立场。在第 25 卷有评论命运（fatum）的两段内容，一段是坎尼战役后受到惩罚的幸存者中有一人发言谈及命运，他说道："由于天神的愤怒或命运，根据它们的法则，人类事件的纽带不可避免地连接在一起。"[①] 这一句按照典型的斯多亚哲学表述方式，强调人类的事情彼此联系，广泛互通，神圣法则主宰着人类世界。在另一段里，李维强调命运是无法改变的，讲述了格拉古亲眼见到凶兆，他看到两条蛇吞食献祭牺牲的肝脏。在脏卜师命令重新进行献祭之后，同样的场景再次重演，脏卜师于是警告格拉古在战场上小心敌人的埋伏。李维最后写道："即将发生的命运不能因

---

① Livy, 25.6.6.

为预见而改变"，^①暗示了格拉古将不可挽回地走上不归路。命运在这里不是对渎神和罪恶的惩罚，格拉古没有做出恶劣的渎神举动，命运超越了善有善报、恶有恶报的普遍逻辑，具有不可撼动的力量，是绝对宿命论的体现。不过李维有一些记述是不符合严格的斯多亚宿命论的，沃尔什对此加以说明，对新旧斯多亚主义作出澄清。他认为希腊的斯多亚哲学严格恪守古老观念，相信天意主宰人类，命运高深莫测，罗马的新斯多亚哲学受到关于命运的宗教观念的影响，主张通过神谕、梦境、异象、预言和占卜与神进行交流，这些交流方式在罗马宗教中是极为丰富的。在新斯多亚哲学中，波塞多尼乌斯和克里斯普斯（Chrysippus）都承认通过这些与神交流的方式可以预见未来，因为世界是和谐一体的，微观世界的有序和无序会映射出宏观世界的同样状态。同样是相信神秘的命运，较比从前的斯多亚哲学，新斯多亚主义哲学有更多预见未来的途径，这些哲学主张为李维书中大量的异象、预言和占卜等宗教内容作了合理的解释。

　　Fortuna 对应希腊语 Tyche，其主要特征是变化无常和驱使事情向难以预料的方向发展。崇拜提柯（Tyche）女神在希腊化世界十分流行，福尔图娜（Fortuna）是罗马的命运女神，世界意志的人格化象征。在李维的书中没有把命运以人格化的形象加以描绘，命运表现出的是不可改变的结局。如法比乌斯·马克西姆斯所言："好运气和坏运气的范例都是给我们的教训。"^②如汉尼拔

---

① 　Livy, 25.16.4.
② 　Livy, 28.42.1.

所言："我相信理性，胜过运气"，^① "最好的命运总是最少被人相信"。^② 与汉尼拔会晤的西庇阿说："就我而言，我记得人类的脆弱，我反映了命运的力量，知道我们做的每件事都暴露于百般运气之下"，^③ 均表现出抽象意义上命运的力量，而非人格化神祇的职司，这是李维宗教理性化的哲学表达。

李维有时甚至没有强调命运不可改变的力量，而是直接将之忽略不提。波利比乌斯和李维有一段类似的记述，都描写了汉尼拔军队成分混杂和他领导才能卓越。波利比乌斯交代人员和习俗的复杂组成，尽管如此，军队听从指挥、服从号令，他赞叹汉尼拔领导有方，手下大军如此规模却没有发生暴乱。他最后作出总结，明言在命运主宰的复杂多变的时局中，汉尼拔能够做到凝聚军心难能可贵，突出汉尼拔不同凡响的领兵之才，"汉尼拔却是在复杂条件下这么做的，命运的狂风顺风而来，其他时候则与他们相逆"。^④ 李维对汉尼拔的肯定之词类似，宣称汉尼拔在逆境中比在成功中更加令人钦佩，他在敌人的领土上战斗十三载，率领的兵士并非自己的同胞，而是民族混杂的军队，没有共同的法律、习俗、语言和穿着，装备不同，崇拜不同，却能够把他们团结在一起，没有发生兵变，可见他军事能力的出众。李维与波利比乌斯的评价大体类似，但他在结尾处没有类似波利比乌斯与命运主宰相关的总结。

---

① Livy, 30.30.10.
② Livy, 30.30.18.
③ Livy, 30.31.6.
④ Polybius, 11.19.5.

　　斯多亚哲学的视角为综合虔诚信仰和怀疑罗马宗教两种主张提供了分析路径，虔诚敬神与怀疑罗马宗教两种截然对立的观点以斯多亚哲学为媒介联系起来，这种研究视角的前提在于斯多亚哲学和古老的罗马宗教有共通之处。哲学的产生与宗教关系密切，斯多亚哲学的许多内容和依据从罗马宗教汲取养分，再回馈宗教，推动宗教的理性化。李维以斯多亚哲学的观点来处理宗教问题，试图重新解释古老的信仰，尽可能将古老信仰与人的理性协调起来，体现出斯多亚哲学对罗马传统宗教的理性化作用。李维关注人类在协调彼此以及人与神之间和睦关系中承担的责任，重申善有善报、恶有恶报的命运结局，聚焦罗马获得世界领导权乃天命所归，这些是对奥古斯都时代江山一统和社会文化要求作出的回应。①

　　历史与宗教的区别在希腊两位大历史学家希罗多德和修昔底德之时便已奠定，历史学家不以紧密追踪天神干涉人间事务为主导，他们把诸神对人间的干预看作时断时续、时隐时现的。"历史并不负责给事物赋予最根本的意义，充分衡量神与人的联系，或是系统探讨人类的本质，这是其他科学的范畴。希罗多德为历史书写指出的、乃至修昔底德进而指明方向的，乃是预设了且有助于加强一种假设，即认为诸神干涉人世既不是从始至终的，也不是格外明显的。后来在希腊化时代，一些历史学家，最著名的要数波利比乌斯，就使用了提科的概念，那展现了一种避免任何严肃性的宗教或哲学探讨的妥当方式。"② 李维的书里也贯彻着这

---

① P. G. Walsh, "Livy and Stoicism," p. 375.
② Arnaldo Momigliano, "Greek Historiography," *History and Theory*, Vol. 17, No. 1, 1978, pp. 7—8.

样一条历史书写的准则，人是历史的主角，神以若隐若现的方式
出现，神意和人事并非在各个时段中紧密并行、彼此联系，诸神
对人世的干涉并非持续不休，而是时隐时现。李维的"命运"观
点与波利比乌斯的"提科"类似，二人同样遵循历史书写的原
则，避免严肃地探讨宗教或哲学方面的问题，将命运作为军事和
政治背后隐性的力量和隐喻的解释。

　　李维到底是传统宗教的信仰者还是理性的怀疑主义者，这个
难解的问题在对此一时期罗马知识精英的研究中广泛适用，西塞
罗的研究尤其得到学界的重视。老生常谈的观点认为公元前 1 世
纪的罗马精英怀疑占卜和异象，西塞罗对国家的态度亦然。然而，
晚近的研究认为西塞罗的宗教立场并非清楚明了，弄清他的主张
并非易事，他有关罗马宗教的经典著作《论神性》和《论占卜》
没有把罗马宗教引向一个单一的结论，反而引出几条支脉，这在
《论神性》的探讨中表现得尤为明显。西塞罗经常从一个观点出
发，衍生出好几个其他观点，采用柏拉图主义的同时，也采用斯
多亚哲学的视角。斯科菲尔德（Schofield）专门考察了《论占卜》
一书中西塞罗的哲学思想和他的书写方式。他认为《论占卜》是
多层次的作品，富有独创性和复杂性。身为作者的西塞罗化身柏
拉图学派的对话者西塞罗，向他的对话者昆图斯提问。对话中的
西塞罗没有声明自己的信仰，也没有反对昆图斯的主张，甚至书
中的昆图斯还引述了西塞罗的言论和行为，且不全然相信自己所
宣称的斯多亚主张。这部对话录可能反映了西塞罗所持的哲学观
点，也可能不能，没有确切的定论。在斯科菲尔德看来，西塞罗
的哲学是复杂多样的，在表现手法上是层层嵌套的，最终没有形

成单一的结论。他从文本语境入手，从西塞罗叙事手段的多样性切入他宗教观念的复杂性，指出西塞罗不仅将希腊哲学的论述翻译成拉丁文，而且按照罗马修辞模式来书写，层层嵌套的修辞手法体现出复杂微妙的宗教观念。①

在罗马宗教领域颇有成就的玛丽·比尔德同样认为西塞罗没有明确的宗教立场，她不考虑从修辞手法进行考察，而是从更加宏观的思想文化语境入手，挖掘西塞罗不作出明确论断的原因。玛丽·比尔德认为，西塞罗的对话集是希腊哲学罗马化过程中话语形成的标志。希腊化哲学融合罗马宗教实践遇到棘手的问题，希腊哲学话语与罗马政治与宗教的制度框架之间存在张力。罗马的制度与希腊不同，二者国情和文化不同，不可能轻而易举且令人信服地直接运用希腊理论，尤其是罗马的传统知识提供了自成一体、常常带有竞争性的解释。以占卜为例，占卜扎根于罗马政治和宗教生活的中心，在祭司书中得到定义和规范，在诸神对世界发挥作用的认识中才有意义。罗马宗教不可能因为赞同希腊哲学而对传统解释弃之不顾，融合希腊思想和罗马文化并非一条坦途。西塞罗在他的宗教作品中把信仰的事例和怀疑的事例并列一起，没有给出定论，进一步说明了这是由于希腊哲学和传统的罗马宗教之间的文化张力所导致的，传统的罗马宗教和希腊哲学还不能完全融合。②

---

① M. Schofield, "Cicero For and Against Divination," *The Journal of Roman Studies*, Vol. 76 (1986), pp. 47—63.

② M. Beard, "Cicero and Divination: The Formation of a Latin Discourse," pp. 33—46.

　　将西塞罗的宗教和哲学研究推而广之，运用于李维宗教和哲学观的分析，对我们拓宽思路大有裨益。宗教态度的前后矛盾和含糊其辞体现出罗马宗教借鉴希腊文化的过程中，传统宗教难以完全自洽的难题。希腊哲学的流入，把罗马带向一个理性化的过程，这一过程缓慢且不平顺，调和哲学与宗教的矛盾困难重重，内中各种矛盾不容忽视，但罗马宗教至少是在向系统化、理性化的方向发展。罗马人，尤其是接受希腊文化影响的知识精英，是相信哲学能让国家宗教趋向成熟完善的。李维本人的宗教态度很可能在他开始写作罗马史之前已经成熟，因此与共和国后期知识阶层的宗教思想联系紧密，西塞罗时代的宗教观对于解释李维是有益的，历史学家很大程度上反映他所处的时代而非史料的时代。对西塞罗宗教思想的研究为我们提供了考察李维宗教观念的知识背景，李维的宗教观念很可能如西塞罗一样极其丰富，非一句简单论断所能概括。李维写的不是哲学作品，李维的宗教观念也不是狭义的哲学问题，而是与当时的文化有着紧密联系的话题。李维对神祇虔敬且怀疑兼而有之的描述和立场，正好说明李维宗教观念的现实和微妙。

　　近年来的最新研究动态见证了从文本和文化研究入手的宗教研究趋势，作家的宗教表述与叙事策略是紧密联系的，二者被结合在一起进行考察。率先从文本视角关注李维宗教问题研究的是美国学者列文（Levene），他发现在每个十卷之间、甚至是五卷之间，李维笔下的宗教叙事呈现出不同的特点，视宗教在各卷中发挥的组织作用而定，李维依此原则整合各卷史料。他通过大量例证说明了李维自由运用手头的史料证据，加以润饰、压缩和编排，以便取得戏剧化的效果，或是加强道德教化的影响，最主要的则是通过宗教插段对灾难有所预见，列举罗马人在面对朕兆时虔诚或不敬的表现，偶尔表现出神对人类错误行为的不悦。[①] 列文从文学目的角度剖析李维笔下的宗教，考察李维或频繁引述某些插段，或加以润饰，游刃有余地运用宗教插叙为文学目的服务，以便达到普遍的文学效果。

李维宗教观念的展现服从于历史叙事，宗教相关记述浓墨重彩或轻描淡写，都为总体的叙事线索和写作主旨服务。在描写汉尼拔的军事天赋时，宗教的庄严氛围相对淡化，让汉尼拔的军事表现愈加突出，罗马战胜汉尼拔的最终成就愈加显著，如列文所说："尽管李维常常在叙事中显示出超自然的东西，当在历史的重要战斗记述中，他更喜欢淡化这些，把胜负归为唯独由人的因素所决定的"，[②] 凸显人在事件发展过程中的重要性。

李维的宗教内容服从于高潮迭起抑或庄重宁静的叙事效果。在记述特拉西美诺湖战役的经过时，宗教叙述有助于推动故事向高潮发展，也有助于营造庄重的仪式氛围。弗拉米尼乌斯不虔诚敬神，忽视朕兆，怠慢赎罪仪式，一连串的灾异事件以罗马在特拉西美诺湖遭受的灾难达到高潮。在特拉西美诺湖惨败的叙事高潮之后，李维使用类似仪式套语的具有古风意蕴的语言，记述大祭司长法比乌斯接下来的建议举措，他要求人们去安抚那些受到严重冒犯的神明。[③] 李维在这里大段运用古代仪式性语言，输入

---

① W. Liebeschuetz, "Review of Religion in Livy," pp. 314—315.

② D. S. Levene, *Religion in Livy*, p. 49.

③ Livy, 22.10.2—6.

一种仪式化的庄重氛围，有助于缓解战败后情绪化和戏剧化的紧张气氛，从戏剧张力的顶峰回归庄严古朴的画风，也回归传统宗教的仪规，从宗教传统的根基处寻找罗马国家新的转机。[①]

宗教内容的编排位置服从于叙事，为了叙事完整可以调整位置顺序，延后列举奇闻异象。记述坎尼战役的一段，参加坎尼战役的罗马余部因为临阵脱逃被遣送到西西里，按命令不得在布匿战争结束前返回意大利。这些士兵派代表前往马尔凯路斯的冬营地，请求给他们改过自新的机会，称他们失利的将领瓦罗既然能够获得元老院的原谅并延续兵权，他们的命运是否也可以改写？溃逃并非出自他们的本意，在溃不成军的情况下难道要白白送死？他们不想在流放中老去，不想无缘洗刷耻辱，不想让同胞对他们气愤难平，请求马尔凯路斯给他们展现勇气的机会。马尔凯路斯致信元老院说明情况，元老院经过讨论决定，坎尼战役的逃兵不能得到赦免，代行执政官马尔库斯·克劳狄乌斯可根据国家利益改做其他安排，但这些士兵不应被免除责罚，只要敌人还在意大利，就不能返回罗马。[②] 这段主要叙事之后，李维才补充坎尼战役失利时的各种异象：阿尔巴山下了两天的石头雨，许多东西都遭到雷击。在库迈，城墙和一些塔楼不仅受雷击，甚至倒塌。在利埃特（Reate），一块巨石飞起，太阳比平日更浓，颜色血红。因为这些异象，进行了一天的祈祷，执政官几天里举行宗教仪式，大约此时进行了九天观测。[③] 这些奇闻异象的报告语言简练，但

---

① D. S. Levene, *Religion in Livy*, p. 43.
② Livy, 25.6.1—7.6.
③ Livy, 25.7.7—9.

篇幅不小，在记述坎尼战役主要经过之后交代，说明了宗教记述与叙事结构有着不可分割的关系，宗教内容服从于整体的谋篇布局，根据叙事完整的需要加以调整。李维的宗教观不能脱离他的叙事手法独立存在，他的宗教主题也是他的文学方法的体现。

李维研究专家列文细致分析了第21—30卷中罗列的奇闻异事，其位置、长度、内容均有不同，分析了李维如何变化运用这三个因素来记述奇闻异象的。这十卷中共有17段奇闻报告，其中李维对13段进行了更改，有些奇闻在当年年底发生却不在当年叙事中出现，而是选择合适的时机出现，确保其不祥的影响出现在适当的时刻。有些奇闻叙事扩充或缩短，旨在根据叙事需要增加或减少。这些记述是以讲故事为主线的，围绕故事的整体目的适时地加入。李维向世人说明虔敬必将取得胜利、不敬必将承受失败的道理，这似乎极为肤浅幼稚，但并不符合实情，李维绝不幼稚，他技艺娴熟地构建对某一段历史的记述，使之成为让人印象深刻的范例。①

列文认为"李维的信仰"是个伪命题（illusory）。他可以是个怀疑主义者，可以是一个笃信宗教的人，或在二者之间含糊不定，他的作品中没有给我们提供这方面的确切证据。李维不可能脱离叙事直接表达自己的宗教观点，这种水乳交融的情况决定了我们无法孤立分析宗教内容和叙事手段。这三种宗教立场都是伴随着适当的叙事建构起来的，并非当作一种确信无疑的表达，他邀请读者共同参与一项活动，对罗马的过去进行批判性考察。即

---

① D. S. Levene, *Religion in Livy*, p. 77.

使李维在几段宗教记述中似乎表露出个人态度，个人评论也恰当合理，合乎语境，但这些不应被看作李维对这一主题的全面且深思熟虑的看法，他本人的宗教观念是无法从其记述中得出的，[①]因为《建城以来史》是一部历史著作，而非纯粹的哲学作品。利博舒茨（Liebeschuetz）在书评文章中反驳列文的见解，他认为李维在书中的确存在一些不统一之处，既有对宗教的虔诚，也有对宗教的怀疑，然而，即使不像一些学者所相信的那样李维的宗教立场是完全彻底的，我们也应该清楚这些并不妨碍了解李维的宗教立场，不确定性不代表我们对李维的宗教观念是不了解的。元老院的一项常规职责是汇总各地异象报告、进行合乎仪规的宗教仪式，这说明了当时社会普遍相信神祇发挥重要作用，同时社会精英在政治竞争中也一定为挫败对手宣称受到神示、以加强权威的行径做好了质疑的准备。虔诚敬神与怀疑主义是并存的，况且这也是罗马古代习俗不可分割的一部分，这在政治精英看来至少是可以理解的。[②]

我们需要注意的是，古代和现代意义上的怀疑主义是不同的。"古代的怀疑主义和我们现在说的完全不是一个问题，现代说的是个人信仰，古代说的是祭仪制度，后者主要决定了宗教的意义。个人的怀疑主义不会达到挑战国家祭仪的地步，有限的怀疑主义被建构进宗教的本质。"[③]也就是说，罗马宗教本身便包含着部分的怀疑精神，虔诚敬神和抱持怀疑没有我们想象的那样水火不容，况且怀

---

① D. S. Levene, *Religion in Livy*, p. 30.
② W. Liebeschuetz, "Review of Religion in Livy," pp. 314—315.
③ D. S. Levene, *Religion in Livy*, pp. 10—11.

疑态度有助于规范宗教，有利于国家稳定。列文不像利博舒茨所言反对怀疑与信仰的并存，相反，他认为怀疑主义也是罗马宗教的一部分。他受到后现代主义思潮的影响，认为语言并非透明的，从文本叙事无法明断作者的立场，李维不想清楚深入地表达个人看法，而是根据叙事的需要表露不同的立场，况且罗马的宗教观念是混杂的，是对立观点的混合体，没有单一的立场可言。

　　无独有偶，丹尼斯（Denis）和戴维斯（Davies）也认为李维的宗教观念不能在文本中获知，即使我们基于作品而非作者进行分析，研究的焦点不应是李维真正相信哪一个，而是历史学家如何在叙事中展现宗教。史实和再现的两分法实际不可行，我们没有一个客观版本，何谈对客观的呈现。我们能做的是找到类似的主观例证，那是罗马人认识和再现宗教的基本范式。[1]对李维宗教观及宗教叙事呈现之间关系的争论，反映了现代研究趋势的变化。现代对李维宗教的讨论往往围绕着怀疑主义和虔诚信仰的问题，学者们研究李维，旨在发现他对宗教的真正想法，尤其是他是否相信花费很大篇幅描写的朕兆、奇观、净化仪式的作用。许多文学批评家主张，阅读一段文本要把作者个人的崇信摆在讨论的中心，然而，我们需要提醒自己，从信仰或怀疑来衡量这个问题忽略了一个要点，便是读者的认知与接受。[2]与其说历史著作代表了作者本人的宗教观念，不如说反映了社会上的读者群体的关心所在，历史著作是社会宗教实践的反映，罗马人沿袭怎样的

[1] Denis Feeney, "The History of Roman Religion in Roman Historiography and Epic," in *A Companion to Roman Religion*, pp. 138—139.
[2] Ibid., p. 138.

宗教惯例必然反映在这些历史作品之中。在这个意义上说，史书在宗教方面的价值取向与作者自身观念的联系较小，反而很大程度上由社会宗教习俗决定。从方法论的意义上说，聚焦读者的认知和文化环境，这是一种结构性的视角，跳脱了就作品谈作者、就文本语境谈作者意图的局限，研究重心不局限在文本之内，而是从社会制度和文化层面探究作者宗教观念的深刻社会根源。从前我们似乎主要关注作者的完全主动性，从文本解读作者本人的观点想法，晚近的研究则逐渐转向叙事的需要和读者的接受，他们的水平、标准和期待，这个概括说来便是文化语境，是读者群体的总体认知情况。

　　叙事是考察历史学家宗教记录的重要环节，宗教记录所面向的读者也是必须考察的重要内容。"这些人是为一个社会而书写的，大部分人不关心众神是否存在，而是关心他们如何影响人的世界，如何参透他们的意志而去行动，更重要的是安抚众神的效果和办法以及不安抚神祇带来的后果。"[1] 读者的接受偏好和认识水平是历史学家参考的重要依据，读者关心的问题是亟待历史学家去阐述的内容，例如，异象报告是读者所熟悉的讲述方式，因此也是李维叙事的重要组成部分。[2] 李维觉察到了忽略宗教带来的社会问题，这也是当时共和国后期社会亟待解决的问题。如果我们忽略相关社会、政治、知识背景，我们也会忽略掉历史学家这方面的意图和作为。

---

① 　J. P. Davies, *Rome's Religious History: Livy, Tacitus and Ammianus on their Gods*, p. 2.

② 　Ibid., p. 140.

罗马的社会氛围在奥古斯都赢得亚克兴海战之前一直是悲观的，尤其是在社会上层中间。他们经历了兵戈扰攘的内战和无数磨难，在他们看来，这些正是道德崩塌带来的恶果。同时矛盾的是他们也有对未来的美好期望，期待政治家们许诺一个繁荣稳定的新时代。奥古斯都同时面对着人们的不信任和社会的高期待，他必须在个人权力的关切之上展现出重建罗马社会的使命感，他需要在民众中树立一种印象，让人们认同他正在寻找医治罗马病症的良方。在"恢复共和国"和创立新的政治氛围的同时，奥古斯都着手开展整顿罗马社会的工程，主要是恢复宗教和习俗，重拾传统美德和罗马人的荣誉感。① 回顾本书第一章，李维是否支持奥古斯都的改革措施，我们在论证过程中往往把奥古斯都看作一个固定的概念，把李维的态度和奥古斯都的政策二者看作两个具有明确边界的概念，但事实并非如此。李维既不是"反奥古斯都的"（anti-Augustan），也不是"非奥古斯都的"（un-Augustan），他的确疏远帝国的政治宣传，这是毋庸置疑的，但当论及这些政治宣传所依据的道德和宗教原则，李维是坚持这些价值立场的。"1939 年，罗纳德·赛姆出版了一本影响很大的历史著作，从那以来，这个'变革'就被人们理解为一场'革命'。然而，奥古斯都使用的宣传用语更突出的是保守而非创新，同样，从某种程度上说，人们普遍认为奥古斯都'重建了共和国'。"② 李维在作

---

① P. Zanker, *The Power of Images in the Age of Augustus*, trans. A. Shapiro, Ann Arbor: The University of Michigan Press, 1988, pp. 101—102.

② ［美］安德鲁·菲尔德、［美］格兰特·哈代主编：《牛津历史著作史》第一卷（上），陈恒、李尚君、屈伯文等译，上海三联书店 2017 年版，第 395 页。

品中重建罗马宗教，围绕着整顿公民道德和与众神和谐关系的主题，以自己的方式加强道德和宗教的联系。李维的处理手段没有超出可接受的程度，奥古斯都为了加强统治而在宗教方面的建设也没有超出传统的限度，李维这样一位历史学家并不是在挑战帝国的宣传，而是在以另一种不同方式去追随它。这不仅适用于李维，也适用于这一时期的其他作家，学者们常常过分假定了立场的差异，以为"奥古斯都的"或"反奥古斯都的"是截然对立的。①

我们应该注意到李维的宗教立场和奥古斯都的宗教政策的前提，是否秉持基本的宗教原则以及罗马宗教的内涵，可以说他们在前提立场上是一致的。在宗教问题上，李维和奥古斯都没有相互抵牾之处，有国家层面的政策出台，有普通民众的改革期待，以及传统的宗教习俗。奥古斯都的宗教复兴运动没有直接对传统宗教有任何的改革，他的政治动机我们暂且不论，其宗教举措的内涵和特质从罗马宗教肇始便已经确定了，宗教有一套被普遍接受的规范和信条。②李维宗教观念和笔下的宗教记述具有很大的复杂性，假设任何一种纯粹的立场都是在简化李维的完整态度。以为和帝国同一口径便是奥古斯都的御用作家，表现出一些矛盾性和折中性便是与奥古斯都相悖，这样的想法实际上忽略了历史叙事的复杂性和罗马宗教的包容性，李维的宗教观与历史叙事紧密联系，也体现出对社会读者的关切所在。

----

① D. S. Levene, *Religion in Livy*, pp. 247—248.
② J. P. Davies, *Rome's Religious History: Livy, Tacitus and Ammianus on their Gods*, p. 4.

第七章　将领与罗马道德危机

　　罗马人相信道德兴邦，认为尊崇宗教、遵守法律、恪守美德是罗马成就帝国的根源。从罗马共和国后期开始，帝国乃天命所归的观念十分流行，罗马历史学家一方面记述罗马建立以来的发展强大之路，另一方面也在反思帝国的躯体给罗马精神带来的影响。李维秉持着对罗马国家发展的批判性自觉，反思罗马帝国从蕞尔小邦发展到苦于自身宏大的程度的历程，在记载跻身世界优秀民族之林的罗马人的丰功伟绩的同时，感叹于一个异常强大的民族因自身的威力长期以来自行毁灭的过程。这样的双向视角在李维对罗马和迦太基名将的形象刻画中体现出来，他一面大力歌颂罗马将领的英雄形象，给予迦太基将领以标签式的描绘，另一面在罗马和迦太基名将的平衡叙事中，隐约预示了罗马走向迦太基一般结局的危险。李维通过迦太基将领和军队从凯歌猛进走向腐朽堕落的变化过程，折射出自身所处时代的社会道德危机，警醒罗马人帝国给罗马人的品德带来的严重后果。迦太基有汉尼拔，罗马也出现了自己的"汉尼拔"，将个人和家族利益置于国家利益之上的人物，罗马变成了迦太基的翻版，正是罗马内战时代的真实写照。对汉尼拔的形象塑造反映出李维对罗马共和国的观察，个人的野心和贪欲腐蚀了共和国，酿成罗马共和国后期军事强人争权夺利、血雨腥风的内战，最终以奥古斯都一人的元首政治收场。李维对罗马国家的政治观察以道德阐述为手段，埋藏于对将领的描绘之中。

第一节　罗马名将的形象

李维弘扬的传统美德集中体现在罗马的政治人物和军事将领身上，在他对第二次布匿战争的记述中，三位将领充分体现了他大力歌颂的美德，李维的道德观念根深蒂固，对每一位杰出人物的描绘均从道德视角来解释其成败。这三位将领典型分别是法比乌斯·马克西姆斯、马尔库斯·马尔凯路斯、科尔奈利乌斯·西庇阿·阿非利加努斯。美德的第一要素是勇气，勇气在奋战沙场的将领和士兵身上淋漓尽致地展现。①

第二次布匿战争开战的头几年罗马国家遭受毁灭性的打击，在特雷比亚（公元前218年）、特拉西美诺湖（公元前217年）和坎尼（公元前216年），迦太基捷报频传，罗马威风扫地。然

---

① C. Balmaceda, *Virtus Romana: Politics and Morality in the Roman Historians*, pp. 92—108.

而，两位执政官法比乌斯和马尔凯路斯的应对之策挽救了罗马，他们在公元前214年共同担任执政官成为同僚，李维塑造了作风互补的两位执政官形象，"许多年里都没有这样一对执政官"。①在公众的想象中，他们也被联系在一起，法比乌斯以其老成持重的政策不久之后被称为罗马之"盾"，马尔凯路斯则被喻为罗马之"剑"。②

法比乌斯以他在第二次布匿战争中施展的拖延战术而闻名，但在当时许多人误解他的战术，对他渐生不满。他经受来自副手骑兵长官米努奇乌斯（Minucius）的指责。米努奇乌斯态度不恭，以讽刺的口吻称法比乌斯是"新的卡米卢斯"，实际指责他做事犹犹豫豫，迟疑不决，并非在精心策划，而是迟钝胆怯。他还鼓动军队应大胆行动，罗马的伟大来自于果敢和行动，而不是胆怯之人谓之谨慎的惰政，③以贬低上级的方式抬高自己，后来的军事将领瓦罗对法比乌斯也用了"胆怯、迟钝"之类的评价。尽管法比乌斯的做法引起诸多非议，但他能够坚定不移，坚持自己的战略主张，李维举法比乌斯为范例，说明了真正的勇气有别于蛮勇不羁，仅凭蛮勇之力并非勇气的本色。法比乌斯不仅在战斗中面对汉尼拔时展露出勇气，在经受来自罗马人内部的非议时也表现出忍辱负重、毫不动摇的勇气，战争中的勇敢行动不止一种表现方式。李维赞许法比乌斯小心谨慎、适时而动，他的

---

① 　Livy, 24.9.7.
② 　Plutarch, *Marcellus*, 9.4, 普鲁塔克援引波西多尼乌斯的话称，法比乌斯是盾，马尔凯路斯是剑。
③ 　Livy, 22.14.9—14.

评价借由汉尼拔之口传递给读者。汉尼拔不仅承认法比乌斯审慎（prudentia）和审时度势（constantia），[①] 还模仿法比乌斯的拖延战术。[②] 以这样的方式，法比乌斯不仅成为罗马人的范例，也成为敌人的典范。

马尔凯路斯军功卓著，以他的过人精力和勇敢无畏享有盛誉。公元前222年，马尔凯路斯在克拉斯提狄乌姆（Clastidium）战役中手刃了因苏布里高卢人的统帅，获得至尊战利品，这一殊荣此前只有罗慕路斯和科苏斯两人获得过，他们向主神朱庇特奉献至尊战利品，在罗马青史留名。[③] 李维的《建城以来史》中，他是唯一一位先于西庇阿打败迦太基人的将领，公元前216年在诺拉击败汉尼拔。李维对双方阵亡人数的悬殊对比不敢确定，不过他充分肯定了这次战役的伟大意义，"我认为这次胜利是汉尼拔战争中最伟大的，就在那一天打响，不被汉尼拔打败要比后来打败他艰难得多"。[④] 下文中李维不忘对马尔凯路斯的胜利再次提及，"进入汉尼拔战争的第三年，马尔凯路斯由民众任命为代行执政官，唯有他是自坎尼大败以来在意大利打过胜仗的罗马将领"。[⑤] 波利比乌斯不相信马尔凯路斯战胜过汉尼拔，汉尼拔在西庇阿到来之前一直是位常胜将军。普鲁塔克不赞同波利比乌斯的观点，他相信马尔凯路斯击溃过汉尼拔的军队，尽管并没有扭

---

① Livy, 22.12.6; 22.23.3.
② Livy, 22.24.10.
③ Harriet I. Flower, "The Tradition of the Spolia Opima: M. Claudius Marcellus and Augustus," *Classical Antiquity*, Vol. 19, No. 1, 2000, pp. 34—64.
④ Livy, 23.16.15—16.
⑤ Livy, 23.30.19.

转整个战局。①

马尔凯路斯指挥的诺拉战役不论战果如何，其意义在于扭转了罗马的颓势，在罗马一筹莫展的战争头几年里给人们带来一线曙光，正如西塞罗提醒友人回忆往事时所言，"坎尼失利后罗马人首先因为马尔凯路斯在诺拉取得的胜利而重拾信心，从那时起胜利纷至沓来"。②瓦莱利乌斯·马克西姆斯（Valerius Maximus）也说过马尔凯路斯是第一位证明汉尼拔能够被打败，叙拉古能够被夺取的人。③马尔凯路斯的事迹被罗马诗人和传记作家不断歌颂，诗人西利乌斯·伊塔利库斯歌颂了马尔凯路斯指挥军队保卫诺拉城的大无畏英雄气概，④维吉尔的《埃涅阿斯纪》里，埃涅阿斯的父亲安基塞斯曾称叹马尔凯路斯以光彩夺目的战利品闻名于世。⑤

马尔凯路斯的形象在李维对攫取叙拉古之战的记述中得到全面展现。他的权威、精力和勇气，他攻取该城的百折不挠，要求叙拉古人自愿投降，尽力挽救他们性命，流露出的仁慈心肠，以及他对阿基米德之死的遗憾，整个人物形象真实饱满。⑥无论从人物的性格刻画，谋篇布局的结构过渡，乃至劫掠的海量珍宝留给罗马的负面影响，马尔凯路斯攫取叙拉古城的这一段记述，都堪称李维笔下的一段经典。

---

① Plutarch, *Comparison of Pelopidas and Marcellus*, 1.4—5.
② Cicero, *Brutus*, 3.12.
③ Valerius Maximus, 4.1.7.
④ Silius Italicus, *Punica*, 12.166ff.
⑤ Virgil, *Aeneid*, 6.857.
⑥ Livy, 25.23.1; 25.24.11; 25.31.9.

　　马尔凯路斯与美德之间又以奉献美德神庙为纽带。公元前211年夺取叙拉古城之后，马尔凯路斯履行向荣耀和美德之神奉献神庙的许诺，这是他在公元前222年克拉斯提狄乌姆之战时立下的誓言。履行誓言并不顺利，这项计划被大祭司阻拦下来，理由是内殿不宜献给多于一位神祇，因为如若遭遇凶兆进行赎罪祭，纠结于献给哪位神祇将会带来更大不便，一头牺牲也不宜献给两位神祇。① 于是仅在法比乌斯·马克西姆斯修建的荣耀神庙里添加了一座美德之神的雕像。马尔凯路斯亡故后，其子在公元前205年奉献了荣耀和美德神庙，以此彰显父亲取得的军事殊荣和以勇气著称的美德。②

　　叙拉古城因马尔凯路斯的"正直诚实"（fides ac integritas）而平定，既平添了他本人的光荣，也增加了罗马人民的尊荣，但李维并非一味赞扬马尔凯路斯的言行，正是他对大批战利品的掠取，希腊艺术伟大作品的流入，给罗马招来灾难性的后果，给以后战争胜利后的劫掠树立了错误的先例。马尔凯路斯最终在罗马遭到反对，因为延长指挥权以及沉迷于与汉尼拔交战而备受指责，但无疑他仍是李维心目中拥有美德的罗马统帅。

　　马尔凯路斯的进取和法比乌斯的持重，正如"罗马之剑"和"罗马之盾"，是美德中互补的两面，李维对美德的描绘中显露出许多层次，美德具有多面性、灵活性。李维塑造的具有美德和勇气的将领，从来没有一张一成不变的面孔，在他们对内与对外、

---

① Livy, 27.25.9.
② Livy, 29.11.13.

早期与后期的活动评价中均有所不同，法比乌斯的坚韧、马尔凯路斯的锋芒给我们留下深刻的印象。能够完美体现美德的地方在战场，勇气的多样表现，将领的多面性格，均是美德内涵的一部分。李维对马尔凯路斯在叙拉古城的劫掠没有给予赞美之词，而是更多暗示出希腊艺术珍品的掳掠给罗马带来的不幸结局，也给以后罗马人对外族的野蛮劫掠做出不良示范。

　　李维第三位着力刻画的是科尔奈利乌斯·西庇阿·阿非利加努斯。李维对他在第二次布匿战争中生平事迹的记录，连同他振奋人心的演说，流露出李维对笔下这位罗马将领的崇敬之情。李维记录了西庇阿的首次登场，他在提基努斯河战斗中救援父亲。后来在其他人看来此行凶多吉少的情况下，他自告奋勇地前往西班牙，年方 24 岁便被一致选为代行执政官。李维赞美西庇阿运筹帷幄、有勇有谋，称他"谨慎而富有远见"（cautus et providens）。[1] 他现身危险重重的战场，统领军队，鼓舞士气，和麾下士兵同生共死。[2] 他在演说词中从不吝啬对士兵勇气的赞美，这一做法让士兵受到鼓舞，更加英勇顽强。他的演说雄辩有力，充分肯定曾经效力他父亲和叔叔的旧部，赞赏他们以勇气为罗马人民做出的贡献。[3]

　　李维描绘了西庇阿的其他美德，诚信、仁慈、友好、智慧、坚毅、慷慨。他以人道主义精神处置西班牙战俘和人质，以仁慈的姿态笼络其他民族，换取他们的支持与合作，表现罗马希

---

① 　Livy, 25.34.7.

② 　Livy, 28.19.17.

③ 　Livy, 26.41.4ff.

望得到他们的支持而非惧怕，希望把外族以忠诚同盟为纽带团结在罗马周围，而非对其采取严酷的奴隶制，这些措施有助于在当地树立起罗马人是解放者而非征服者的形象。① 按照李维的记述，西庇阿曾与盟友马西尼萨交谈，说起对自我性格的评价，他说自己最引以为傲的品质是"节制和克制"（temperantia et continentia），② 自我节制完全符合罗马人的美德标准，汉尼拔也敬佩西庇阿的"勇气和虔诚"（virtus pietasque）。③ 然而，有来自政敌的谣言传出，说西庇阿奢侈腐化，疏于管教军队，后来被控贪赃枉法，似乎晚节不保。李维记述了西庇阿自愿流放利特努姆（Liternum）并亡于那里的结局，没有人听说过他的葬礼和葬礼颂词，李维道出对这位杰出人物的钦佩和遗憾之情，"然而，因为他结束了布匿战争，没有哪次战争比这场战争更伟大更危险，他获得了无上的英名。"④ 微妙的抱怨情绪体现在句首的"然而"（tamen）一词，流露出李维对西庇阿晚年遭遇的惋惜之情。

第二节　迦太基名将的形象

在李维生活的时代，阿非利加已经罗马化了，迦太基虽然已

---

①　Livy, 26.49.8—10.
②　Livy, 30.14.5—6.
③　Livy, 30.30.13.
④　Livy, 38.53.11.

是罗马帝国的一部分，建立起殖民地，[①]但罗马人仍对迦太基另眼相看，常常和罗马当时的敌人、帕提亚、西班牙、不列颠、埃及一样受到蔑视。纵观罗马文学史的发展，有关汉尼拔的主题时有出现，汉尼拔作为一个与罗马相对立的外族典型，发挥着修辞性和传奇性的文学功能。汉尼拔不时出现在罗马的史诗作家、修辞学家、传记作家的笔下，在不同语境之下扮演着重要角色，往往作为罗马国家和罗马美德的对立面出现，这里稍作列举如次。

罗马作家烘托出第二次布匿战争的传奇色彩，著名演说家西塞罗称："哪个迦太基人在智慧和勇气以及实际的成就中比汉尼拔更胜一筹？他多年里为帝国和光荣单独与我们的许多将领开仗。他自己的同胞将他从城市流放；但我们看到他，尽管是我们的敌人，在我们公民的作品和记忆中受到敬佩。"[②]西利乌斯·伊塔利库斯在公元 1 世纪的叙事诗《布匿战记》中写道："我以罗马人的英名升入天际、自豪的迦太基屈服于意大利的统治开启这场战争。"[③]汉尼拔所向披靡，一路从阿非利加经西班牙直抵意大利，给罗马城造成严峻挑战，时隔两个世纪之后，到尤文纳尔生活的公元 1 世纪，汉尼拔的故事仍是世人钟爱的创作题材。毋庸置疑，这场战争以其跌宕起伏的传奇战局和胆识过人的传奇将领永载罗马的史册。

------

① 阿非利加行省的罗马化开始于盖约·格拉古的改革，他在公元前 122 年的改革措施包括分配贫民土地，他选迦太基原址为殖民地进行移民。由于格拉古遇刺身亡和政局动荡，该殖民地没有完全成型，但有居民获得土地在此定居，恺撒、屋大维时期在这里正式建立起殖民地。

② Cicero, *Pro Sestio*, 68.142.

③ Silius Italicus, *Punica*, 1.1—3.

　　战争的创伤在罗马人心中久久难平，是罗马人最刻骨铭心的一段战争记忆。西塞罗在哲学作品中提到，"汉尼拔来到城下，投掷标枪略过罗马的城墙，他会否认奴役、征服、毁灭我们的祖国是罪恶的？"[①] 在此，汉尼拔的名字与事关罗马生死存亡的用词"奴役、征服、毁灭"等联系起来，凸显汉尼拔对罗马人犯下的罪行。西塞罗在反对安东尼的演说词中借用迦太基人之名，称"安东尼家族的生活已经被欲望污染，因此会有人不敢宣称这些人是敌人？他会说，其罪恶已经超过了迦太基人的残酷"，迦太基人对罗马的破坏已然成为罪恶程度的重要参照，在迦太基人的陪衬之下，安东尼家族的罪行昭然若揭。西塞罗借用罗马人对迦太基人的普遍仇视，助力对安东尼的猛烈攻击，引导听众共同将矛头指向安东尼及其家族，推动修辞效果的实现。[②] 创作布匿战争史诗的诗人西利乌斯·伊塔利库斯揭露汉尼拔的恶行："一旦装备停当，他便不尊天神；他敢于作恶，鄙视和平带来的光荣，嗜血的欲念在他心中涌荡。除此之外，他年轻气盛，渴望一雪父辈的耻辱，沉溺西西里海域的和约。朱诺鼓舞他，使他的精神受野心的驱使。"[③] 讽刺诗人马提雅尔歌颂诗人西利乌斯·伊塔利库斯对汉尼拔的批判，"以你有力的表达，击碎了蛮族暴怒的虚饰和欺骗，迫使诡计多端的汉尼拔和狡猾的迦太基人向伟大的阿非利加努斯屈服"，[④] 把汉尼拔和迦太基人描绘为诡计多端却终究屈

---

① Cicero, *De Finibus Bonorum et Malorum*, 4.22.
② Cicero, *Philippics*, 14.9.
③ Silius Italicus, *Punica*, 1.56—63.
④ Martial, *Epigrams*, 4.14.1—5.

服于罗马人的低劣民族，歌颂了罗马人的伟大事迹，也歌颂了伊塔利库斯这位讲述罗马人征服外族的伟大诗人。

修辞学作品中选用的修辞手法例句也从一个侧面反映出对迦太基的反面宣传。如何重复运用首词和尾词，加强语句气势，是重要的修辞手法之一，例句如下："是谁常常打破条约？迦太基人。是谁惨绝人寰地发动战争？迦太基人。是谁毁掉意大利的面庞？迦太基人。是谁现在请求宽恕？迦太基人。"[1] 无独有偶，昆体良《演说术原理》中再次出现相同的例句："是谁经常打破条约？迦太基人。是谁发动血腥残酷的战争？迦太基人。是谁毁坏了意大利？迦太基人。是谁祈求宽恕？迦太基人。"[2] 两段例句如出一辙。斥责迦太基入侵意大利的表述到底来自第二次和第三次布匿战争期间某位罗马人士的反迦太基言论，抑或来自修辞学校经常排演的辩论主题，我们未曾可知。我们能够确定的是，以迦太基为主题展开修辞学训练不迟于公元前 1 世纪早期，这是修辞学训练中的经典话题，运用范围极广。在迦太基融入罗马世界很久以后，汉尼拔和迦太基一直是罗马学堂里修辞训练的主要论题。[3]

论题之所以运用广泛，原因在于迦太基人在第二次布匿战争中给罗马带来的沉重打击。这一打击即使没有最终酿成罗马的灭亡，战争的记忆依然长期存在，潜在的恐惧长期留存，恶意的鄙

---

① *Rhetorica Ad Herennium*, 4.20.
② Quintilian, *Institutio Oratoria*, 9.3.31.
③ J. H. Starks, "Fides Aeneia: The Transference of Punic Stereotypes in the Aeneid," *The Classical Journal*, 1999, Vol. 94, No.3, pp. 255—283.

视清晰可见。也因为如此的修辞训练极为频繁，一些学生苦不堪言，难以招架，从尤文纳尔的苦恼可见一斑，他抱怨说老师一周里全在就"可怕的汉尼拔"（dirus Hannibal）展开辩论训练，乏味之极，反感同一主题的修辞训练过于频繁。① 但无疑以汉尼拔为主题的修辞训练对尤文纳尔的影响难以抹去，否则不会有他对汉尼拔入侵意大利的描述，尤文纳尔称，汉尼拔"不仅占据阿非利加，击打摩尔人的海洋、毗邻温暖的尼罗河，再折向埃塞俄比亚人和其他大象的民族！西班牙也纳入他的掌握，他翻越比利牛斯山。大自然设置了阿尔卑斯山和皑皑白雪，他用醋酸开山辟石。现在意大利就在他的掌握，仍需继续前进。他说：'毫无进展，除非我的腓尼基军队攻破城门，我把军旗插在苏布拉（Subura）山谷正中！'"② 讲述了汉尼拔翻越崇山峻岭、兵临罗马城下的传奇故事。

　　诋毁迦太基人的言论后来在罗马代代相传，迦太基人表现出几点最为罗马人诟病的特质。首先，背信弃义，残酷无情。最早谈及迦太基诡计多端、言而无信的现存资料见于公元前2世纪前期普劳图斯的戏剧《小迦太基人》（Poenulus）。故事讲述了一个名叫米尔菲奥（Milphio）的奴隶随主人同行，临时为主人做起了腓尼基语翻译。对腓尼基语一窍不通的米尔菲奥胡说八道，懂拉丁语的汉诺（Hanno）直接把他拆穿，痛骂他耍弄二人。米尔菲奥气急败坏，回击汉诺是个骗子，像蛇一样长着分叉的舌

---

① 　Juvenal, *Satire*, 7.161.
② 　Ibid., 10.148—156.

头。^① 很难辨别戏剧中对迦太基人的辱骂到底在多大程度上代表了作者的严肃意见，不过喜剧中戏谑贬低迦太基人的戏份即使无法作为罗马人丑化迦太基人的可靠证据，我们至少可以看出，贬低讥讽外族在当时并不被当成十分严肃的事，轻蔑外族似乎无可厚非。这出喜剧也许在第二次布匿战争结束不久上演，这种对迦太基民族的耻笑极为适合在舞台上的演出，能够充分调动在场观众的情绪，以滑稽对话制造喜剧的氛围。

西塞罗称："我们与拉丁人、萨宾人、萨莫奈人、迦太基人及皮洛士竞逐权力。迦太基人违背条约；汉尼拔残酷无情，其他人则更为仁慈。"^② 迦太基人变成了各个民族中背信弃义、残酷无情的代表，罗马遇到的最冷酷无情的对手。李维的记述与西塞罗的口吻如出一辙，他记述了罗马统帅西庇阿的战前誓师大会，西庇阿为鼓舞士气宣称罗马是正义的一方，迦太基人则是撕毁条约的一方。^③ 诗人西利乌斯笔下的迦太基人被归入违背条约的一方，"迦太基领导人第三次以罪恶的战争违背了与元老院的协定，以及他们向朱庇特发誓遵守的条约；第三次以无法无天的利剑肆意打破他们批准的和约"。^④ 违背条约成为污蔑迦太基人的老生常谈。贺拉斯曾形容汉尼拔冷酷虚伪，^⑤ 老普林尼讲过一段故事，

---

① Plautus, *Poenulus*, 1032—1034.

② Cicero, *De Officiis*. 1.38.

③ Livy, 21.40.11.

④ Silius Italicus, *Punica*, 1.8—11.

⑤ Horace, *Odes*, 2.12.2, "durum Hannibalem"（冷酷的汉尼拔）; 3.6.36, "dirum Hannibalem"（骇人的汉尼拔）; 4.4.42, "dirus Afer"（可怕的阿非利加人）; 4.4.49, "perfidus Hannibal"（虚伪的汉尼拔）。

说在汉尼拔战争中，汉尼拔先让罗马战俘自相残杀，随后让幸存者与大象搏斗，胜利者可换取个人自由。结果这名战俘屠杀大象取胜，汉尼拔却突然反悔，认为消息一出，大象威风扫地，军心动摇，于是派骑兵将此人灭口，刻画出出尔反尔、冷酷无情的汉尼拔形象。①

其次，善于欺骗，行为卑劣。这一条与上文难以严格区分，不诚实守信，践踏誓言，正是卑劣行为的表征，因为善于欺骗，所以从不遵守双边协议，做出卑鄙的举动。波利比乌斯记述了一段有关汉尼拔善于伪装的逸闻，称凯尔特人新入伍不久，汉尼拔尚未与之建立稳定的将士关系，为防行刺，他准备了多顶假发，乔装改扮。发色根据乔装年龄而定，衣着也与假发相配，不仅偶尔见过他的人一时认不出，连熟人也很难分辨，② 以说明汉尼拔的狡猾之处。公元前 1 世纪的修辞学作品中，阴谋诡计被归结为迦太基的一项特殊的征服手段，"迦太基以阴谋诡计、努曼提亚以过硬的实力、科林斯以精致的文化都无法摇撼的城市，现在竟被卑微懦弱之人践踏在脚下？"③ 以诡计多端概括迦太基的主要特征。罗马历史学家撒路斯特在回顾罗马历史时称，"在整个布匿战争中，尽管迦太基人既在和平时也在休战时常常做出许多可恶之举，罗马人从未寻机回敬他们，而是征询什么行动才是与其尊荣一致的，而非法律多大限度允许他们向敌人复仇"，强调罗马从不寻衅向敌人复仇，坚持罗马人的崇高德行，美化罗马尊贵仁

① Pliny the Elder, *Naturalis Historia*, 8.18.
② Polybius, 3.78.1.
③ *Rhetorica Ad Herennium*, 4.66.

慈的形象；反之，迦太基人背信弃义、肆无忌惮，丑化迦太基人的可恶形象。[1] 在李维的描写中，汉尼拔的最大缺陷是口是心非、背信弃义，"比布匿人还狡猾"。[2] 在李维之后的几十年，拉丁作家瓦莱利乌斯·马克西姆斯写道："布匿的诡计多端臭名昭著，闻名寰宇。"[3] 罗马人鄙视欺骗和不公。西塞罗在《论职守》中有一段十分著名的论断，主张对卑微贫苦之人哪怕是奴隶也要给予公平，要求奴隶劳动的同时必须给予他们权利。所谓公平便是不侵犯他人的权利，有两种做法显然践踏了他人的权利，一是强迫，二是欺骗。强迫是狮子的行为，欺骗是属于狐狸的狡猾，二者都不配君子所为。各种不公平行为里最臭名昭著的当属虚伪，欺骗是最可鄙视的。[4] 西塞罗选择狮子和狐狸两种动物来比喻强迫和欺骗，两种行为都是不公正的，侵犯他人权利的，借以强调罗马人珍视的，也是敌人不具备的价值观念。由此可见，诡计多端、劣行斑斑成为罗马人加诸在迦太基人身上的恶劣印记。

再次，奢侈堕落，爱慕荣华。波利比乌斯记述了汉尼拔"极为贪财"。[5] 瓦莱利乌斯·马克西姆斯曾有一段论述："汉尼拔没有被武力打倒，反倒被诱惑击败，输给了罗马士兵。应有尽有的饮宴、气味香浓的油脂和放纵无度的淫逸、醉生梦死，诱惑了一位无比机智的将领和一支无比勇敢的军队。终在塞普拉西亚

---

[1]　Sallust, *Bellum Catilinae*, 51.6.
[2]　Livy, 21.4.9.
[3]　Valerius Maximus, 7.4.4.
[4]　Cicero, *De Officiis*, 1.41.
[5]　Polybius, 9.25.1.

（Seplasia）和阿尔巴纳（Albana）安营之时，迦太基的勇武荡然无存。什么更邪恶，比那些罪恶更害人匪浅？勇敢磨灭不存，胜利滋生懈怠，光荣沉睡不醒，寡廉鲜耻，头脑和身体软弱无力。敌人把我们征服抑或这些罪恶把我们征服，哪个算作更有害，的确是个问题。"[1] 瓦莱里乌斯·马克西姆斯从迦太基人奢侈腐化、自行堕落的经验中吸取教训，反思罗马人同样沾染上了这些恶习，造成罗马人身体和精神力量的严重削弱。

最后，嫉妒成性，傲慢无礼。诗人贺拉斯有云："罗马人不会烧毁嫉妒的迦太基的不可一世的堡垒？"[2] 用嫉妒、仇恨等形容词来描绘迦太基人。瓦莱里乌斯·马克西姆斯笔下表现出汉尼拔傲慢的一面，"汉尼拔为他在坎尼的胜利而兴奋，他不允许士兵踏入营帐，除了通过传令官不答复任何人。甚至当马哈尔巴在他的营帐前扯开嗓门大喊，为汉尼拔找到一条几日后便可在罗马卡皮托山上大摆筵席的办法，汉尼拔断然将他拒之门外"，[3] 反映出汉尼拔不听取他人意见、一意孤行的品性，最后与胜利失之交臂，遗憾收场。

上述贬损迦太基人的几点恶劣品质，并非泾渭分明，经常彼此交织，类似污蔑敌人的常用套语。因此，罗马人经常提及的迦太基人的缺陷，未必真实反映迦太基人的品行特征。描述外族性格缺陷的模式化用语，早在与那些民族接触或冲突时就已开始

[1] Valerius Maximus, 9.1.
[2] Horace, *Epodes*, 7.5.
[3] Valerius Maximus, 9.5, ext. 3.

使用，类似的贬低之词陈词滥调，常常见诸对与罗马为敌的其他民族的描绘，如犹太人的迷信等。[①] 罗马人对外族的刻画中一点共同之处在于，绝大部分情况下把自身放在美德的制高点，把外族放在卑劣的低处，建立起美德与罪恶的二元对立，美德必然得到称赞，罪恶必然受到谴责，于是确立起以美德自居的罗马人贬损外族的合理性。对迦太基的偏见无疑是影响最广的，也是持续时间最长的。关于汉尼拔的话题在罗马的传统记载中形成了一股主流论调，强调汉尼拔和迦太基人的恶行和对罗马的破坏。所谓迦太基人的恶劣品质没有详实的史实作为支撑，更没有来自迦太基方面的史料予以证明，我们看到的仅是罗马单方面对迦太基人的负面评价，里面夹杂着对外族鄙夷仇视的非理性情绪。

李维在记述第二次布匿战争的卷册中，对汉尼拔既有赞美也有贬斥，描绘汉尼拔精力过人，无论身体还是精神坚韧不拔，习惯和士兵同吃同住，从不养尊处优，[②] 称赞汉尼拔作为士兵作风过硬，作为将领胆识过人。紧接着，话峰一转，李维重拾所受修辞学训练的手法，撰写了一段对汉尼拔的贬损之词："他的这些美德可与其深重的罪孽相提并论，他残酷不仁，比迦太基人更加背信弃义，对他来说毫无真善可言，从不敬畏神明，从不信守许下的诺言，从不拜神。他以这些与生俱来的美德和罪恶

---

① Quintilian, *Institutio Oratoria*, 3.7.21.
② Livy, 21.4.7，李维写道："没有什么辛劳能够耗损他的身体或是征服他的精神。他结束工作后就寝，不靠软榻或安宁来入睡，许多人见到他席地而卧，裹着普通士兵的斗篷，躺在哨兵和警卫之间。"

在哈斯德鲁巴的统率下效力三年，并未忽视成为一名伟大将军所应做的和应见的任何事"。[1] 汉尼拔的形象急转直下，从胆识过人、作风过硬的将领沦为罗马人心中的梦魇。从公元前 3 世纪后期第二次布匿战争罗马与迦太基的冲突开始，有关汉尼拔和迦太基人的传奇故事流传开来。到公元 1 世纪，汉尼拔进攻意大利的故事早已在民间耳熟能详，外族记忆在各个体裁的文学作品中得到深化。罗马人对汉尼拔怀着钦佩、仇恨、恐惧兼而有之的复杂情绪，一方面凸显他纵横阿非利加、西班牙和意大利，能征善战的杰出指挥才能；另一方面抨击他为人阴险狡诈，欺骗成性，对罗马人犯下累累罪行。虽然李维说汉尼拔的美德和他巨大的罪恶不相上下，却仍是以他的恶行为侧重的。这段梦魇从汉尼拔战争开始，一个世纪接续一个世纪，让罗马人担惊受怕，噩梦连连，汉尼拔俨然成了罗马人头脑中外族敌人的恶劣典型。

李维对汉尼拔的描绘更多表现出对迦太基人的老生常谈，言而无信、残酷不仁、不信宗教。对汉尼拔的这些指责大概并非出于李维的虚构，他遵循旧有的传统记载。李维本人对这些成见作何感想，难以断言，就他继承罗马编年史编纂传统的风格而言，李维对于汉尼拔和迦太基人背负的污蔑罪名基本上是赞同和默许的，至少从吸引读者的角度来说是接受这些记述的，偶尔也会有对汉尼拔的诚信正直（fidelis、verus）且信神（religiosus）的形容。李维的描写不仅反映出编年史的记述，同时结合了个

---

[1]　Livy, 21.4.9—10.

人观点，但并非自始至终前后一致，这些前后矛盾的一鳞半爪从侧面反映出李维在运用编年史资料时未能做到完全协调一致。

　　如果说李维大体借鉴了传统记载，那么这些传统揭示了几分真相？李维本人的许多段落也有类似描写，公元前 218 年汉尼拔在特雷比亚河战役取胜后劫掠维克图姆莱城（Victumulae），李维写道："不缺少任何一种历史学家通常认为在如此情形下值得书写的残酷之举；各种贪欲、愤怒和野蛮的傲慢降临到苦难的居民身上。这便是汉尼拔的冬季远征"，[①] 以汉尼拔的野蛮残酷概括他的冬季征服。李维记述汉尼拔所到之地肆意劫掠，"汉尼拔当日渡过沃尔图努斯河（Volturnus），在离河不远处安营；翌日穿过卡勒斯进入西狄奇尼人（Sidicini）的地界。他在那里逗留一日，破坏乡间，随后沿拉丁大道途经苏埃萨（Suessa）、阿里菲（Allifae）和卡西努姆的地界。到达卡西努姆之前，他安营两日，毁坏各地乡间"，[②] 劫掠成为交战之外最主要的军事活动。公元前 210 年执政官马尔凯路斯收复了萨拉皮亚（Salapia），武力夺取了马莫里埃（Marmoreae）和迈勒斯（Meles）两城。后两座城镇是汉尼拔在萨莫奈地区的军粮供应基地，当地 3000 守军落败，罗马军队在此缴获 24 万摩底的小麦和 11 万摩底的大麦，可见汉尼拔对意大利的掠夺之多。[③] 尽管汉尼拔所进行的杀戮并非

---

① Livy, 21.57.14.
② Livy, 26.9.1—2.
③ Livy, 27.1.3.

无缘无故，许多杀戮归于手下士兵的野蛮之举，手下将士的过度
而为，是战争不可避免的结果，但无疑在意大利战争过程中，经
汉尼拔默许、命令的杀戮不胜枚举，给意大利人带来了沉重的
灾难。

汉尼拔的残酷也体现在残忍的献祭行为上，如在提基努斯
河交战前的献祭，他对士兵做出种种承诺，为了证明一定履行
承诺，他献祭羔羊，发誓说若食言天神会夺他性命，如同他夺
取这只牺牲的性命一样。[1] 有学者认为提基努斯河献祭是真实
发生过的，有人则表示怀疑，李维记述的这场祭仪缺少迦太基
元素，这段记述很可能是虚构的，因为这让人联想起磐石朱庇
特（Juppiter Lapis）祭仪，与该祭仪别无二致。这段记述来源
于科埃利乌斯·安提帕特的虚构，抑或加入了二流编年史家的
虚构。[2]

李维一面说汉尼拔不敬神，后来又记述汉尼拔向朱庇特神
和其他神明进行祈祷，在远征意大利之前敬拜卡迪斯的赫丘力
神。[3] 前面说他背信弃义，后面又说他言而有信，譬如他信守诺
言，接受赎金，释放卡西利努姆的战俘，而非其他记载所说的派
出一支骑兵把这些战俘全部杀害。[4] 汉尼拔多数情况下呈现出的
是敬奉诸神的形象。李维提到汉尼拔检阅各族军队后向卡迪斯进
发，他向赫丘力神许下诺言，以新的诺言约束自己，期望能在接

[1] Livy, 21.45.8.
[2] G. Brizzi, "Carthage and Hannibal in Roman and Greek Memory," in *A Companion to the Punic Wars*, p. 486.
[3] Livy, 21.21.9.
[4] Livy, 23.19.16.

下来的行动中取胜。① 再者，他和马其顿国王腓力五世签订合约时许下誓言，祈求诸神见证，给予胜利。② 汉尼拔在许多时候为军队祈祷，③ 在拉奇尼乌姆的朱诺神庙举行祭仪。④ 汉尼拔是否虔诚礼神，我们无法给出确定结论，汉尼拔的宗教活动无法代表他自身的宗教观，是在具体情况下为达成目标的仪式做法，但他举行各种献祭仪式的做法无疑给民族成分复杂、难以驾驭的军队带来力量和希冀。意大利学者布里奇（Brizzi）主张，是对汉尼拔个人品德的负面评价衍生出他漠视宗教的论调，对他残酷不仁、狡黠多端的道德观点衍生出关于他不虔诚敬神（impietas）的抨击，对他个人品德的质疑才是认为他不虔诚敬神的根源，内中意味并非远离宗教祭仪所涵盖的，认定汉尼拔不虔诚敬神的缺陷不等于不承认他礼敬诸神的具体操作。⑤ 对汉尼拔的负面评价从根本上来源于对他作为外敌的成见。

---

① Livy, 21.21.9，卡迪斯［今加的斯（Cadiz）］是腓尼基推罗城的殖民地，建有著名的迈尔卡特（Melkarth）神庙，迈尔卡特是母邦推罗城的保护神，罗马人称之为赫丘力。迦太基同是推罗城的殖民地，因此汉尼拔前来敬拜迈尔卡特神。Silius Italicus, *Punica*, 3.14—16，西利乌斯·伊塔利乌斯也记述了汉尼拔在赫丘力神庙献祭，献上近来攻取萨贡图姆缴获的祭品，还提及神庙里的木料从不腐烂，人们相信天神一定居留于此，才致神庙不腐。

② Polybius, 7.9.

③ Livy, 21.21.6，汉尼拔鼓励士兵称，承蒙上天保佑，即将开始的战争一定会让兵士名利双收；Polybius, 3.44.13，汉尼拔替所有士兵向神祈祷；Polybius, 111.10，汉尼拔向士兵宣告，如若上天成全，他将兑现从前许下的诺言，由此勾勒出一位信守诺言的将领形象。

④ Polybius, 3.56.4，汉尼拔将麾下兵力情况记刻于拉奇尼乌姆。

⑤ G. Brizzi, "Carthage and Hannibal in Roman and Greek Memory," in *A Companion to the Punic Wars*, p. 483.

　　言而无信、残酷不仁、不信宗教三个对汉尼拔性格缺陷的传统论调中，影响最广的是言而无信，直至奥古斯都时代，布匿的诚信（fides Punica）成为形容背信弃义的流传甚广的俗语。李维使用了"布匿的诚信"这一说法，记述了汉尼拔不守承诺、自食其言的做法。特拉西美诺湖战后，汉尼拔不遵守马哈尔巴答应如果缴械投降便饶罗马士兵性命的承诺，李维的记述里用到了"布匿诚信"这一说法，以反讽的说法表明不礼神的汉尼拔注定会违背诺言，把释放的俘虏全部收缴。"布匿的诚信由汉尼拔礼敬神祇来守护"，[①] 以反讽的手法说明了汉尼拔不会虔诚敬神，也不会遵守诺言。李维对迦太基人的实际看法未曾可知，不过似乎流露出默认对汉尼拔负面评价的存在。令人印象深刻的一处是，扎马战前汉尼拔与西庇阿试图和谈时使用了"布匿诚信"，在这里一反常态地用作正面意思。汉尼拔自证清白，说罗马人现在怀疑布匿的诚信受到污染，实际上对于和约的忠实遵守很大程度上依靠个人，证明自己诚实守信，请对方放弃疑虑。[②] 我们注意到，"布匿的诚信"是一个罗马用词，是从罗马立场出发对他者的描述，李维把罗马的宿敌汉尼拔作为他的传声筒，汉尼拔和西庇阿的谈话内容在这里不能真实反映出来，但可以反映李维先入为主地使用该俗语，然后以汉尼拔的辩解反转成见。

　　汉尼拔的言而无信（perfidia）和所谓不履行义务不应混为一谈。在希腊世界中，腓尼基人诡计多端的主题由来已久。迦太基

---

①　Livy, 22.6.12.

②　Livy, 30.30.27.

是腓尼基人建立的殖民地，迦太基人作为腓尼基人的后裔，承继了诡计多端的成见。在罗马，迦太基背信弃义这一主题在汉尼拔战争的亲身经历中发展而来，后来扩大到所有的迦太基人。布里奇认为汉尼拔的"言而无信"受到了希腊文化中思量、谋划的刺激。汉尼拔是斯巴达人索西路斯（Sosylus）的学生，深受希腊文化的影响。据普鲁塔克所述，在公元前5纪末的斯巴达，当时崇尚质朴高尚的国家要人公开谴责莱山德（Lysander）的胜利，指责他不惜使用诡计和谎言取得胜利，寡廉鲜耻地滥用计谋，不配做一个拉西第梦人，不配做赫拉克勒斯的后代。征服雅典的莱山德曾作过一番讽刺性的回答，他对这些指责嗤之以鼻，答复说："狮子皮盖不到的地方，必须用狐狸皮修补"，[1] 指出变通的重要，暗示使用谋略花招合乎情理。我们可以猜想汉尼拔的行事作风受到希腊文化的浸染，他不必把使用计谋看作不当之举，我们也不能先入为主地认为他言而无信、阴险狡诈。

李维对汉尼拔形象的塑造是矛盾的，以负面为主，反映出罗马编年史对外敌形象的主要基调。然而在罗马与迦太基接触初期，情况却迥然有别，罗马编年史家把迦太基和迦太基将领分而视之，罗马统治上层一直倾向迦太基当局，批判迦太基将领的恣意妄为。波利比乌斯援引了罗马历史学家法比乌斯的说法，称哈斯德鲁巴有推翻政府称王的野心，他迫于政敌的压力离开阿非利加，选择统治伊比利亚，丝毫不顾及迦太基元老院。汉尼拔从童年起便潜移默化地受到哈斯德鲁巴的影响，他一意孤行向罗马开

---

[1] Plutarch, *Lysander*, 7.

战，对迦太基当局的意见不屑一顾。由此战争罪责被归咎于汉尼拔一人，而非迦太基政府，迦太基的显要人物均不赞成汉尼拔与萨贡图姆城交战。"罗马历史学家法比乌斯说，除了对萨贡图姆人的仇恨，战争的另一原因便是哈斯德鲁巴的野心和对权力的热爱。他告诉我们，他如何在西班牙获得指挥大权后抵达阿非利加，试图废除迦太基的制度，变为君主政体。然而政治领导者们风闻他的计划，联合起来反对，他离开阿非利加，日后按意愿统治了伊比利亚，对迦太基元老院置之不理。汉尼拔自从儿时起便追随哈斯德鲁巴的主张，接掌伊比利亚的指挥权后，运用与哈斯德鲁巴同样的手段，违背迦太基的主张，现在主动与罗马开战，迦太基没有一名贵族同意他在萨贡图姆的所作所为。"① 坎尼战败后，特兰提乌斯·瓦罗（Terentius Varro）对卡普阿公民发表讲，他把打败自己的汉尼拔描述为来自阿非利加之外的一帮人，甚至不能被看作阿非利加人，"一支迦太基的敌人，甚至并非阿非利加土生土长，从世界之边、从海峡和赫拉克勒斯石柱长途而来"。② 法比乌斯的说法和李维笔下瓦罗的观点在当时应是罗马贵族中间的主流观点，把汉尼拔个人与迦太基国家区别开来看待，认为汉尼拔为了家族私怨和谋求权力而发动战争，对汉尼拔的仇怨未牵扯迦太基国家，对汉尼拔的仇恨未殃及对迦太基的总体态度。总之，在大战之前迦太基和罗马一直维持着友好关系，布匿战争开始之际罗马对外族的仇视并不明显。

迦太基在制度上受到希腊人的力捧，认为迦太基城是与希腊

① Polybius, 3.8.1—5.
② Livy, 23.5.11.

城邦极为相近的城邦，证据来自亚里士多德，他称迦太基具备优良的制度以及许多突出特点，在某些方面与斯巴达的政体最为接近。[①] 埃拉托色尼（Eratosthenes）高度评价迦太基，不赞同把希腊人和蛮族人截然两分，更合理的做法是以品质高低来区分。迦太基是政府治理得当的代表，和罗马人一样，他称叹二者的政府管理形式。[②] 希腊文化中对迦太基人的认识无疑影响了深受希腊文化影响的早期罗马历史学家，如法比乌斯·皮克托。

学者们长久以来认为李维在第 21 卷开篇对汉尼拔的描绘模仿了撒路斯特对喀提林的描写。[③] 李维笔下的汉尼拔经常被看成西塞罗和撒路斯特笔下的喀提林的翻版，有时候也被比作撒路斯特所描绘的朱古达。李维在第 21 卷里细致刻画的汉尼拔，让人不禁和撒路斯特笔下的喀提林建立起联想。撒路斯特的喀提林（公元前 1 世纪）影响了李维的汉尼拔（公元前 3 世纪末），换句话说，李维笔下的汉尼拔是年代早于李维的撒路斯特笔下喀提林的缩影，"一旦我们看看李维记述中的汉尼拔，那么很难不在撒路斯特的记述中看到日后喀提林身上的汉尼拔。"[④] 戈尔曼

---

① Aristotle, *Politica*, 2.8.
② Strabo, *Geography*, 1.4.9.
③ Livy, 21.4.2—9; Sallust, *Bellum Catilinae*, 5.3—4, 撒路斯特刻画喀提林的形象：身体能够忍受饥饿严寒和缺少睡眠，他的头脑鲁莽、狡猾、诡计多端，擅用各种伪装或隐藏。贪恋他人的财物，挥霍自己的财产。
④ O'Gorman, "Intertextuality and Historiography," in *The Cambridge Companion to the Roman Historians*, pp. 238–239. 理解汉尼拔和喀提林的比较，首先需要调整历史理解的时间观，李维在编年史的时间顺序之外，还有打破历时性时间顺序的一面，这种做法有时也会被认为是年代错置。值得注意的是，结合过去与现在是罗马人理解历史的长期存在的要素，也是范例史学得以存续的必要条件。

（O'Gorman）指出李维和撒路斯特以及他们笔下的汉尼拔和喀提林存在互文关系，认为互文打破了通常的时间顺序，打破我们对撰写时间先后的区分。李维邀请读者考虑二人的先后时序，实际在提醒读者应以历史时间为先，突出汉尼拔是早于喀提林的，以增强自己记述的权威性。

有学者提出不同意见，李维研究专家沃尔什认为，撒路斯特和李维的性格刻画有着不可调和的矛盾性，主要体现在李维笔下的汉尼拔形象前后不一致，这和喀提林一贯的罪恶昭彰有很大区别。[1] 罗马与迦太基关系研究专家霍约斯（Dexter Hoyos）认为，将李维笔下的汉尼拔与西塞罗和撒路斯特描绘的朱古达相提并论是没有事实依据的。汉尼拔入侵意大利，打败罗马人，喀提林并没有；汉尼拔并不打算推翻罗马的统治或是成为意大利的统治者，而是与罗马缔结有利于自身利益的体面协议，前述两点却是喀提林的目标；汉尼拔在战后回国效力，以政治经济改革惠及迦太基，这是喀提林难以企及的。汉尼拔在老年流亡生活中最后选择坦荡地服毒自尽，和密谋者喀提林完全不同。之所以学者们建立如此的类比主要归因于两人都反对罗马，李维、西塞罗和撒路斯特的措辞也有某些相似性。[2]

李维笔下的汉尼拔与撒路斯特笔下的喀提林和朱古达有颇多相似，相似之处表现为：首先他们在叙事中占有类似的位置，李维语句简洁，运用唐突且意味深长的短语，十分明显地模仿撒路

---

①   Walsh, *Livy: His Historical Aims and Methods*, p. 104.
②   Dexter Hoyos, "Rome and Carthage in Livy," in *A Companion to Livy*, pp. 370—372.

斯特的语言风格，文风上多有相似；其次，李维笔下的汉尼拔混合了喀提林和朱古达的特质。他有喀提林一般的体魄和耐力，两人在忍受饥饿、严寒和困倦三方面极为相似，美德和罪恶也同时并存；最后，汉尼拔与朱古达均是非洲人，在战争中表现出相似的勇气，不论作为士兵还是作为统帅都精力过人，得到将领和士兵的拥戴，二人的出身和勇气相似。喀提林自内部威胁罗马，朱古达自外部胁迫罗马，汉尼拔集两种威胁于一身，李维把焦点放在汉尼拔从内外两个方向对罗马的双重威胁。①

　　汉尼拔和喀提林的雷同化表述尤为突出，李维邀请读者在汉尼拔和喀提林之间，迦太基和罗马之间建立联系，隐含着正是一些因素导致迦太基毁灭的意味：如仇恨和对王权的渴望（odium and cupido regni），这些因素亦能把罗马引向同样的结局。第21卷开篇处，对撒路斯特的仿效明显显露出来，邀请读者在喀提林的特殊框架中来理解汉尼拔的行事作风。汉尼拔的野心（ambitio）和对权力的渴望（imperi cupido），驱使他突破国家和私人关系之间的规范。上文中提及迦太基元老汉诺反对准许汉尼拔前往西班牙，控诉他独断专行，控诉他会像父亲一样雄霸一方，分裂和毁灭国家，呼应了撒路斯特对喀提林渴望王权（cupido regni）、不惜阴谋夺权的描绘。汉尼拔的权力欲和后来在卡普阿的堕落均呼应了撒路斯特勾勒的罗马开始衰落的重要时刻，"当罗马统治的对手迦太基已被彻底摧毁，而罗马人在所有的海洋和陆地都畅行无阻的时候，命运却开始变得残酷起来……

---

① 　D. S. Levene, *Livy on the Hannibalic War*, pp. 99—103.

首先是对金钱，然后是对权力的渴望加强了。应当说，这些正是一切罪恶的根源。"① 李维对汉尼拔的描写，唤起读者对喀提林的仇视，同时便利了对两个城邦作出有说服力的比较，实现李维的说教意图。由此可见，李维无时无刻不有意识地将历史与当下联系起来，以历史警醒世人，汉尼拔谋求个人权力，胸怀仇恨，祸乱国家，喀提林同样利欲熏心，不惜损害国家利益，谋求个人权力。两个时空条件下人物的对比，实际上出人意料地实现了互证，证明了权力欲求给国家带来的灾难性后果。李维用心良苦、心思细腻地试图唤起读者的共鸣，给他们带来启迪，警示罗马人引以为戒，规避贪婪奢侈。

汉尼拔带给罗马的威胁不仅是外部的，试以军事打击摧毁罗马，同时也是内在的，罗马人在毁灭迦太基后滋生腐朽，那才是罗马真正的威胁。喀提林也曾系出名门，祖上门楣光耀，他的美德湮没在浑浊世道之中，他的品性既折射了时局的道德乱象，也加剧了罗马的世风日下。朱古达的罪恶是受到见财忘义的罗马贵族教唆，这些人煽动朱古达的权力野心，让他变得唯利是图。② 罗马的强大始于内在的道德，罗马的祸患在于内部的腐蚀。李维没有简单将汉尼拔视为势不两立的仇敌，罗马人想要打败他，也必须以他为兼具仿效和规避的范例。③ 李维的眼界不仅有过去的历史，更有当下的教化，他要为当下的读者提供重要的范例。

有学者考察李维笔下的努米底亚人形象，以马西尼萨为代

---

① Sallust, *Bellum Catilinae*, 10.
② Sallust, *Bellum Iugurthinum*, 8.1.
③ D. S. Levene, *Livy on the Hannibalic War*, p. 103.

表。马西尼萨曾是汉尼拔的盟友，后来转投西庇阿麾下。李维展现出努米底亚人的热情奔放和身强力壮，呈现出文化上的类型化描绘。他对努米底亚人的描写与公元前 2 世纪的波利比乌斯的记录有所不同，波利比乌斯的《历史》仅强调了马西尼萨过人的力气和努米底亚人的实力，李维则明显带有对努米底亚人的类型化印象。李维的文化成见不始于他，不过他在文学叙事中一定有意无意放大了这一脸谱化形象。哈利（Haley）认为李维对马西尼萨和索弗妮巴插曲的记述参考了科埃利乌斯·安提帕特的作品，后者显然提及了这个故事，但仅有残篇存世。李维并未虚构出激情奔放的努米底亚人，而是受到一种流行论调的影响。他在他的主要史料波利比乌斯那里找到了可以支撑他的观察的材料，并将之作为整个努米底亚的代表，这也反映在恺撒和西塞罗对当时努米底亚人的看法中。这一老生常谈一直延续下去，在维吉尔笔下的狄多、尤文纳尔甚至莎士比亚的北非人形象中都能够有所辨识。[①] 对外族成见的形成，是世界征服的副产品，到李维时代已经十分盛行。

与汉尼拔的战争确定了罗马在地中海西部的霸权，罗马在战争中踏上了帝国之路。就在汉尼拔战争结束后五十余年，罗马彻底摧毁迦太基，成为地中海霸主。战争虽已过去，战争中的人物和事件作为一种范例对罗马的当下发挥影响，既在修辞学训练上充当假设的辩题和修辞例句的主题，又在罗马价值观的塑造上提

---

① S. P. Haley, "Livy, Passion, and Cultural Stereotypes," *Historia*, Vol. 39, No. 3, 1990, pp. 375—381.

供一个对立面，反衬出罗马人的正面形象。对迦太基的憎恨逐渐成为罗马爱国主义的一项标杆，这种以仇视外族为表现的爱国情感在迦太基并入罗马之后逐渐形成。这场战争除了军事意义外，还使罗马人对迦太基人的印象全部从汉尼拔战争出发来判断，汉尼拔很大程度上塑造了迦太基人在罗马人心中的形象，汉尼拔的形象同时也经历罗马人的不断塑造。从汉尼拔战争结束后，汉尼拔的名字已经深深扎根在罗马人的记忆中，第三次布匿战争后迦太基的毁灭标志着罗马掌握了对汉尼拔形象的独占权，独占对他个人的评价。罗马人塑造起汉尼拔的形象，将他描绘得神乎其神，也描绘得卑鄙无耻，让汉尼拔的形象适应于罗马崛起的历史叙事。对罗马人而言，汉尼拔的两面性，勇敢的将领和没有信誉的布匿人，并不互相矛盾。在罗马人的历史书写中，汉尼拔既是最可敬的对手，也是最不诚实的布匿恶人，是他自己的行为酿成了迦太基及其人民的灾难。古代史料的二元观点直接影响到现代历史学家的书写，在现代学者笔下汉尼拔仍有两副面孔，这两副面孔没有交叠重合的迹象。①

李维笔下以汉尼拔为代表的迦太基人带有明显的模式化描述，源自罗马文学传统在罗马帝国形成过程之中主流话语的演变，以地中海霸主的气势睥睨一切，歌颂罗马名将在国家危难关头的杰出事迹，鄙夷外族的卑劣行径成为主流叙事形式。罗马对迦太基人的印象从最初友好相处，互有好感，到后来有意污化，反映出罗马外族观念的改变。伴随着罗马地中海世界霸权的确

---

① E. MacDonald, *Hannibal: A Hellenistic Life*, p. 5.

立，其他民族早已不是罗马的对手，降为罗马帝国的行省，罗马人对迦太基人居高临下的污蔑贬低逐渐成为罗马与外族关系互动中外族形象的主流。李维在描绘外族形象时，并非完全将外族作为他者，自身与他者并非视为隔绝的两个群体，外族身上的优秀品质如一面镜子观照罗马人自身，因此在汉尼拔身上既有老生常谈的外族背信弃义、残酷无情的旧有成见，也有罗马人身上或已罕见的勇敢品质。

第三节　汉尼拔和西庇阿的平衡叙事

本节主要以汉尼拔和西庇阿为研究对象，阐述轻蔑丑化外族是罗马人外族观念的主流论调，同时，需摒弃对罗马极力歌颂自身赫赫战功、完全污蔑军事对手的简单误解，认识到罗马人把外族既作为美德的对立面，同时也作为警示罗马道德的参照系。为了具体说明这一点，以汉尼拔与西庇阿的平衡叙事为例作以详尽分析，从人物形象刻画的角度说明罗马人与迦太基人的平衡叙事是从李维的历史书写中深刻理解两国关系和罗马国家命运的绝佳手段。

李维善于统筹兼顾，他对罗马和迦太基主题的处理采用一种平衡的手法，我们既感受到他倾向于对迦太基抱有成见的形象塑造，也发现他运用更为现实和平衡的视角呈现对立的双方。第26卷里，他暂停战争叙事，作出了双方如何看待战局地位的公正评价："战争里没有什么时候比此时更让罗马人和迦太基不确信未来将如何，或更让他们卷入失败和成功的快速交替。在意大利以外，西班牙的挫折危难被罗马人在西西里的胜利喜悦所平衡；在意大利，他林顿被攫取的严重损失，不曾料想被继续据守堡垒抵消了；汉尼拔兵临城下突然带来的可怕警报，被几日后攻陷卡普阿的捷报解除了。"① 战事时起时落，双方互有损失，"迦太基人一样，攫取他林敦弥补了卡普阿的失守；他们为畅通无阻、未遇反抗到达罗马城下而感到光荣，而当他们在城下扎营，一支罗马军队从另一城门启程前往西班牙时，他们为自己被如此轻视而感到耻辱。就西班牙行省而言，迦太基人越是希望两支大军及其著名将领被消灭，结束那里的战争，让罗马人撤兵，他们越是愤怒，气愤于他们从胜利中一无所获"。② 迦太基在西班牙和意大利战场陷入胶着，在李维看来，他们在力量、决心和其他素质上又开始了势均力敌的较量。在第 26—30 卷这五卷中的第一卷里，李维的巧妙设计将两国重新置于战争天平的两端，一切的战果似乎重新归零，所有的较量重新开始。

从语言学视角看来，这种并列或对比的方式在拉丁语用法中极为常见，是历史与诗歌两种体裁亲密关系的体现。英国学者克劳斯总结了拉丁语的语言特点，说："交错配列法（Chiasmus）无处不在，它从不是纯粹装饰性的，而是像首语重复法和其他平行形式一样，通过并列或对比，平衡安排要素，暗示出对信息的

---

① Livy, 26.37.1—4.
② Livy, 26.37.6—8.

新解释，以此加强意义，在拉丁语的历史中这种手法极为频繁地
出现。"① 拉丁语的语序结构具有阐释性内涵，如果把这一分析引
申到李维对叙事结构的设计上，也同样适用，这样的并列或对比
安排有助于实现作者旨在表达的意义。

　　普鲁塔克的《希腊罗马名人传》家喻户晓，专门研究聚焦于
普鲁塔克传记的平行结构，这一平行结构的写作主旨和文学背
景。普鲁塔克用希腊和罗马一对传主的生平经历互相映照，共
同凸显传记作家想要表达的写作用意。每一段传记并非一个独
立的单元，需与另一位传主的传记结合起来考虑方能理解。② 杜
夫（Duff）认为，对比的思考方式似乎深植于希腊人的思想之
中，以两极化的术语来思考世界的趋向在前苏格拉底和希波克拉
底的撰述中十分明显。希波克拉底的医学论文以一系列对立的术
语来思考人体，冷和热、干和湿，两个元素达到平衡才能有益健
康。这一思考方式体现在希腊人的身份认同上，公元前 5 世纪和
前 4 世纪的希腊人通过一套泾渭分明的对立关系来构建对自身的
认同：希腊人—蛮族人、男人—女人、公民—外邦人、自由民—
奴隶。③ 对比成为希腊人思维方式的重要特征，希腊人以对比方
式分析群体的习惯也体现在文学作品之中。

　　普鲁塔克的平行传记在文学史上并非始创，而是标志着这一
文学体裁发展的顶峰。在普鲁塔克之前，公元前 1 世纪的拉丁文

---

① 　C. S. Kraus, "The Language of Latin Historiography," in *A Companion to the Latin Language*, p. 410.

② 　T. E. Duff, *Plutarch's Lives: Exploring Virtue and Vice*, p. 10.

③ 　Ibid., p. 243.

学中，成双成对地书写历史人物的传记是广受好评的文学形式，从罗马人试图与希腊文化平起平坐的书写意图来理解，这种平行列传的形式无疑提供了将希腊、罗马人物平等探究的平台。

在《布鲁图斯》这部修辞学作品中，西塞罗和友人阿提库斯就修辞学的效用展开争论，对话中对希腊人和罗马人进行了比较，对比了泰米斯托克利（Themistocles）和克里奥拉努斯（Coriolanus）两人。西塞罗试图把两人的职业生涯完全等同，二人参加大仗，前者领导萨拉米海战，后者领导与沃尔斯奇人的艰苦战争，均遭受不公，流落异乡，自尽而亡。西塞罗把泰米斯托克利的生活年代联系罗马历史的同一时期，即大约罗马从王政解放出来的时期。西塞罗的朋友阿提库斯指出克里奥拉努斯之死是仿效泰米斯托克利之死而虚构出来的，意在增添修辞效果和悲剧色彩。设计出的两人大体同一时期和共同经历，体现出对比手法的巧妙运用。[①]

与李维同时代的传记作家奈波斯著有 3 卷本的《编年史》（Chronica），同时记载希腊人和罗马人的历史，比较希腊和罗马的历史事件。他的鸿篇巨制《名人传》（De viris illustribus）撰写了罗马诗人、希腊和罗马的演说家、国王、将领以及希腊作家的生平等，至少包括 16 卷，涵盖 400 个人物，其中《外族名将传》是保存至今的极少一部分。[②] 在《外族名将传》每个单元里，外族名将放在罗马名将之前，"以便通过二者事迹的比较，更容易

---

① Cicero, *Brutus*, 41—43.

② ［古罗马］奈波斯：《外族名将传》，刘君玲等译，张强校，上海人民出版社
2005 年版，第 4 页。

判断出哪个更胜一筹"。① 我们不清楚西庇阿是否在奈波斯的罗马名人传榜单上榜上有名，更不清楚是否与汉尼拔进行了两相比较，但很可能奈波斯撰写了西庇阿的生平传记。

西塞罗的讨论以及奈波斯的传记都说明了罗马人对人物比较的青睐，凭借与其他文化建立关联来重新组织和定义罗马历史。历史学家中撒路斯特是比较方法的拥趸，他曾将加图和恺撒加以比较。他称赞国家道德沦丧之前这两位让人高山仰止的伟大人物，称他们正是罗马美德中两个相对方面的代表。两人在年龄和雄辩上平起平坐，在坚韧意志上旗鼓相当，在声望上则各有千秋。恺撒的伟大在于他的善行恩德、慷慨大度，加图的伟大在于他的刚正不阿、克勤克俭；一位庇护不幸者，一位痛斥邪恶者；一位追求功名，实现价值；一位温良恭俭，正直无私，以至于更少追逐的功名却更多地追逐加图本人，② 表达出对加图和恺撒这两位历史人物的钦佩之情，也适当融入高下评判，将淡泊名利的加图放在优于恺撒的位置，倡导淡泊功名的传统风尚。

在撒路斯特开辟拉丁史学比较方法的背景下，李维利用对比来编织叙事线索，给他笔下的历史记述赋予意义，可以说对比既是他规范叙事结构的绝佳手段，也是烘托主题思想的重要方式。他笔下的曼利乌斯（Manlius）和卡米卢斯（Camillus）的故事互为补充，两人在高卢战争中互相配合，曼利乌斯从内部防御卫城，卡米卢斯从外部拯救城市。然而，此后他们人生殊途。卡米

---

① Nepos, *Hannibal*, 13.4.
② Sallust, *Bellum Catilinae*, 54.

卢斯成为第二个罗慕路斯，罗马城的新建立者，曼利乌斯则变成他的对立面，煽动骚乱，谋划再建新都。[1] 李维笔下的埃米利乌斯·保鲁斯和马其顿国王珀尔修斯也呈现出相似的对比。保鲁斯在皮德那战役中战胜珀尔修斯，被塑造为熟谙罗马典范道德的人物，珀尔修斯却不懂得从过去吸取经验。[2]

第21—30卷中，主要人物之间的联系和对比关系十分复杂。罗马主要人物一共有三：法比乌斯·马克西姆斯、马尔库斯·马尔凯路斯、西庇阿·阿非利加努斯，法比乌斯是罗马传统智慧的代表，马尔凯路斯是"罗马之剑"，他的勇敢无畏和法比乌斯的审慎持重形成对比，西庇阿代表着罗马的反攻战略，他的进取政策和法比乌斯的拖延政策形成鲜明对比。在总体设计上，三人均与汉尼拔形成对立面。公元前209年，汉尼拔听闻他林敦城遭到袭击，迅速回援，但他林敦还是被法比乌斯攻取，他称："他们也有了自己的汉尼拔，使用我们夺取他林敦的同样技艺，让我们丢掉了他林敦"，[3] 把法比乌斯等同于汉尼拔，指出法比乌斯和汉尼拔一样出色运用战略战术。这一对比关系在西庇阿和汉尼拔身上表现得尤为明显。李维笔下汉尼拔的军事行动中，我们只能看到阴谋、诡计与欺骗，还有冷酷无情。[4] 西庇阿被塑造为汉尼拔的对立面，富有责任感，仁慈大度，尊重妇女。两人在品行上相差悬殊，这易于读者理解和把握历史人物，同时也易于落入类型

[1] M. Jaeger, *Livy's Written Rome*, pp. 57—93.
[2] J. D. Chaplin, *Livy's Exemplary History*, p. 118.
[3] Livy, 27.16.10.
[4] 三个近义词 insidiae、dolus、fraus。

化对比的窠臼。李维对汉尼拔和西庇阿的描写不仅反映出罗马和罗马敌人的对立，他在两人个人生涯背后埋藏深刻的主题，反映出共和国后期极为关注的政治议题，两人的平衡叙事在罗马过去的美德和当下道德倾颓之间构建起两相对立的范例。

罗马人和迦太基人最终对决之前，两人在扎马会晤，这一段是整个第二次布匿战争叙事的高潮，取材于波利比乌斯的记载。① 与波利比乌斯不同，汉尼拔与西庇阿会晤之时的演说是波利比乌斯的记载中闻所未闻的，因此在很大程度上代表了李维个人的见解，有必要详加分析。汉尼拔在言语中流露出浓浓的愁绪，表达了对世事无常的感慨，之后汉尼拔将自己跟西庇阿作了一番比较："我在特拉西美诺湖和坎尼的当时便是你的今日。你几乎还不到服役的年龄便执掌兵权，你英勇无畏地处理一切；幸运没有欺骗你。为了替父亲和叔父复仇，你从家族的灾难中以勇气和杰出贡献为家庭赢得殊荣。你收复失去的西班牙战区，把四支迦太基军队驱逐出去。你当选执政官，渡海来到阿非利加，余者缺乏保卫意大利的勇气。你在此摧毁两支军队，拿下两座军营，付之一炬，生擒最强大的国王西法克斯，夺取他王国的许多城市，我们统治下的许多城市，把我从坚守16年之久的意大利拖走。"② 这段话里，汉尼拔追溯了西庇阿职业生涯的不同阶段，同时也真实折射出汉尼拔自己的从军生涯，他对西庇阿的赞许实质是对自己当年军事生涯的回顾。汉尼拔和西庇阿一样，在年轻

---

① Polybius, 15.6.4—8.6，波利比乌斯记述了西庇阿选择地点与汉尼拔会晤，两人就停战条件发表意见，但没有达成一致。
② Livy, 30.30.12—15.

时当选领兵将领，为他的家族义无反顾，也从西班牙前往敌人所在的意大利，在数次胜利之后，志得意满。如他所言，如日中天的西庇阿如同在特拉西美诺湖和坎尼风光无限的他。从李维的叙事结构说来，他在每个十卷的开篇和末尾两处善于设计关键的桥段，第 30 卷结尾处的汉尼拔的这段演说不仅让人感受到命运多舛和战局多变，也帮助读者在头脑中重新梳理十卷里的叙事线索，让读者以平行列传的方式回顾十卷里两位将领的军事生涯。

汉尼拔和西庇阿是十卷中两股交缠的线，第 21—25 卷以汉尼拔为显，以西庇阿为隐，第 26—30 卷恰好相反，以西庇阿为显，以汉尼拔为隐。两条线索彼此交缠，时隐时现，有分有合，始终不离，一人的功绩以另一人为参照才能深刻理解，李维的巧妙构思和写作用意可见一斑。第 21 卷里，还是少年的汉尼拔便在父亲的命令下，发誓与罗马为敌。[1] 后来，汉尼拔加入了迦太基将领哈斯德鲁巴的军队。起初，对他父亲的记忆让他在军中受到欢迎，士兵相信年轻的哈米尔卡归来了，不久之后是他自身的素质赢得了将士的爱戴。[2] 当哈斯德鲁巴遇刺身亡，汉尼拔年纪尚轻，却在将士的大力拥护下继任。[3] 如此，李维简要勾勒了大战前汉尼拔军事生涯的起步。

李维对汉尼拔早年经历的描写笔调粗略，对西庇阿的描写则更加完整，尽管略显分散。西庇阿和汉尼拔一样，年轻时即显露

---

[1]　Livy, 21.1.4.

[2]　Livy, 21.4.1—3.

[3]　Livy, 21.3.1.

出过人的勇气，提基努斯河战役中勇敢地救助受伤的父亲。① 特拉西美诺湖和坎尼战役失利之后，整个国家笼罩在浓重的悲观情绪之中，一些年轻贵族计划放弃意大利逃亡海外，国内局势雪上加霜。西庇阿庄严宣誓永不离弃国家，也不允许任何公民抛弃祖国。② 年龄没有妨碍他当选为最高指挥官，他像汉尼拔一样，驾船前往同一个战区——西班牙。③

第 26 卷公元前 210 年西庇阿抵达西班牙，第一次对军队发表演讲。④ 在李维笔下，西庇阿首先把自己展现为前任统兵将领之子，试图建立与士兵密切且权威的关系，这与汉尼拔第一次和西班牙军队谋面的情景雷同。军队因为新任将领和前任主帅之间的联系而表现出对新将领的拥护，对其父的爱戴直接惠及汉尼拔在军中巩固根基，"这位少年眼角眉梢间流露出和父亲一模一样的神情，士兵们以为年轻的哈米尔卡回到他们身边"，⑤ 强调他和父亲、叔父的相似之处，阐述了他本人作为家族后代以及国家一员期望达成的目标，"因此每个人都会说他们的将领西庇阿又复活了或是又重生了"。⑥ 他提醒士兵他自己就是古老家族谱系上的一片新叶，"士兵们，我想问你们的是，你们赞赏西庇阿家族之名，赞赏将军们的子孙，再次从割断之茎生发出的。"⑦ 李维

---

① Livy, 21.46.7.
② Livy, 22.53.5—13.
③ Livy, 26.19.9.
④ Livy, 26.41.3—25.
⑤ Livy, 21.4.2.
⑥ Livy, 26.41.25.
⑦ Livy, 26.41.22.

以植物的断茎和抽芽作比喻，形容西庇阿家族各代继承人的中断与传承的关系。这里结合葬俗文化，让人不禁想起罗马的传统葬礼，家族子孙打扮成逝者和祖先的形象，唤起民众对其家族历史乃至国家历史的记忆，凸显出本家族在国家中的显赫地位，也助推本家族后代的仕途生涯。西庇阿的这段演说还在死亡与新生之间建立起关联，国家功臣虽已离世，但其后代秉承家族志业，一代接续一代报效国家。

西庇阿又以历史为证指出罗马多次危在旦夕，"在所有的大战中，与波尔森纳（Porsenna）、高卢人、萨莫奈人的战斗均从失败走向胜利；军队在第一次布匿战争中落败；第二次布匿战争的特雷比亚、特拉西美诺湖、坎尼的战斗多次失败；在意大利、撒丁岛和西西里大部发动起义，汉尼拔几乎兵临城下引起巨大恐慌。在当下这场艰苦卓绝的战争中，唯一不曾动摇的便是罗马人的勇气，正是这种勇气把七零八落的碎片凝聚在一起"，[①] 称叹罗马人的勇气是战争胜利的法宝，把分散的个体凝聚为一个整体。他父亲和叔父的行为显露出罗马美德的典范，挽救罗马于水火，士兵们守护罗马人民的安全。[②] 在简述罗马历史的末尾，西庇阿提及父亲和叔父的成就，他们成功阻挡哈斯德鲁巴前往意大利的去路，倘若后者一旦与汉尼拔汇合，世上将永无罗马人民之名，[③] 强调父亲和叔父对战局举足轻重的作用。

西庇阿的演说勾勒了罗马历史的概况，以所在家族在这场战

---

① Livy, 26.41.9—12.

② Livy, 26.41.17.

③ Livy, 26.41.13.

争中取得的成就为高潮，把家族功绩，或者说家族历史变成了国家历史的重要组成部分，通过把家族和国家联系在一起，传达出继承家族传统、续写家族历史的意味。从这个视角看来，西庇阿的讲话突破了家族功绩的局限，以所在家族是国家美德的继承人自居，融通家族史与民族史，熔铸个人美德与罗马美德。

西塞罗在《论职守》中阐释了个人与国家的关系，"没有哪种社会关系能比每个人与国家的关系更亲密无间的了。父母亲切，孩童亲属密切，但祖国（patria）包含每个人全部的爱，每个人都会毫不犹豫地把生命献给她。"[1] 个人应服从于国家，甘愿赴汤蹈火。汉尼拔早期生涯中遵循的个人与国家的关系轨迹与西庇阿形成强烈反差，他的第一个誓言发生在私人背景之下，这是父子之间的约定。受父亲之令儿子在祭坛前发誓永远不与罗马为友，从一代传诸下一代，汉尼拔的所作所为永远被这一约定牵动。[2] 李维的这一段记述反映出汉尼拔看待这场战争的态度，他把这场战争看成是本家族与罗马人私人斗争的继续，他选择践行的誓言是家族复仇的誓言，继续开展父亲和姐夫未竟的事业，他的一切行动均是在家族利益的框架之内来思考的，是与国家利益完全割裂的。

西庇阿在坎尼之战后的著名誓言佐证了他在家族与国家利益上的坚守。忠于家庭附属于忠于祖国，他愿意以奉献家庭和财产为担保，证明自己忠于国家的誓言，他说："我庄严发誓，我本人不会离弃罗马人民的共和国，也不会允许其他罗马人民离

---

[1]　Cicero, *De Officiis*, 1.57.
[2]　Livy, 21.1.4.

弃它；如果我所言为虚，愿至尊至善朱庇特把我、我的房宅、我的家人、我的地产毁灭一空。马尔库斯·凯奇利乌斯（M. Caecilius），我要求你和其他人按此宣誓，如果有人拒不宣誓，让他知道这把剑的厉害。"[1] 西庇阿坚定不移保卫国家的形象呈现在我们面前，他在李维笔下是能够正确定位祖国和家庭、公共和私人、集体和个人复杂关系的人，他的价值观念无时无刻不体现在公共语境之中。

第 21 卷和第 26 卷的开篇，汉尼拔和西庇阿先后分别前往西班牙，这在李维的记述中均标志着两位统帅生涯的转折点。汉尼拔到达西班牙后征服萨贡图姆，罗马和迦太基的敌对关系从此开始，西庇阿则积极确认自己作为家族继承人的身份。汉尼拔无法把对家族的奉献与对国家的贡献协调起来，家族在他心中永远居于上位，永远重于国家。迦太基元老汉诺的反对意见间接表达了李维的观点，时逢汉尼拔计划前往西班牙加入军队，汉诺提出反对意见，就汉尼拔加入他父亲军队的议题警告迦太基人："我们害怕哈米尔卡之子不能过早地目睹绝对权威和其父在位时的情形，抑或当我们的军队被遗赠给这位王的女婿时，我们受其子的奴役太晚吗？我认为这个年轻人应该待在国内，学会听命于法律和行政长官，与他人一样以平等的权利生活，以免有朝一日这一点点星火燃起熊熊大火。"[2] 汉诺在这里被塑造为一位预言家的角色，他提醒迦太基人汉尼拔已经成为国家的内部敌人，认为汉尼

---

① Livy, 22.53.10—11.
② Livy, 21.3.5—6.

拔若没有学会服从国家的法律，在西班牙定会成为分裂国家的祸患。"但愿我的预言有误，萨贡图姆的毁灭将降临在我们头上，与萨贡图姆人所进行的战争将以与罗马人的战争继续"，[①] 迦太基人孕育的火苗现在正在吞噬迦太基自身。[②] 在第三个十卷中，李维进一步发展了个体与国家相对关系的概念，西庇阿追随的是以国家为重的典范，汉尼拔则是负面的参照，表现出对国家的威胁。一旦与国家的关系错位，破坏性的影响不可避免，如汉诺所说，他是伤害集体和国家的内部之火。

　　汉尼拔和西庇阿两人在处理家国关系之外，同样面对着奢侈生活的冲击。公元前 218 年汉尼拔传奇般地翻越阿尔卑斯山，连续在提基努斯河、特雷比亚、特拉西美诺湖和坎尼取得胜利，后在卡普阿建立冬营地。李维吸取前人记述和民族学传统，认为民族性格与所居住的环境密切相关。他简短介绍这座城市，称这座城市几乎天生倾向于奢侈，不仅造成民众性格上的缺陷，而且变成了奢侈腐化的泥淖。[③] 汉尼拔军队落入卡普阿骄奢淫逸的泥淖，从未被艰难困苦制服的军队却因过度安逸而堕落，[④] 他们醉生梦死、大摆酒宴、他们的身体和精神受到腐蚀，是过去的胜利而非当下的力量在保护他们。[⑤] 李维以黯淡的笔触描写了他们离

---

① Livy, 21.10.10.

② Livy, 21.10.4.

③ Livy, 23.4.4.

④ Livy, 23.18.11.

⑤ 阿庇安也有类似记载，Appian, *The Hannibalic War*, 43, "汉尼拔移师路卡尼亚，进入冬营地，在这里这位勇猛的战士沉迷于奢侈享乐。从此时起，他的命运渐渐改变了"。

开冬营地的一幕，"好像他从卡普阿出发带领了一支不同的军队，因为他根本没有保持古老的纪律"。① 在几卷之后，李维记述了罗马将领福尔维乌斯·弗拉库斯（Fulvius Flaccus）经过卡普阿时的担忧。弗拉库斯急于率军队离开，唯恐军队禁不住这里的诱惑，以汉尼拔军队为前车之鉴。② 撒路斯特以类似的逻辑解释罗马古风的倾颓，他记述了公元前 83 年，苏拉领兵进入亚细亚，为了得到效忠而放纵部下，"过上一种对罗马祖上而言外族的生活方式"。③ 罗马军队沦为奢侈生活的牺牲品，这显然归咎于统帅的失职。

李维和撒路斯特的例证都说明了，军队的堕落与将领玩忽职守、疏于管束直接相关。管束军队失败的例子体现在汉尼拔身上，西庇阿则代表这方面成功的例子。西庇阿结束在西班牙的战斗，返回新迦太基向诸神献祭，为纪念父亲和叔父的逝世举行角斗士表演。在公元前 206 年回到罗马，轻而易举地赢得执政官一职。④ 下一年他进入西西里，准备渡海进攻阿非利加。西庇阿及其军队在西西里遭遇到与汉尼拔的军队在卡普阿相似的挑战，从一些元老对西庇阿的非议可见一斑。在最大的希腊城市叙拉古，西庇阿似乎允许他的随从和军队安逸享乐，西庇阿的政敌们宣扬他的非罗马和非军事的生活方式，议论他流连于运动场，身着希腊装束，专注希腊书籍和体育锻炼，忘记了身为罗马人的价值认

---

① Livy, 23.18.4.
② Livy, 27.3.2.
③ Sallust, *Bellum Catilinae*, 11.5.
④ Livy, 28.21—38.

同。① 然而，西庇阿军队战斗力过硬的实情回击了对他的不实控诉，李维笔下的西庇阿抵制住了奢侈腐化的诱惑。据普鲁塔克的记载，公元前 204 年，身为财务官的加图与西庇阿一行前往非洲战场，在叙拉古目睹了西庇阿沉湎享乐，给士兵大发饷银的做法。他当面予以指责，随后离开西西里，返回罗马元老院后控诉西庇阿挥霍金钱，沉迷于体育场和剧院。元老院派保民官前去调查，西庇阿向保民官证明了他为胜利所做的准备，对训练军队从未疏忽大意，汇报完后驶往阿非利加战场。② 我们注意到，无论西庇阿本人及军队沉湎享乐是否属实，像第 23 卷中卡普阿之于汉尼拔一样，叙拉古也成为考验西庇阿的地方。

李维记载了使团实地考察这位将领是否怠惰、军纪是否废弛的情况。罗马代表在抵达叙拉古之日受到热情款待，次日视察西庇阿的海陆军，不仅视察列队士兵，也观看士兵操练和港口进行的模拟海战。西庇阿以出色的表现，以恰当的罗马方式，不在言辞上过多辩解，相反让代表团见识确实的情况。③ 他让陆军和海军严阵以待，宛如那天将在陆地和海洋与迦太基人一战，④ 负责调查的副将们对西庇阿军队的军纪严明大为震撼。在他们离开叙拉古时，对这位将领打败敌人充满信心，批准他渡海前往阿非利加，李维称："他们离开时格外喜悦，好像他们将给罗马捎去胜

① Livy, 29.19.11—12.
② Plutarch, *Cato Maior*, 3.5—8.
③ Sallust, *Bellum Catilinae*, 8.4—5，撒路斯特表达了罗马人有别于雅典人的性格特征，罗马人务实肯干，思想落实在行动之中，优秀公民热爱付诸行动胜于言语表达。
④ Livy, 29.22.1—2.

利的消息，而不是浩繁的战争准备。"① 西庇阿在叙拉古表现出了保持军队战斗力的统帅之才，守卫了罗马军队的纪律底线，他从意大利到阿非利加的前进征程铺就了一条罗马征服之路。

双方的大决战扎马之战安排在第 30 卷的结尾，这段战争叙事凸显出两位将领的不同道路，麾下军队的不同表现。迦太基的骑兵在意大利和努米底亚骑兵的联合进攻下如鸟兽散，双方的斗志和力量高下立现。西庇阿的军队士气高涨，喊声洪亮；汉尼拔军队的喊声高低参差，民族不同，方言不同。罗马军队紧凑，冲击力强，协调一致；另一方冲锋速度虽快，却软弱无力，② 扎马之战的结局反映出汉尼拔疏于整肃军队的缺陷。李维笔下的汉尼拔军队没有共同的语言、习俗、法律、武器、服装和相貌，服役的原因也不尽相同，③ 轻易在罗马的第一次进攻下溃退。④ 汉尼拔把个人权力摆在国家权力之前，从没能正确看待个人、集体、国家三者利益关系，多民族军队暴露出组织松散、凝聚力薄弱的不足。战争之初的汉尼拔及其军队则完全是另一番精神面貌，在双方的第一场战斗提基努斯河之战中，最后取胜的迦太基军队曾经也是现在罗马军队的样子，协调一致、喊声震天。⑤ 然而，汉尼拔没能严明军纪，没能保护部下抵御腐化，这一过程以扎马之战的失败而收场。李维以价值认同和爱国精神来解释军事成败，汉

---

① Livy, 29.22.4—6.
② Livy, 30.34.1—2.
③ Livy, 30.33.8.
④ Livy, 30.34.3.
⑤ Livy, 21.45.9.

尼拔军队的最后失败也从这一视角来解释。

通过勾连两人生平，李维让读者跟随关于两位将领的叙事线索去探察迦太基失败的原因。面对相似的挑战，西庇阿为汉尼拔所不能，最终将胜利引向罗马一方。汉尼拔和西庇阿合二为一的记述，不仅仅是在劲敌和罗马之间树立起相反的范例，更深一层涵义在于，汉尼拔和西庇阿的生涯也将分立罗马历史上两个不同的时刻，摧毁迦太基之前和战后一统天下的时刻，二人的行为折射出罗马过去享有美德的时代和罗马当下道德倾颓的反差。在波利比乌斯的笔下，迦太基衰落的过程已经隐约预示了有朝一日罗马的衰落，"似乎对我而言，迦太基的制度就其最突出的部分而言，最早经过良好设计，有国王，议事会是贵族力量，民众在适合于他们的事务中是至高无上的，国家的整个组织十分类似于罗马和斯巴达。但当他们开始汉尼拔战争之时，迦太基制度已经堕落，罗马的制度却更胜一筹"。[①] 同是混合政体代表的迦太基和罗马，迦太基制度在汉尼拔战争时已经开始退变，而罗马制度方在鼎盛时期，但终将如迦太基一般滑向衰落。李维公开呼应了撒路斯特的论断，但不意味着他也赞同衰落开始于公元前146年。在他看来，衰落来得更早。

罗马的衰落在西庇阿身上有迹可循。西庇阿，这位李维眼中的赫赫功臣成为这一退变过程的第一个牺牲品。罗马的衰落在第二次布匿战争最后阶段已有迹可循，体现在西庇阿和对手拖延者法比乌斯的争论中。当时西庇阿催促元老院把阿非利加分给他

---

① Polybius, 6.51.1.

为战区，法比乌斯严词反对这一要求。两人的交锋涉及罗马的军事政策从防御到扩张的战略转变。[1]西庇阿初步打算，若他的要求被元老院驳回，将诉诸公民大会，由公民大会批准他在阿非利加的战略行动，隐含着他可能将个人荣耀建立在国家之上的意图。[2]元老院批准如若有利于国家，他可渡海前往阿非利加，西庇阿最后接受元老院的决定。于是重新确认了他早年军事生涯的行动准则，个人意志重新服从于国家意志。[3]然而，从这时起不服从以元老院为代表的国家成为西庇阿形象中隐约的污点。

汉尼拔和西庇阿的平衡叙事，到第30卷汉尼拔战争结束时并未彻底完结，接下去的十卷，两人仍是两条深埋的人物线索，且有极大的关联性，直至两人生命的终点：汉尼拔难逃流亡命运，西庇阿也自动放逐。李维记述西庇阿受审的两种不同说法，指出他与罗马国家的新矛盾，此后西庇阿淡出李维的历史书写。两名保民官发起控诉，指控西庇阿挪用安条克国王的赔偿金，并提起他在叙拉古冬营地的堕落行为，以及他对普莱米尼乌斯（Pleminius）的纵容。审判时西庇阿提醒当天是扎马会战的纪念日，本不该审判和争论，随即他带领所有参会的民众举行了感恩游行，穿行整座城市，参观所有神庙。[4]游行之后，考虑到与保民官之间的争执便离开罗马，西庇阿意识到政治生涯将走向尽头，退居利特努姆乡间。他借口身体有恙，婉拒之后的审

① Livy, 28.40—44, Chaplin, J. D., *Livy's Exemplary History*, pp. 93—97.

② Livy, 28.40.1—2.

③ Livy, 28.45.8.

④ Livy, 38.51.12—13.

判，此后再未重返罗马。李维说自己曾经在利特努姆寻访过西庇阿的墓碑，但一无所获，不知道他是否埋葬在那里抑或葬在罗马城的家族墓地，这是李维对西庇阿命运的第一种记载。第二种记载更加戏剧化，凸显出西庇阿把家族纽带看得重于民事规范，与国家的关系恶化。李维记述了西庇阿的兄弟路奇乌斯·西庇阿（Lucius Scipio）受到指控，被判收受安条克国王的贿赂，西庇阿放下在埃特鲁里亚身为副将的事务，火速赶回罗马冲入广场，甚至和保民官发生肢体冲突。在这里，西庇阿对兄弟的爱护胜过对国家法律的尊重，对家族的忠诚胜于对公民身份和法律规范的遵守。①

　　李维的两段不同记载看似差别很大，实有共同之处，西庇阿与元老院的紧张关系已浮出水面。李维对西庇阿政治生涯的描述没有直接结束于对他功绩的赞美，而是一位英雄形象的渐行渐远。李维称有关西庇阿的晚年生活，他的死亡、葬礼、坟墓，所有记载都互相矛盾，连起诉西庇阿的人是谁也无从确知，西庇阿的最后退场有许多让人迷惑不解之处。② 然而，这些文献档案上的缺漏可能恰好说明西庇阿已经退出政治舞台，间接承认了第二次布匿战争的胜利给罗马内部带来的危险。西庇阿曾是罗马祖先习俗的典范，是罗马精英家族科尔奈利乌斯家族的后代，但在西庇阿政治生涯的后期，他受到希腊文化的影响渐深，因而受到政敌对他各种希腊生活方式的指责。李维没有隐瞒希腊文化在西庇

---

① 　Livy, 38.56.9, M. Jaeger, *Livy's Written Rome*, pp. 132—137.
② 　Livy, 38.56.1—2.

阿身上留下的种种印迹，他受到的指控李维也没有明确否定，这意味着李维认为这些不满之词部分为真，真假参半。李维对西庇阿在第二次布匿战争后期及战后的刻画不同于通常对罗马杰出将领的刻画，而是更接近于亚历山大和汉尼拔。按照伯纳德的说法，"他在战后经历了一种变质，就与共和国的关系上脱离了罗马性，尤其是当他在晚年与保民官的暴力冲突期间"。[①] 杰格提出，"如果把《建城以来史》的目标看作教育读者用新的视角回顾过去，而非仅按照'真正发生'的样子反映历史的话，我们怀着这样的目标来阅读对阿非利加努斯最后岁月的记载将是有帮助的"。[②] 我们可以从李维对西庇阿·阿非利加努斯的记述中深化对李维修史目的的理解。对李维的批评常常贴上不准确、联系松散、组织不甚有效、没有"原因—结果"科学模式的标签。晚近学者对李维的考察不断深化，提出李维具有一贯的细致设计，这一设计的效果凭借读者以一种有意义的方式融入李维笔下历史的能力。[③]

---

① Jacques-Emmanuel Bernard, "Portraits of Peoples", in *A Companion to Livy*, p. 47.

② M. Jaeger, *Livy's Written Rome*, pp. 132—133.

③ 对于李维《建城以来》第1—5卷的结构，已有重要研究问世，见 Kraus, C. S., "'No Second Troy': Topoi and Refoundation in Livy, Book V," *Transactions of the American Philological Association*, Vol. 124, 1994, pp. 267—289; Miles, G. B., *Livy: Reconstructing Early Rome*, Ithaca and London: Cornell University Press, 1995; Feldherr, A., *Spectacle and Society in Livy's History*, Berkeley: University of California Press, 1998。李维的第三个十卷长久以来被李维研究学者忽视，通常看作表现平庸地对波利比乌斯的改写。关于最近的批判性观点和重新阐释，见 M. Jaeger, *Livy's Written Rome*, Ann Arbor: University of Michigan University, 1997; Chaplin, J. D., *Livy's Exemplary History*, Oxford: Oxford University Press, 2000。

　　西庇阿身上体现着罗马美德，又流露出有似汉尼拔的迹象。个人站在家族立场，与官方发生冲突，这与从前他将个人活动与国家命运紧紧相连形成了强烈对比。西庇阿的最后生涯隐隐显露出个人与国家的紧张关系。汉尼拔既显现出罗马人贴在外族身上的负面标签，时而也体现出罗马人恪守的勇敢美德。汉尼拔及其军队的腐化堕落为罗马军队的堕落埋下伏笔。从公元前2世纪开始，罗马人沾染上种种恶习，李维文本中西庇阿的退场以及后来迦太基的彻底毁灭预示了罗马衰落的开始，在西庇阿的身上展现了帝国扩张给罗马认同带来的风险。李维是一位罗马中心主义者，视罗马的传统习俗为成就帝国的根基，同时他注意到帝国主义给罗马认同带来的消极影响。李维笔下的外族人物形象体现了一定程度的美德，他的外族观念是复杂矛盾的，又是富有洞见的。① 霍约斯提请读者对李维的历史洞察力加以关注，称即使李维在处理军事、外交、时间的问题上有误，从而给读者带来有关李维是否秉笔直书问题上的困扰，但同时，他以更大的正直和洞察力来讲述两个民族和他们的统帅，他在这两项史家素养上得到的肯定是不够的。在罗马的传统记载中，第二次布匿战争是一个英雄辈出的时代，拖延者法比乌斯、马尔凯路斯和西庇阿留下了一段段佳话，他们率领罗马人与向他们复仇的汉尼拔一决高下。李维的记述的确为这样一幅英雄史诗般的画卷纵笔填色，实际上，他展现出了远比人们通常所认为

---

① Jacques-Emmanuel Bernard, "Portraits of Peoples," in *A Companion to Livy*, pp. 39—47.

的更加细致入微的描绘，李维的见解要比通常所相信的更加
微妙。①

综上所述，关于罗马外族观念的研究强调罗马的自我标榜和
污蔑他者，某种程度上这完全属实，罗马作家提供了大量自我标
榜的证据，同时也有污蔑外族的证据。以汉尼拔为代表的外族
形象是大国对被征服民族的无礼贬低，是对历史记忆的偏向性塑
造，凸显出罗马的正面形象。不过，这仅是一个侧面，并非全
景。值得注意的是，这样一种简单化表述不能以偏概全，从共
和末年开始罗马史家对当下的时局深为不满，对罗马人的精神
状态忧心忡忡，他们从历史中感悟深刻的省察，外敌形象有如
一面镜子折射出罗马自身，迦太基的命运预示着罗马的不幸衰
落，外敌的消失将使罗马丧失斗志，耽于享乐，酿成社会道德的
沦丧。第三个十卷的两位主人公汉尼拔和西庇阿，以并立的形
象出现，他们在行事作风上有许多可资比较之处，两人的对立
形象为在疆场上的胜负结局埋下了伏笔。西庇阿的胜利标志着
罗马价值观念的正面实现，汉尼拔的失败象征着奢侈腐化恶行的
终极后果，也预示了日后罗马社会的道德沦落，两人的形象虽
彼此对立，却又遥相呼应。我们既看到两人个人生涯的相互映
衬，又从一个侧面看到道德沦丧的社会现实。李维对两人性格和
行动的刻画，意在给读者以道德启迪，警示李维时代道德倾颓的
罗马人。

---

① Dexter Hoyos, "Rome and Carthage in Livy," in *A Companion to Livy*, pp. 369—378.

第四节　罗马道德危机

　　将罗马共和国后期的政治危机归结为道德危机是罗马人思考社会问题的普遍思路。源头可以追溯到公元前 2 世纪，一些作家谈及罗马的经济危机和内部矛盾，与现代学者分析罗马共和国灭亡总结出小农经济衰落、罗马和意大利同盟者之间矛盾加深、平民和贵族矛盾加剧等原因有许多相似之处。不过，古代经济和政治原因的论述迥异于现代分析，涉及二者的论述完全附属于伦理道德探因，不具备完全解释共和国衰落症结的独立性。[①]

　　罗马知识精英具有反思历史的深刻自觉，在罗马成就地中海统治的同时，希腊化东方文化和艺术品的输入被看作帝国衰微的前奏，罗马的海外扩张和财富输入带来了共和国的倾覆，这一观点见于卢坎（Lucan）、弗洛鲁斯（Florus）和撒路斯特等古代作家，其中最具代表性的是撒路斯特。罗马史诗诗人卢坎描述了恺撒与庞培之间的内战，他称："当罗马征服各地，命运之神从天而降过度的财富，美德退居财富之后……"，[②] 说明财富带来共和国的倾覆。又因为富人与穷人之间不平等的财富分配带来了农民的贫困和政治腐败，撒路斯特称："在暴乱和起义之中，他们毫

[①]　A. W. Lintott, "Imperial Expansion and Moral Decline in the Roman Republic," *Historia*, Vol. 21, No.4, 1972, pp. 626—627.

[②]　Lucan, *The Civil War*, 1.160ff.

不费力地坚持，因为贫穷轻而易举地使他们坚持，他们不可能再有损失。但是城市人口则因为许多原因而感到绝望，他们行动起来。首先，所有显然寡廉鲜耻的人，那些在骚乱的生活中挥霍祖宗家产的人，最后那些被耻辱或罪恶迫使离开家园的人，都流入了罗马，就像流入粪池。许多回想起苏拉胜利的人，当看到普通士兵晋升为元老阶层，其他人变得十分富有，像国王一般纵情宴饮，都希望如果自己上场的话也会分得胜利的果实。除此之外，那些在乡村从事体力劳动维持悲惨生活的年轻人，被公共和私人的施舍诱惑，变得更喜欢在城市里游手好闲胜过他们厌恶的劳作；像其他的这些一样，加重了国家的疾患。"①

古代作家普遍认为这一道德危机出现在公元前 2 世纪，波利比乌斯认为危机出现在罗马取得世界性统治之后，即公元前 168 年第三次马其顿战争之后，价值观上发生变化。他记述年轻的西庇阿·埃米利亚努斯想要过一种遵从美德的生活，在肯定小西庇阿的德行的同时，将之与当时普遍存在于年轻人中间的堕落生活，如同性恋、纵情声色犬马截然分开。他认为生活腐朽的首要原因在于马其顿王国的毁灭使得人们相信罗马是世界的佼佼者，无人可与之争锋。腐朽的生活方式来源于与珀尔修斯的第三次马其顿战争期间与希腊的接触，此后愈演愈烈，马其顿的财富涌入罗马，带来公共生活和私人生活的双重改变。② "当一个国家经历艰难险阻，最后成就无可匹敌的统治，在长期繁荣的影响之下，生活

---

① Sallust, *Bellum Catilinae*, 37.

② Polybius, 31.25.3—4.

一定变得更为奢侈，公民就官职和其他财物更为疯狂地卷入竞争。"① 波利比乌斯说到公元前 156 年就元老院与达尔马提亚宣战的主要动机，元老院认为此时适合与达尔马提亚人开战，一点考虑在于不希望公民在长期和平中萎靡懈怠，而那离第三次马其顿战争也仅 12 年，元老院便打算以宣战来振作罗马人的精神。②

　　罗马作家沿着类似波利比乌斯的两个思路思考罗马共和国衰落的原因，一是对外敌恐惧的消失造成罗马人精神懈怠，尤指军队战斗力的衰弱，二是战争带来的财富给人们满足享乐欲望提供了良机，伴随希腊风俗习惯的传入，人们的生活方式日益腐朽。有关道德危机出现的年代，罗马史家观点各异，罗马编年史家路奇乌斯·皮索（L. Piso）把道德滑坡的年代定在公元前 154 年，老普林尼曾援引皮索的权威记载称，皮索认为公元前 154 年标志着荣誉感的衰落。③ 因为缺少详尽的上下文，很难给出皮索选择公元前 154 年的原因。公元 1 世纪的维利乌斯称："西庇阿家族的第一位为罗马人的权力打开大门；第二位为奢侈打开大门。因为当罗马消除了对迦太基的恐惧，铲除帝国内的对手，美德之路被抛弃了，代之以腐败之路，并非缓慢的，而是迅速的。古老的纪律弃之如敝屣，代之以新纪律。国家从警觉走向昏睡，从追求军事走向追求快乐，从行动变为怠惰。"④ 西庇阿家族的第一位指的是西庇阿·阿非利加努斯，他在公元前 202 年打败迦太基

---

① 　Polybius, 6.57.5.

② 　Polybius, 32.13.6—8.

③ 　Pliny the elder, *Natural History*, 17.244.

④ 　Velleius Paterculus, *The Roman History*, 2.1.

人，取得第二次布匿战争的胜利，第二位指的是西庇阿·埃米利亚努斯，公元前 146 年在第三次布匿战争中毁灭了迦太基。维利乌斯的见解遵循了撒路斯特的主张，同样认为罗马的转折开始于公元前 146 年，外敌消失殆尽之时。公元 2 世纪的弗洛鲁斯依然秉持人心不古的观点，将公元前 146 年迦太基、科林斯的灭亡作为新一个时期的开始，但认为真正起破坏作用的是征服叙利亚获得的财富以及获赠帕伽马王国的财产才是国家腐朽的罪魁祸首，腐化从公元前 167 年的叙利亚战争开始。[①] 这几种年代意见彼此并不互相矛盾，也许同时流传。李维所说的"日后奢侈的萌芽"，波利比乌斯笔下的道德败坏，以及皮索所说的"丢掉质朴"（pudicitia subversa），他们的观点可以在日益加剧的道德危机的连续链条上找到位置，其中撒路斯特主张罗马的道德衰颓开始于公元前 146 年的观点影响最大。

撒路斯特对迦太基毁灭的看法被广为接受，没有敌人与罗马抗衡，罗马开始显露出道德滑坡的迹象。[②] 厄尔（Earl）分析了撒路斯特的政治思想，他认为撒路斯特所强调的公元前 146 年并没有什么特别复杂之处，是罗马失去外敌走向堕落的老生常谈。他指出撒路斯特的论断是简化的、压缩的，仅保留了政治方面，没有包括当时社会情况的诸多方面，如社会和经济因素，甚至是进行农业改革所必要的经济因素，都被忽略掉了，注意力放在野心（ambitio）和贪婪（avaritia）的主题上。他猜测撒路斯特较

---

① Florus, *Epitome of Roman History*, 1.47.

② Sallust, *Bellum Catilinae*, 10.1—3.

比其他作家的记述将道德危机转折时间延后，很可能因为把过去的历史看得过于理想化。在撒路斯特眼中，第二次布匿战争和第三次布匿战争之间的时期达到了最为和谐的局面，因此将转折点延后，撒路斯特选择这一年代不必过分讨论。①

撒路斯特的"外敌威胁"（metus hostilis）观点直接来自哲学家波西多尼乌斯，然而这一观念在古代政治思想中极为普遍，色诺芬、柏拉图、亚里士多德和波利比乌斯的书中均有体现。李维没有明言，但有些许暗示，似乎也赞成敌人不可以完全消灭，缺少外部敌人意味着内部敌人的出现，一段例证如下：汉尼拔试图缓和决战失利后迦太基人的颓唐情绪，他说："哭泣的时候便是我们的武器从手中收走的时候，我们的船只化为灰烬，不许对外战争；那道伤痕对我们而言是致命的。你们没有理由相信罗马人会考虑你们的内部和平；没有伟大的国家能够在和平中存在很久。如果它缺少外部的敌人，它一定会在内部找到，就像强壮的身体对抗外部的感染而处于防御状态，反之身体的力量会变得颓丧。"②汉尼拔在演说中惋惜迦太基的失利，同时安慰麾下的士兵，他在这里被塑造为一位睿智的长者，预见到一旦罗马击败对手接下来将迎来什么，预言失去外敌的罗马终将出现内部的敌人。李维把这场危机归结为曼利乌斯·武尔索（Manlius Vulso）的军队在公元前187年从亚细亚的归来，他们带来的战利品和奢侈的习惯成为"国外奢侈的开始"（luxuriae peregrinae origo）和

---

① D. C. Earl, *The Political Thought of Sallust*, Cambridge: The University Press, 1961, pp. 41—44, 59.

② Livy, 30.44.7—8.

"日后奢侈的萌芽"（semina future luxuriae），"国外的奢侈传入罗马城市是从亚细亚归来的军队开始的。他们首次带给罗马青铜卧榻，名贵的袍服，床罩织毯，还有名贵的家具。女性乐师和其他娱乐活动为酒宴助兴，宴席日益铺张排场。厨师在从前被看作是最低贱的奴隶，摇身一变，日益重要，必要的服侍变成了艺术，奢侈的萌芽才刚刚开始。"[1] 曼利乌斯·武尔索的凯旋式上展示了212 尊金冠，22 万磅白银，2130 磅的金子和海量钱币。[2] 李维虽宣称曼利乌斯·武尔索的军队在公元前 187 年从亚细亚的归来成为日后奢侈的萌芽，不过他对公元前 212 年掠获叙拉古战利品的记述已经为后面的道德危机做好铺垫。李维描述的罗马人奢侈腐化的开始实际上比他直言的曼利乌斯从亚细亚带回战利品要更早，从马尔凯路斯把从叙拉古掠获的战利品带回罗马便已开始，或者说已经处于开始的边缘。

公元前 214 年，汉尼拔战争的战场扩大到新地区，马尔凯路斯被派往西西里。西西里是第一次布匿战争的胜利硕果，罗马已经把西西里的大部分地区变为缴税区，一些地区在行省管理之外，希耶罗的叙拉古王国就在其中。叙拉古这座繁华的城市保持独立，与罗马建立联盟，为罗马提供帮助。[3] 出人意料的是，公元前 215 年希耶罗亡故，叙拉古经历一段时间的内讧后宣布倒向迦太基一边，于是公元前 213 年马尔凯路斯包围叙拉古城。李维

---

① Livy, 39.6.7—9.
② Livy, 39.7.1—2.
③ Cicero, *De Republica* 3.4，提到西西里的历史学家蒂迈欧（Timaeus）称叙拉古是最伟大的希腊城邦；Cicero, *In Verrem*, 4.117。

的围城描写笔触细腻，插叙引人入胜。当罗马军队抵达叙拉古，阿庇乌斯·克劳狄乌斯（Appius Claudius）试图猛攻赫克夏皮隆（Hexapylon）门的城墙，同时，马尔凯路斯从海路携攻城机械在阿克拉狄纳（Achradina）进攻。罗马人的两次进攻均无功而返，叙拉古阿基米德的军事发明立下大功。直到下一年春季，马尔凯路斯才利用阿尔忒弥斯节人们狂欢宴饮的时机，猛攻北部城墙夺取该城。据说那些酩酊大醉、沉沉入睡的人惊慌失措，措手不及，城市失守。我们掌握的古代史料提供了这一事件的类似记载，但李维提供的细节存在差异。

李维记录下这位罗马将领次日清晨步入城墙，从高处俯瞰叙拉古，突然感慨万千，潸然泪下，"马尔凯路斯流下眼泪，一方面为他取得的伟大战绩感到欣喜，一方面因为这座久负盛名的城市。马尔凯路斯遥想过去，在这里雅典人的海军覆灭，两支强大的军队被歼灭，连同两位杰出的将领尼西阿斯（Nicias）和德摩斯提尼（Demosthenes），多少次对抗迦太基人出生入死的战役，还有多少富有的僭主和国王，首推希耶罗和他对罗马人民的支持。想一想在头脑中闪现的一切将迅即化为焦土，马尔凯路斯不禁感慨万分。"[1] 这是李维特别设计的小插曲，把颇具戏剧性和修辞功用的重要时刻置入自己的叙事里，以更为具象化的手法描写重要事件。落泪通常是悲哀和哀求两种情绪行为的外在表现，马尔凯路斯的落泪不同于这两者。

希腊史学作品中类似的哭泣动作描写可作为参照。亚历山

---

[1]　Livy, 25.24.11—14.

大最后一位后裔马其顿国王安提戈努斯·戈纳忒斯（Antigonus Gonatas），在统治期间几乎统一希腊，曾把伊庇鲁斯国王皮洛士看作最大威胁，但当他得知皮洛士死去时却流下眼泪。普鲁塔克记载，安提戈努斯的儿子阿尔西奥纽斯（Alcyoneus）把皮洛士的头颅扔到他面前，安提戈努斯十分惊讶，他把儿子支开，用袍服掩面，痛哭流涕。他端详着敌人的头颅，想起父亲和祖父，思量着命运的反转。[1] 与此相似，曾统治整个亚细亚的阿凯乌斯（Achaeus）被手脚绑缚扭送到塞琉古的安条克三世面前，安条克呆立许久，一言不发，最后痛哭流涕，慨叹命运多舛。[2] 罗马历史上见证敌人灭亡而落泪的最著名例子是目睹迦太基毁灭的西庇阿·埃米利亚努斯。波利比乌斯记载称，当西庇阿·埃米利亚努斯看到罗马的宿敌迦太基最后在熊熊烈火中毁灭，他五味杂陈，思虑着各个城市和罗马不可避免的命运，不禁潸然泪下。火烧迦太基城是一个著名场景，西庇阿·埃米利亚努斯认识到人类命运多舛、天运难测，他的生父埃米利乌斯·保鲁斯在打败马其顿国王珀尔修斯之后也发出过类似的感叹。[3]

马尔凯路斯为敌人之死哭泣根源于对命运多舛的感受，表现出希腊式的多愁善感，但难以找到充分的证据说明他预见到罗马的未来。普鲁塔克曾记载马尔凯路斯是希腊知识和学问的爱好

---

[1]　Plutarch, *Pyrrhus*, 34.4.

[2]　Polybius, 8.20.9—11.

[3]　C. O. Brink-F. W. Walbank, "The Construction of the Sixth Book of Polybius," *The Classical Quarterly*, Vol. 4, No. 3, 1954, p. 104.

者，崇拜在这些领域卓有才干的希腊人。① 李维没有直接说明马尔凯路斯热爱希腊文化这一方面，然而马尔凯路斯的眼泪可以解释为对一座久负盛名的希腊城市毁灭的感慨。在罗西（Rossi）看来，马尔凯路斯的眼泪表现出对希腊文化的惋惜之情，对这座希腊城市将化为焦土的遗憾之情，他没有联想罗马可能将面对如此的境地，他流下眼泪是因为身为罗马人的身份认同的缺位。②通过流泪的胜利者这一希腊式主题，马尔凯路斯的故事成为罗马价值认同衰落的重要例证，他第一个丢掉罗马认同，被被征服者同化了。事实证明，财富造成了罗马的倾颓，马尔凯路斯曾用希腊战利品装饰和奉献美德和光荣神庙，当时其希腊艺术珍品的数量和规模在罗马神庙中屈指可数。这座神庙后来经历劫掠和亵渎，应验了命运的轮转，是当初马尔凯路斯对希腊神庙所作所为的重现。③

第二次布匿战争中，叙拉古的陷落尽管算是罗马的第一次大胜，但不能说在整个汉尼拔战争中具有举足轻重的作用，它的深远影响主要体现在战后。叙拉古城的繁荣昌盛见证了希腊文化的极胜，其衰亡象征着一个重要历史时代的开启。叙拉古陷落的结果首先在于罗马自身的强大，再者是对罗马具有的反向影响。李维在第 25 卷结尾说明了结局："当这些事正在西班牙发生之时，马尔凯路斯已经夺取叙拉古，在他以如此高尚的忠诚正直平定西

① Plutarch, *Marcellus*, 1.2.
② A. Rossi, "The Tears of Marcellus: History of a Literary Motif in Livy," *Greece & Rome*, Vol. 47, No. 1, 2000, pp. 56—66.
③ M. Jaeger, *Livy's Written Rome*, p. 130.

西里的其他城市之后，他既增添了个人威名，也提升了罗马人民的尊严，后将叙拉古的装饰品带回罗马，叙拉古所拥有的海量雕塑和绘画。"[1] 普鲁塔克也告诉我们，在叙拉古陷落后，马尔凯路斯把该城"大部分最精美的奉献物"带到罗马。在此之前，罗马"既没有也不知道这些精美高雅的东西，也对这些高雅精致的艺术品没有任何热爱；而是充满了野蛮的武器和血腥的战利品，周围尽是凯旋的纪念物和战利品，罗马没有令人心旷神怡的外观，对儒雅高贵的旁观者而言亦然"。[2]

马尔凯路斯给罗马带来叙拉古的战利品，使城市内部空间输入了与之相异的事物。这是罗马人第一次与希腊文化紧密接触，他们对希腊的艺术品表现出危险的热情。李维称："这是我们热衷希腊艺术作品的源头，从此以后允许掠夺任何神圣和世俗的东西，最后允许反对罗马诸神，尤其是反对马尔凯路斯装饰一新的神庙。在卡佩纳（Capena）门附近由马尔凯路斯奉献的神庙过去因为华丽的装饰，甚至经常有外国人光顾，现在只有很少一部分仍能见到。"[3] 这一段记述折射出传统宗教衰落，人们远离曾虔诚尊奉的诸神。最为重要的是，罗马空间认同的忽略折射出罗马道德认同的缺失。

攻破叙拉古城是罗马文化发展的转折点，普鲁塔克称，在攻破叙拉古城之前，"罗马人……已经习惯于战斗或农耕，从没有闲适安逸的生活体验"。后来，他们养成了"对闲适生活的兴趣，

---

① Livy, 25.40.1.
② Plutarch, *Marcellus*, 21.1.
③ Livy, 25.40.2—3.

影响到城市对艺术品和艺术家的想法，甚至把一天中最好的时光浪费在这些事情上。"① 罗马收藏的希腊艺术杰作蔚为大观，成为城市风景中的重要一部分，罗马人有必要澄清与希腊文化的关系，以定位自身的认同。通过对希腊文化的声讨、赞美、评价，试图给希腊文化以恰当定位，用来服务罗马人自身。当他们因为希腊艺术的影响苦苦挣扎，最后吸收希腊艺术的影响，两种基本态度出现了，一是排斥的态度，再则是欣赏的态度，这两种观点之间的冲突从公元前 3 世纪末，最晚直到韦帕芗统治时期，从未消失过。②

　　劫掠叙拉古在李维叙事中十分重要，李维笔下的演说者多次提到这一事件，并将之作为罗马历史的重要转折。加图代表着对希腊文化的排斥态度，认为希腊艺术进入罗马标志着罗马社会道德的缓慢下滑。李维借加图的观点说道："它们无疑是从敌人那里通过战争合理所获的战利品。然而从此开启了对希腊艺术品的狂热，以及由此带来的掠夺各种神圣和世俗事物的许可。"③ 罗马人对希腊艺术品和腐朽安逸生活的沉迷让加图忧心忡忡，他对希腊艺术和风习的影响予以严厉斥责，他反对废除《反奢侈法》（ Lex Oppia ），抨击各种罪恶、贪婪和奢侈，以及从希腊和亚细亚而来的各种淫荡诱惑。后来废除《反奢侈法》的呼声触动了他

①　Plutarch, *Marcellus*, 21.5.
②　J. Pollitt, "The Impact of Greek Art on Rome," *Transactions of the American Philological Association*, Vol. 108, 1978, p. 159.
③　Livy, 25.40.2—3, T. J. Luce, *Livy: the Composition of his History*, pp. 251—253.

关注道德的敏感神经，他义愤填膺地发表演讲，谴责对希腊文化的沉迷。李维描写他回想从叙拉古输入的战利品时称："相信我，危险的信号正是那些从叙拉古带入这座城市的雕像。我听说太多人赞美科林斯和雅典的装饰品，嘲笑我们罗马诸神的陶制屋瓦。"① 陶制屋瓦指的是罗马古老神庙受到埃特鲁里亚古风风格的影响所铺砌的屋瓦，这些古朴的装饰却遭到一些热情追捧希腊艺术的罗马人的嫌弃。没有理由怀疑李维对加图的描绘不符合历史真相，加图对希腊文化的态度是公元前 2 世纪罗马文化思想史的重要因素，甚至不限于公元前 2 世纪，而是延续了几个世纪的问题。

　　李维不是第一个认同加图态度的人，撒路斯特记述了苏拉的军队陈列来自东方的希腊艺术，助推了罗马人民中间普遍的堕落，延续的也是加图的思路。撒路斯特称："苏拉的军队在亚细亚，是第一支学会沉湎于淫乐宴饮的罗马军队；赞美雕塑、绘画和被追逐的花瓶，从私人房宅和公共场所偷窃它们，掠夺圣殿，亵渎一切，在他们赢得胜利之后，被征服者一无所留。"② 撒路斯特和李维在道德沦落的原因方面观点一致，细微之处不同，李维以加图之口说出反对希腊艺术品输入的想法，撒路斯特则以第一人称的笔触描写了苏拉凯旋带回战利品一事。韦帕芗统治时期的老普林尼也持加图的观点，他笔下各种奇闻异事往往吸引我们的关注，而忽略他作品中的道德线索。《自然史》第 33—37 卷中

---

①　Livy, 34.4.3—4.

②　Sallust, *Bellum Catilinae*, 11.6.

的连续性主题是道德，老普林尼谈到科林斯和迦太基的毁灭，随之而来的战利品运抵罗马，奢侈之风日渐形成。他指出这两个事件给罗马人带来沉醉其中的机会，加剧了罗马人沉迷罪恶和道德崩溃。[1]李维对道德滑坡的时间认定早于撒路斯特所说的公元前146年，他认为公元前212年马尔凯路斯劫掠叙拉古一事标志着这一衰落的开始。

马尔凯路斯本人显露出道德下滑和宗教衰落的迹象，他不遵守宗教习俗是罗马美德沦丧的表现之一。公元前208年，罗马与迦太基的战事主要集中在意大利南部，马尔凯路斯在发现献祭牺牲的肝脏畸形，明知脏卜师预言此乃凶兆的情形下，仍执意与汉尼拔一战。结果遭遇伏击，被标枪所伤，身负重伤，不幸身亡。[2]这一举动一反他早期的谨慎和虔诚，李维认为他的鲁莽大意既不该是他这个年纪的人所为，毕竟已年逾六旬，也不该是一位具有远见卓识的久经沙场的将领所为，他的鲁莽大意几乎让整个国家濒临险境。通过这场战斗证明了将领急于求成的做法给国家带来毁灭性的结果。在李维看来，不朽的诸神眷顾罗马人，让无辜的军队免于一死，但以两名执政官生命的断送来惩罚他们的冲动。[3]李维笔下的美德既有抽象意义的一面，更有变化衰落的一面，在拥有美德的罗马将领身上体现出来。

马尔凯路斯和法比乌斯同是第二次布匿战争中罗马的主帅，他们的性情品质有着强烈的反差，表现出恪守古代操守的旧式罗

---

① Pliny the Elder, *Natural History*, 33.150.
② Livy 27.26.14—27.27.1.
③ Livy 27.27.11; 27.33.11.

马文化和新式亲希腊文化之间的冲突。反观同是汉尼拔战争的大功臣法比乌斯·马克西姆斯，他也带回价值连城的战利品，但行动克制。公元前 209 年，法比乌斯从他林敦掠夺了雕像和绘画，几乎和从叙拉古带回的数量持平。^①法比乌斯却从罗马的保守人士那里赢得赞美，原因在于他从他林敦带回的大多数神像完好无损，否则将会是渎神之举。马尔凯路斯完全没有类似的顾虑，"甚至自豪地在希腊人面前宣称，他教育了罗马人去尊重和赞美绝美的希腊艺术品，罗马人从前对此一无所知"，^②法比乌斯不同于马尔凯路斯的对希腊艺术趋之若鹜，在这里李维又提供了可供效仿和自行规避的范例。

综上所述，罗马历史学家们通常以美德为核心关怀，阐释美德内涵，旨在培育理想的罗马人。他们在自我吹嘘帝国乃天命所归的同时，警醒地意识到美德的缺失在现实中动摇了罗马的立国之基，反省成就帝国带来的后果和酿成国家衰颓的原因。汉尼拔不仅仅是迦太基人的汉尼拔，罗马也有自己的"汉尼拔"，或者说将个人和家族利益建立在国家利益之上的人，共通之处在于他们都是罗马国家与社会的敌人。历史学家在为罗马的所作所为辩护、污名化外族的同时，也在批判罗马社会，所塑造的迦太基人形象既有帝国主义者对外族的标签化描绘，也有以外族反观罗马当下历史境况的批判性认识，这是一个双向互动的认知过程。

西庇阿和马尔凯路斯是李维眼中第二次布匿战争的杰出将

---

① Livy, 27.16.7—8，"掠夺来大量的白银和 3800 磅黄金，雕像和绘画，几乎和叙拉古得来的装饰品等量齐观"。
② Plutarch, *Marcellus*, 21.5.

领，他们身上体现出罗马的卓越美德，是罗马传统道德操守的完美体现，但这样理想化的形象并不排斥他们身上美德的转化，表现为个人利益置于优先于国家利益的位置，引入的财富造成国家认同感的缺失，美德的丧失在两位将领身上均有迹可循。李维对历史人物的刻画和对比包含着深刻的寓意，我们能够从中体会他对战争影响和道德状况的认识。在李维看来，罗马的祖先习俗既是理想意义上的完美德行，也是国家从城邦到帝国发展演变中的可变因素，共和国末期的社会危机根源于罗马的道德危机，社会腐朽，争权夺利。道德的滑坡可追溯到第二次布匿战争，从罗马领导者身上突出地反映出来，从被征服地区带回希腊艺术的战利品开始。

罗马知识精英善于反思罗马的历史与社会，警示战争及战争的副产品给罗马人的价值认同带来的不利影响，告诫罗马人应从外来的影响中反思自身，树立国家文化上的自觉，新贵族需以身示范，肩负起罗马道德的代表和保护者的责任，这是罗马社会文化自我修复机制的一部分。[1] 晚近有关罗马帝国主义和殖民主义的论述，更多折射的是对近代帝国主义列强殖民主义的论断，实际上忽略了罗马历史学家表现出的对罗马社会的批判。虽然不能说古代历史学家是自觉的反帝国主义者或是后殖民主义理论家，但必须承认，他们能够对罗马帝国主义和罗马统治的缺陷表现出有益的反思。

---

[1] E. S. Gruen, *Culture and National Identity in Republican Rome*, Duckworth: Cornell University, 1992, pp. 1—5.

结　语

　　战争是古典史家书写的重要主题，如希波战争之于希罗多德、伯罗奔尼撒战争之于修昔底德、亚历山大东征之于众多史家，汉尼拔战争也成为李维《建城以来史》的重要主题。这场战争在李维看来，是世界上最富有的两个国家的对决，是以最强军事技艺殊死一搏的较量，是一场决定谁将成为世界主宰的战争。李维的主题是广博一体的，是一部罗马从蕞尔小邦成为辽阔帝国的成长历史，"我记录从城市建立以来罗马人的功业，……尽我个人之能置身于世界上最优秀民族业绩的记述将是一种乐趣"。李维不仅将宏阔的战争主题永远载入罗马的文明史册，他还在历史书写中体会精神的愉悦。战争主题在古典史家中司空见惯，但带来精神慰藉的说法却是绝无仅有的。李维把史书比作纯粹澄明的纪念碑，这也意味着历史记载既是不朽的，流传后世的，也是真实可信的，李维将为这段战争史提供准确的、生动的、垂范的历史记录。

一

　　李维的记载为我们研究汉尼拔战争的历史提供了最为翔实的依据，罗马史研究的重点问题如罗马帝国主义和罗马国家形成问题都以李维的记载为重要参考资料。在汉尼拔战争的性质上，罗马在第三方领土警告迦太基的军事行动，多次就迦太基在西班牙的拓殖遣使迦太基，都说明了罗马在这里的利益所在。罗马由于伊利里亚战争和高卢战争而未及时驰援盟友萨贡图姆，收服西班牙后没有立即采取开发当地资源的措施，都不足以说明罗马面对汉尼拔入侵意大利的军事行动是防御反击的一方。罗马在第三方区域约束迦太基的扩张，归根结底是罗马在西班牙地区有着霸权诉求。

　　李维对这一时期罗马的财政经济、军费调拨、公民捐税等内容均有详细的记载，提供了有关罗马社会经济状况的大量宝贵信息，同样作为第二次布匿战争重要史料的波利比乌斯的相关记载却难以让人满意。汉尼拔战争是对罗马和迦太基两国后勤能力的巨大考验，我们往往聚焦两国采取的战略战术，而忽略在军需供应方面的组织能力，后勤保障才是古代战争取胜的法宝。法比乌斯的拖延缓进的战争策略虽在战场上屡见成效，却是以罗马公民和意大利同盟者付出高昂成本为代价的。罗马在应对军事威胁的紧要关头，通过紧急征调罗马及意大利的人力、物力、财力，使罗马国家内部紧密地联系在一起，可以说这场战争是公元前 1 世纪同盟战争之前意大利同盟者与罗马公民之间建立纽带联系的重要阶段。

李维曾道出罗马对外关系的实质，揭示世界帝国运行的逻辑。他在歌颂罗马帝国的伟大的同时，指出罗马对被征服地区的经济掠夺和驻兵防卫的统治政策，"罗马人与其他民族建立和平关系的古老习俗并非是以一份平等条约为基础的，被征服的民族必须交出一切神圣和世俗物品，上缴人质和武器，接受在城内和周边安置罗马驻军"。李维的记载为我们深入理解罗马的国家塑造和战争的经济动因提供了极为珍贵的研究资料。

二

李维的《建城以来史》运用历史悠久的编年史形式，为历史书写的权威性和谋篇布局的组织性搭建起条理清晰的框架。编年史体例不仅是李维选择的体裁形式，也关系到他在记述历史时的表述风格，更在二者之外助益了李维治史要旨的实现，读者可在平铺直叙的编年史简要文告中体会历史传统的召唤。李维笔下的每一年以报告官员选举和祭司公文结尾，下一年以记述官员履职、分配战区、被除朕兆、会见使节开篇，年复一年，循环往复。编年史公告将漫长的历史切分为读者熟悉且便于掌控的时间单元，体现出李维在历史叙事组织结构上的精心设计。公告围绕着罗马纪年中一个完整的执政官年，反映出共和国政治制度的内部节奏，以及国内事务与国外战事相互交替的收放范围，也象征着罗马对外征战规模的不断扩大，以及对古老传统的持久坚守。

我们从《建城以来史》第三个十卷的史料来源看出，李维基本认清了传统史料的优势与不足。科埃里乌斯·安提帕特是西班牙战事和汉尼拔进军意大利记载的主要来源，安提帕特和安提阿斯是意大利事件的主要来源，波利比乌斯是西西里、希腊和非洲事件的主要史料，也许还包括对他林敦事件的部分记载，克劳狄乌斯和皮索等人的记载有时被用作补充资料。李维对所选取的各种史料的可信程度有着较好的把握，但他无视第一手资料的史料方法无疑是他史学方法的一处硬伤。李维很少游历，地理知识不足，不曾列身行伍，政治和军事经验欠缺，"书斋学者"的局限性为其作品的史学价值造成了不利影响。他经常在地理问题上出错，这一方面是因为传统史料记载有误，更主要的是因为他没能剔除其中的谬误。然而，他参考各种著作，尽力阐明战场地形、城镇、河流以及其他历史遗迹。李维在一定程度上注重文献史料和文物遗迹的互证，例如汉尼拔围困卡西利努姆城事件中，他记述城内的罗马守军多为普莱奈斯特人，他们在大法官安尼奇乌斯的率领下安全返回普莱奈斯特。李维以普莱奈斯特广场竖立的雕像为证，且用雕像的蒙头装束证明安尼奇乌斯曾担任祭司一职。李维秉持求真务实的态度，但他不只停留于此，还利用这些史料为他的文学目的和道德教化主旨服务。李维虽然坚持客观，但他的客观公正是相对的而非绝对的。

三

　　李维将希腊化时代悲剧式的文学手法服务于历史的真实记载，却仍为那些能够传情达意的传奇故事，表现人物性格的演说对话，以及令人瞩目的场面描写留下了充足的个人发挥空间。他择取题材，丰富情节，润饰原始材料以产生栩栩如生或悲悯感人的效果，显示出希腊历史编纂学的影响。

　　李维虽不是书写战争的专业大师，但他笔下的战争史的最精彩部分体现在战争带给人类的痛苦挣扎上，战争的伤痛是无差别的。李维的战争叙事好似一幕幕悲剧，激起观众的悲悯之情。李维描写战斗中的呐喊、会议中的群情激昂、民众的恐惧与怜悯；他描绘坎尼战后惨不忍睹的景象，侧面烘托两军的殊死搏斗；他描写罗马包围叙拉古城时双方军队中泛滥的疫情，折射出战争的冷酷无情。对被困者的心理描写构成了整个攻城情节的主体，我们在李维对萨贡图姆事件的描写中感受到他对被围困者的同情，李维记述他们的精神状态，胜过他们的御敌战法。

　　历史学家和演说家一样都肩负着说服的职责，李维也如演说家一般撰写演说词，并留下了许多名篇佳作。西庇阿和汉尼拔在提基努斯河战前的誓师讲话，西庇阿在攻打新迦太基前发表的长篇演说，还有两人在阿非利加的会谈，均能看出李维的记述大幅扩充了波利比乌斯的主题，他的描写较比波利比乌斯更为生动翔实，渲染了双方对决的必要性和紧迫性。李维创作演说的目的不是空泛展现修辞学技巧，而是通过演讲者之口来塑造人物形象，并为行为动机和事件发展提供可信的解释。由此可见，李维是如西塞罗一样的"修辞性"治史观的代表。

李维在作品中记录了一些纪念碑，这些纪念碑不仅是地理和事件的标识，也是历史记忆的标识，标记出地点和事件的重要意义，为推进历史叙事埋下伏笔。在对坎尼和麦陶鲁斯两场战役的描写和回顾中，分段式的战争记忆叙事推动了战局的改变，罗马和迦太基逐渐对换了失败者和胜利者的位置。李维在两次战役之间铺设了罗马转败为胜的契机，这一动力是通过记忆转化实现的。记忆叙事手法在情节推进、内在联系、框架结构、空间嵌连上发挥多重功能。

在第三个十卷的卷首，汉尼拔遥望意大利，鼓励士兵"他们正在穿过的并非仅是意大利的城墙，而是罗马城的城墙；在此之后一切都会变得不费吹灰之力"。在这个十卷的卷末，汉尼拔在朱诺神庙犯下渎神罪行，之后他郁郁寡欢地离开意大利，不停回望意大利的海岸，责骂自己没有在坎尼战后乘胜进军罗马。汉尼拔的南望和北顾首尾照应，分别表示对意大利空间的涉足和离场，宣告着战争的开端和结局，空间视野下的战争记忆是李维谋篇布局的框架要素。

李维的《建城以来史》是一座文本的纪念碑，所记录的历史记忆依托罗马城这个固定的中心不断累积，罗马城成为因为众多历史事件而平添文化意义的场域的集合。卡皮托山位于罗马城的中心，是罗马世界统治的核心象征，是将领们前往战场的出发地

和他们凯旋而归的返回地。李维遵循编年纪事的体例记述国内国
外事件，中心与边缘之间的切换象征着帝国之路的拓展，叙事空
间的延伸体现出罗马从城邦到帝国的发展变迁。协调有序的空间
和有纪念意义的景观结合起来，凸显了李维着力书写的主题：罗
马从贫微处发展为伟大的帝国，却在道德上日渐衰颓。

四

罗马的历史编纂植根于罗马的公共生活，罗马史家以规范公
共秩序、促进社会和谐为己任。随着罗马共和国疆域逐渐扩展，
国家外表的繁华无法掩藏内部的腐化，牵涉甚广的内部危机逃不
过知识精英的慧眼，罗马历史学家自觉地以道德说教为目的进行
历史书写。

李维本着对国家发展的批判性自觉，反思罗马帝国从蕞尔小
邦发展到苦于自身宏大程度的历程，在记载罗马人的丰功伟绩的
同时，感叹于一个异常强大的民族因自身的威力长期以来自行
毁灭的过程。这样的双向视角在李维对罗马和迦太基名将的形象
刻画中体现出来，他一面大力歌颂罗马将领的英雄形象，给予迦
太基将领以标签式的描绘，一面在罗马和迦太基名将的平衡叙事
中，隐约预示出罗马走向如迦太基一般结局的危险。李维记述迦
太基将领和军队从凯歌猛进走向腐朽堕落的变化过程，折射出自
身所处时代的社会道德危机，警醒世人帝国给罗马人的品德带来

的严重后果。迦太基人有自己的汉尼拔，罗马也出现了自己的"汉尼拔"，将个人和家族利益置于国家利益之上的人物，个人的野心和贪欲酿成共和国后期军事强人血雨腥风的斗争，这正是罗马内战时代的真实写照。

罗马在对外战争中形成对外族的认识，过往的研究更强调罗马的自我标榜和对他者的贬低污蔑，在某种程度上这完全属实，罗马作家提供了大量自我标榜的和污蔑外族的例证。不过，这仅是一个侧面，并非全景。罗马作家不仅为罗马的所作所为辩护，还通过正面评价外族来批判罗马社会，这是一个双向互动的认知过程。罗马名将是罗马传统道德操守的完美化身，但理想化的形象并不排斥他们身上美德的转化，表现为他们把个人利益优先于国家利益，通过战争引入的财富造成国家认同感的丧失。李维塑造的具有传统美德的罗马将领从来没有一张一成不变的面孔，他们的形象呈现出许多层次。李维在描绘外族形象时，并非将罗马人与他者视为相互隔绝的两个群体，外族身上的优秀品质如一面镜子关照罗马自身。汉尼拔身上既有背信弃义、残酷无情的旧有成见，也有罗马人身上或已罕见的勇敢品质。

李维在历史人物的刻画和对比中包含深刻的寓意，我们从中体会到他对战争给罗马道德状况造成严重影响的深刻认识。外族身上既有罗马为与外族相区别而想象出的刻板印象，又有在罗马世风日下之时投射在他们身上的传统美德。外族观念的演变与罗马的帝国主义进程齐头并进，罗马帝国主义的不同发展阶段决定了美德书写的不同侧重。罗马的知识精英善于反思罗马的帝国之路，目的在于让罗马长盛不衰，警示罗马人战争及战争副产品给人们的价值认同带来的不利影响，这是罗马社会文化领域自我修复机制的一部分。晚近有关罗马帝国主义和殖民主义的论述实际上忽略了古代史家表现出来的反思意识。虽然古代史家绝对谈不上是自觉的反帝国主义者，但他们能够对罗马帝国主义和罗马统治的缺陷表现出有益的反思，这也呼应了李维前言中对其作品纪念性的主张。他通过记录罗马人过去的丰功伟业，旨在激励同时代的人从历史中接受教训，借此医治时代的痼症。

参考文献

西文文献

一、古典文献

1. Aristotle, (trans. Rackham, H., 1959), *Politica*, Cambridge: Harvard University Press.

2. Cicero, (trans. Hendrickson, G. L., 1962), *Brutus*, Cambridge: Harvard University Press.

3. Cicero, (trans. Winstedt, E. O., 1920), *Letters to Atticus*, Vol. 1, Books 1—6, London: Willian Heinemann.

4. Cicero, (trans. Keyes, C. W., 1952), *De Legibus*, Cambridge: Harvard University Press.

5. Cicero, (trans. Hubbell, H. M., 1976), *De Inventione*, Cambridge: Harvard University Press.

6. Cicero, (trans. Rackham, H., 1931), *De Finibus Bonorum et Malorum*, London: William Heinemann.

7. Cicero, (trans. Sutton, E. W., 1948), *De Oratore*, Cambridge:

Harvard University Press.

8. Cicero, (trans. Keyes, C. W., 1928), *De Re publica*, Cambridge: Harvard University Press.

9. Cicero, (trans. Greenwood, L. H. G., 1935), *In Verrem*, Cambridge: Harvard University Press.

10. Cicero, (trans. Ker, W. C. A., 1957), *Philippics*, Cambridge: Harvard University Press.

11. [Cicero], (trans. Caplan H., 1954), *Rhetorica Ad Herennium*, Cambridge: Harvard University Press.

12. Diodorus of Sicily, (trans. Sherman, C. L., 1952), Vol. 7, Books XV. 20—XVI. 65, Cambridge: Harvard University Press.

13. Florus, (trans. Forster, E. S., 1984), *Epitome of Roman History*, Cambridge: Harvard University Press.

14. Frontinus, (trans. Bennett, C. E., 1925), *The Stratagems*, London: William Heinemann.

15. Herodotus, (trans. Godley, A. D., 1920), London: William Heinemann.

16. Juvenal, (trans. Ramsay, G. G., 1928), *Satires*, London: William Heinemann.

17. Livy, (trans. Foster., B. O., 1969), *From the Founding of the City*, Vol. V, Books XXI—XXII, London: Harvard University Press.

18. Livy, (trans. Moore, F. G., 1951), *From the Founding of the City*, Vol. VI, Books XXIII—XXV, London: Harvard University Press.

19. Livy, (trans. Moore, F. G., 1958), *From the Founding of the City*, Vol. VII, Books XXVI—XXVII, London: Harvard University Press.

20. Livy, (trans. Moore, F. G., 1949), *From the Founding of the City*, Vol. VIII, Books XXVIII—XXX, London: Harvard University Press.

21. Livy, (ed. Keeler, L. W., 1925), *Libri XXI et XXII*, Chicago: Loyola University Press.

22. Martial, (trans. Ker, W.C. A., 1920), *Epigrams*, Vol. 2, London: William Heinemann.

23. Pliny, (trans. Melmoth, W., 1952), *Letters*, Vol. 1, Book1—6, Cambridge: Harvard University Press.

24. Pliny the Elder, (trans. Rackham, H., 1961), *Natural History*, Vol. 9, Cambridge: Harvard University Press.

25. Plutarch, (trans. Perrin, B., 1916), *Lives*, Vol. 4, London: William Heinemann.

26. Plutarch, (trans. Perrin, B., 1917), *Lives*, Vol. 5, London: William Heinemann.

27. Polybius, (trans. Sott-Kilvert, I., 1986), *The Rise of The Roman Empire*, London: Penguin Books.

28. Polybius, (trans. Paton, W. R., 1960), *The Histories*, Vol. 1, Books I—II, Cambridge: Harvard University Press.

29. Polybius, (trans. Paton, W. R., 1960), *The Histories*, Vol. 3, Books V—VIII, Cambridge: Harvard University Press.

30. Polybius, (trans. Paton, W. R., 1960), *The Histories*, Vol. 4, Books IX—XV, Cambridge: Harvard University Press.

31. Polybius, *The Rise of the Roman Empire*, trans. Ian Scott-Kilvert, selected with an introduction by F. W. Walbank, New York: Penguin Books, 1986.

32. Quintilian, (trans. Russell, D. A., 2001), *The Orator's Education*, Vol. 1, Books 1—2, Lodon: Harvard University Press.

33. Quintilian, (trans. Butler, H. E., 1953), *Institutio Oratoria*, Vol. 3, Books 7—9, Cambridge: Harvard University Press.

34. Quintilian, (trans. Butler, H. E., 1953), *Institutio Oratoria*, Vol. 4, Books 10—12, Cambridge: Harvard University Press.

35. Sallust, (trans. Rolfe, J. C., 1921), *The War with Catiline and The War with Jugurtha*, London: William Heinemann.

36. Seneca the Elder, (trans. Winterbotton, M., 1924), *Controversiae*, Vol. 2, Cambridge: Harvard University Press.

37. Seneca, (trans. Gummere, R. M., 1925), *Epistulae Morales*, Vol. 3, London: William Heinemann.

38. Silius Italicus, (trans. Duff, J.D., 1961), *Punica*, Vol. 1, Cambridge: Harvard University Press.

39. Strabo, (trans. Jones, H. L., 1917), *Geography*, London: William Heinemann.

40. Suetonius, (trans. Rolfe, J. C., 1914), *Lives of the Caesars*, Vol. 1, London: William Heinemann.

41. Suetonius, (trans. Rolfe, J. C., 1920), *Lives of the Caesars*,

Vol. 2, London: William Heinemann.

42. Valerius Maximus, (trans. Bailey, D. R. S., 2000), *Memorable Doings and Sayings*, Cambridge: Harvard University Press.

43. Varro, (trans. Kent, R. G., 1951), *Lingua Latina*, Cambridge: Harvard University Press.

44. Velleius Paterculus, (trans. Shipley, F.W., 1924), *The Roman History*, Cambridge: Harvard University Press.

45. Virgil, (trans. Fairclough, H. R., 1916), *Aeneid*, London: William Heinemann.

46. Tacitus, (trans. Jackson, J., 1970), *Annals*, Vol. 4, Cambridge: Harvard University Press.

47. Tacitus, (trans. Jackson, J., 1937), *Annals*, Vol. 5, Cambridge: Harvard University Press.

48. Tacitus, (trans. Peterson, W., 1914), *Dialogus*, London: William Heinemann.

49. Thucydides, (trans. Smith, C. F. 1928), *History of the Peloponnesian War*, Vol. 1, Cambridge: Harvard University Press.

二、现代著作

1. Adkins, L. & Adkins, R. A., *Handbook to Life in Ancient Rome*, New York, 1994.

2. Astin, A. E., Walbank, F. W, Frederiksen, M. W., Ogilvie, R. M.(eds.), *The Cambridge Ancient History, Vol. VIII, Rome and the Mediterranean to 133 BC*, 2nd Edn., Cambridge: Cambridge University Press, 1989.

3. Badian, E., *Foreign Clientelae (264–70 BC)*, Oxford: The Clarendon Press, 1958.

4. ____, *Roman Imperialism in the Late Republic*, 2nd edition, Oxford: The Clarendon Press, 1968.

5. Balmaceda, C., *Virtus Romana: Politics and Morality in the Roman Historians*, Chapel Hill: The University of North Carolina Press, 2017.

6. Bieler, L., *History of Roman Literature*, London: St Matin's Press, 1966.

7. Bommas, M., ed., *Cultural Memory and Identity in Ancient Societies*, London: Continuum International Publishing Group, 2011.

8. Bommas, M., Harrisson J. and Roy, P., eds., *Memory and Urban Religion in the Ancient World*, London: Bloomsbury, 2012.

9. Breebaart, A. B., *Clio and Antiquity-History and Historiography of the Greek and Roman World*, Hilversum, 1987.

10. Bunson, M., *Encyclopedia of Roman Empire*, New York: Facts On File, Inc., 1994.

11. Cary, M., Scullard, H. H., *A History of Rome Down to the Reign of Constantine*, 3rd ed., London: The Macmillan Press, 1974.

12. Chaplin, J. D., *Livy's Exemplary History*, Oxford: Oxford University Press, 2000.

13. Chaplin J. D. and Kraus, C. S., eds., *Oxford Readings in Classical Studies: Livy*, Oxford: Oxford University Press, 2009.

14. Davies, J. P., *Rome's Religious History: Livy, Tacitus and*

Ammianus on their Gods, Cambridge: Cambridge University Press, 2004.

15. Dihle, A., *A History of Greek Literature: From Homer to the Hellenistic Period*, London: Routledge, 1994.

16. Dillon, M. and Garland, I., *Ancient Rome: From the Early Republic to the Assassination of Julius Caesar*, London: Routledge, 2005.

17. Dominik, W. and Hall, J., eds., *A Companion to Roman Rhetoric*, Oxford: Blackwell Publishing, 2007.

18. Dorey, T. A., ed., *Latin Historians*, London: Routledge & Kegan Paul, 1966.

19. Duff, T. E., *Plutarch's Lives: Exploring Virtue and Vice*, Oxford: Oxford University Press, 1999.

20. Earl, D. C., *The Political Thought of Sallust*, Cambridge: The University Press, 1961.

21. Feldherr, A., *Spectacle and Society in Livy's History*, Berkeley: University of California Press, 1998.

22. _____, ed., *The Cambridge Companion to the Roman Historians*, Cambridge: Cambridge University Press, 2009.

23. Frank, T., *Roman Imperialism*, New York: The Macmillan Co., 1914.

24. _____, *Life and Literature in the Roman Republic*, London: University of California Press, 1971.

25. Frier, B. W., *Libri Annales Pontificum Maximorum: The*

Origins of the Annalistic Tradition, Ann Arbor: The University of Michigan Press, 1999.

26. Grant, M., *Greek and Roman Historians: Information and Misinformation*, London: Routledge, 1995.

27. ____, *Roman Literature*, Baltimore: Penguin Books, 1964.

28. Gruen, E. S., *Culture and National Identity in Republican Rome*, Duckworth: Cornell University, 1992.

29. Harris, W.V., *War and Imperialism in Republican Rome 327—70 BC*, London: Oxford University Press, 1979.

30. Hau, L. I., *Moral History from Herodotus to Diodorus Siculus*, Edinburgh: Edinburgh University Press, 2016.

31. Heichelhelm, F. M., Yeo, C. A., Ward, A. M., *A History of the Roman People*, New Jersey: Prentice-Hall Inc., 1984.

32. Hedrick, C. W., *Ancient History: Monuments and Documents*, Malden: Blackwell Publishing, 2006.

33. Hopkins, E., *Conquerors and Slaves: Sociological Studies in Roman History, vol.1*, Cambridge: Cambridge University Press, 1978.

34. Hoyos, B. D., *Unplanned Wars: The Origins of the First and Second Punic Wars*, Berlin and New York: Walter de Gruyter, 1998.

35. ____, ed., *A Companion to the Punic Wars*, Oxford: Wiley-Blackwell, 2011.

36. Jaeger, M., *Livy's Written Rome*, Michigan: Michigan

University Press, 1997.

37. Kenney, E. J., Clausen, W. V., ed., *The Cambridge History of Classical Literature II Latin Literature*, Cambridge: Cambridge University Press, 1982.

38. Knox B. M. W., *The Cambridge History of Classical Literature I: Greek Literature*, Cambridge: Cambridge University Press, 1985.

39. Knox P., and Foss, C., eds., *Style and Tradition: Studies in Honor of Wendell Clausen*, Stuttgart und Leipzig: Teubner, 1998.

40. Kraus, C. S., ed., *The Limits of Historiography: Gener and Narrative in Ancient Historical Texts*, Leiden: Brill, 1999.

41. Levene, D. S., *Religion in Livy*, Leiden: Brill, 1993.

42. ____, *Livy on the Hannibalic War*, Oxford: Oxford University Press, 2010.

43. Lewis, C. T., C. Short, eds., *A Latin Dictionary*, Oxford: Clarendon Press, 1958.

44. Luce, T. J., *Livy: The Composition of His History*, Princeton, New Jersey: Princeton University Press, 1977.

45. ____, *The Greek Historians*, London and New York: Routledge, 1997.

46. MacDonald, E., *Hannibal: A Hellenistic Life*, New Haven and London: Yale University Press, 2015.

47. Marincola, J., *Authority and Tradition in Ancient Historiography*, Cambridge: Cambridge University Press, 1997.

48. ____, ed., *Greek and Roman Historiography*, Oxford:

Oxford University Press, 2011.

49. ____, ed., *A Companion to Greek and Roman Historiography*, Oxford: Wiley-Blackwell, 2011.

50. Miles, G.B., *Livy: Reconstructing Early Rome*, Ithaca and London: Cornell University Press, 1995.

51. Mineo, Bernard, ed., *A Companion to Livy*, Oxford: Wiley Blackwell, 2015.

52. Mellor, R., *Tacitus*, Routledge, London, 1993.

53. Mellor, R., *The Roman Historians*, London: Routledge, 1999.

54. Osborne R. and Hornblower, S., eds., *Ritual, Finance, Politics: Athenian Democratic Accounts Presented to David Lewis*, Oxford: Clarendon Press, 1994.

55. Ogilvie, R. M., *Roman Literature and Society*, London: Peguin Books, 1980.

56. Palmer, L. R., *The Latin Language*, London: Faber and Faber Limited, 1961.

57. Petrie, A., *An Introduction to Roman History Literature and Antiquities*, London: Oxford University Press, 1938.

58. Raaflaub, K. A. and M. Toher, eds., *Between Republic and Empire: interpretations of Augustus and his Principate*, Berkeley: University of California Press,1993.

59. Reynolds L. D., ed., *Livy in Texts and Transmission: A Survey of the Latin Classic*, Oxford: Clarendon Press, 1990.

60. Rüpke, J., ed., *A Companion to Roman Religion*, Oxford: Blackwell Publishing, 2007.

61. Rutledge, S. H., *Ancient Rome as a Museum: Power, Identity, and the Culture of Collecting*, Oxford: Oxford University Press, 2012.

62. Sandys, J. E., ed., *A Companion to Latin Studies*, London: Cambridge University Press, 1921.

63. Scullard, H. H., *A History of the Roman World from 753 to 146 BC*, 3rd edition, London: Methuen & Co., 1961.

64. ___, *Roman Politics 220—150 B. C.*, Westport: Greenwood Press, 1973.

65. Sharrock, A. & Ash, R., *Fifty Key Classical Authors*, New York: Routledge, 2002.

66. Starr, C. G., *The Emergence of Rome: As Ruler of the Western World*, Westport: Greenwood Press, 1953.

67. Syme, R., *Tacitus*, Vol. 1, Oxford: Clarendon Press, 1958.

68. ___, *The Roman Revolution*, Oxford: Oxford University Press, 1990.

69. Wacher, J., ed., *The Roman World*, Volume I, London: Routledge, 2002.

70. Walbank, F. W., *Polybius*, Berkeley: University of California Press, 1972.

71. Walbank, F. W., *The Hellenistic World*, Harvard University Press, 1981.

72. Wallace, R.W., and Harris, E. M., eds., *Transitions to*

Empire: Essays in Greco-Roman History, 360—146 BC, Norman: University of Oklahoma Press, 1996.

73. Walsh, P. G., *Livy: His Historical Aims and Methods*, Cambridge: Cambridge University Press, 1963.

74. West, D. & Woodman, T., ed., *Creative Imitation and Latin Literature*, Cambridge University Press, 1979.

75. Wiseman, T. P., *Clio's Cosmetics: Three Studies in Greco-Roman Literature*, Rowman and Littlefield: Leicester University Press, 1979.

76. Woodman, A. J., *Rhetoric in Classical Historiography: Four Studies*, London and New York: Routledge, 1988.

77. Zanker, P., *The Power of Images in the Age of Augustus*, trans. A. Shapiro, Ann Arbor: The University of Michigan Press, 1988.

三、论文

1. Allen, A. W., "Livy as Literature," *Classical Philology*, Vol. 51, No. 4 (Oct., 1956), pp. 251—254.

2. Beard, M., "Cicero and Divination: The Formation of a Latin Discourse," *The Journal of Roman Studies*, Vol. 76, 1986, pp. 33—46.

3. Canter, H. V., "Rhetorical Elements in Livy's Direct Speeches: Part I," *The American Journal of Philology*, Vol. 38, No. 2 (1917), pp. 125—151.

4. Canter, H. V., "Rhetorical Elements in Livy's Direct Speeches:

Part II," *The American Journal of Philology*, Vol. 39, No. 1 (1918), pp. 44—64.

5. Canter, H. V., "Livy the Orator," *The Classical Journal*, Vol. 9, No. 1 (Oct., 1913), pp. 24—34.

6. Carawan, E. M., "The Tragic History of Marcellus and Livy's Characterization," *The Classical Journal*, Vol. 80, No. 2 (Dec., 1984), pp. 131—141.

7. Dunbabin, R. L., "Verses in Livy," *The Classical Review*, Vol. 25, No. 4 (Jun., 1911), pp. 104—106.

8. Finley, M. I., "Empire in the Greco-Roman World," *Greece & Rome*, Vol.25, No.1, 1978, pp.1—15.

9. Flower, H. I., "The Tradition of the Spolia Opima: M. Claudius Marcellus and Augustus," *Classical Antiquity*, Vol. 19, No. 1, 2000, pp. 34—64.

10. Franko, G. F., "The Use of Poenus and Carthaginiensis in Early Latin Literature," *Classical Philology*, Vol. 89, No. 2, pp. 153—158.

11. Gabba, E., "True History and False History in Classical Antiquity," *JRS* 71(1981), pp. 50—62.

12. Gries, K., "Livy's Use of Dramatic Speech," *The American Journal of Philology*, Vol. 70, No. 2 (1949), pp. 118—141.

13. Hadas, M., "Livy as Scripture," *The American Journal of Philology*, Vol. 61, No. 4 (1940), pp. 445—456.

14. Haley, S. P., "Livy, Passion, and Cultural Stereotypes,"

Historia, Vol. 39, No. 3, 1990, pp. 375—381.

15. Howard, A. A., "Valerius Antias and Livy," Harvard Studies in Classical Philology, Vol. 17 (1906), pp. 161—182.

16. Jaeger, M., "Livy, Hannibal's Monument, and the Temple of Juno at Croton," *Transactions of the American Philological Association*, Vol. 136, No. 2, 2006, pp. 389—414.

17. Kraus, C. S., "'No Second Troy': Topoi and Refoundation in Livy, Book V," *Transactions of the American Philological Association*, Vol.124, 1994, pp.267—289.

18. ____, "The Language of Latin Historiography," in J. Clackson ed., *A Companion to the Latin Language*, Wiley-Blackwell, 2011, pp. 408—425.

19. Latte, K., "Livy's Patavinitas," *Classical Philology*, Vol. 35, No. 1 (Jan., 1940), pp. 56—60.

20. Lazarus, F. M. "Fortuna and Rhetorical Structure in Livy," *The Classical Journal*, Vol. 74, No. 2 (Dec., 1978), pp. 128—131.

21. L'Hoir, F. S., "Heroic Epithets and Recurrent Themes In *Ab Urbe Condita*," *Transactions of the American Philological Association*, Vol. 120 (1990), pp. 221—241.

22. Liebeschuetz, W., "The Religious Position of Livy's History," *JRS* 57(1967), pp. 45—55.

23. ____, "Review of Religion in Livy by D. S. Levene," *The Journal of Roman Studies*, Vol. 85, 1995, pp. 314—315.

24. Luce, T. J., "Review of Rhetoric in Classical Historiography:

Four Studies by A. J. Woodman," *Phoenix*, Vol. 43, No. 2, 1989, pp. 174—177.

25. Lushkov, A. H., "Narrative and Notice in Livy's Fourth Decade: The Case of Scipio Africanus," *Classical Antiquity*, Vol. 33, No. 1, 2014, pp. 102—129.

26. McDonald, A. H., "The Style of Livy," *JRS* 47 (1957) pp. 155—172.

27. ____, "Theme and Style in Roman Historiography," *JRS* 65 (1975), pp. 1—10.

28. Momigliano, A., "Greek Historiography," *History and Theory*, Vol. 17, No. 1, 1978, pp. 1—28.

29. Miller, N. P., "Dramatic Speech in the Roman Historians," *Greece & Rome*, 2nd Ser., Vol. 22, No. 1 (Apr., 1975), pp. 45—57.

30. Morgan, M. H., "Hidden Verses in Livy," *Harvard Studies in Classical Philology*, Vol. 9 (1898), pp. 61—66.

31. Petersen, H., "Livy and Augustus," *Transactions and Proceedings of the American Philological Association*, Vol. 92 (1961), pp. 440—452.

32. Phillips, J. E., "Form and Language in Livy's Triumph Notices," *Classical Philology*, Vol. 69, No.4, 1974, pp. 265—273.

33. Rodgers, B. S., "Great Expeditions: Livy on Thucydides," *Transactions of the American Philological Association*, Vol. 116 (1986), pp. 335—352.

34. Rossi, A., "The Tears of Marcellus: History of a Literary

Motif in Livy," *Greece & Rome*, Vol. 47, No. 1, 2000, pp. 56—66.

35. Schofield, M., "Cicero For and Against Divination," *The Journal of Roman Studies*, Vol. 76, 1986, pp. 47—63.

36. Starks, J. H., "Fides Aeneia: The Transference of Punic Stereotypes in the Aeneid," *The Classical Journal*, 1999, Vol.94, No.3, pp. 255—283.

37. Steele, R. B., "The Historical Attitude of Livy," *The American Journal of Philology*, Vol. 25, No. 1 (1904), pp. 15—44.

38. Syme, R., "Livy and Augustus," *Harvard Studies in Classical Philology*, Vol. 64 (1959), pp. 27—87.

39. Taylor, L. R., "Livy and the Name Augustus," *The Classical Review*, Vol. 32, No. 7/8 (Nov., 1918), pp. 158—161.

40. Walbank, F.W., "Polybius and Rome's Eastern Policy," *The Journal of Roman Studies*, Vol. 53, 1963, pp. 1—13.

41. Walsh, P. G., "Livy's Preface and the Distortion of History," *The American Journal of Philology*, Vol. 76, No. 4 (1955), pp. 369—383.

42. ___, "Livy and Stoicism," *The American Journal of Philology*, Vol. 79, No. 4 (1958), pp. 355—375.

中文文献

一、汉译古典著作

1.［古罗马］李维:《建城以来史》(前言·卷一), 穆启乐、张强、傅永东、王丽英译, 上海人民出版社 2005 年版。

2.〔古罗马〕奈波斯:《外族名将传》,刘君玲等译,张强校,上海人民出版社 2005 年版。

3.〔古希腊〕普鲁塔克:《希腊罗马名人传》(上册),陆永庭、吴彭鹏等译,商务印书馆 1990 年版。

4.〔古罗马〕撒路斯提乌斯:《喀提林阴谋·朱古达战争》,王以铸、崔妙因译,商务印书馆 1995 年版。

5.〔古罗马〕苏维托尼乌斯:《罗马十二帝王传》,张竹明、王乃新、蒋平等译,商务印书馆 1995 年版。

6.〔古罗马〕塔西佗:《编年史》(上册),王以铸、崔妙因译,商务印书馆 1981 年版。

7.〔古罗马〕西塞罗:《论演说家》,王焕生译,中国政法大学出版社 2003 年版。

8.〔古罗马〕西塞罗:《论共和国 论法律》,王焕生译,中国政法大学出版社 1997 年版。

9. 吴于廑主编:《外国史学名著选》(上册),王敦书译,吴廷璆、雷海宗、张竹明校:《李维罗马史选》,商务印书馆 1986 年版。

二、中文著作

1. 蔡丽娟:《李维史学研究》,商务印书馆 2014 年版。

2. 郭小凌:《西方史学史》,北京师范大学出版社 1995 年版。

3. 刘明翰主编:《外国史学名著评介》第一卷,山东教育出版社 1986 年版。

4. 李剑鸣:《历史学家的修养和技艺》,上海三联书店 2007 年版。

5. 全增嘏主编：《西方哲学史》（上册），上海人民出版社2005年版。

6. 王焕生：《古罗马文艺批评史纲》，译林出版社1998年版。

7. 阎宗临：《世界上古中世纪史》，广西师范大学出版社2007年版。

8. 张广智：《西方史学史》，复旦大学出版社2000年版。

三、中文译著

1.［美］安德鲁·菲尔德、［美］格兰特·哈代主编：《牛津历史著作史》第一卷（上），陈恒、李尚君、屈伯文等译，上海三联书店2017年版。

2.［英］弗朗西斯·麦克唐纳·康福德：《修昔底德：神话与历史之间》，孙艳萍译，上海三联书店2006年版。

3.［英］柯林武德：《历史的观念》，何兆武、张文杰译，中国社会科学出版社1986年版。

4.［英］克里斯托弗·罗、［英］马尔科姆·斯科菲尔德主编：《剑桥希腊罗马政治思想史》，晏绍祥译，商务印书馆2021年版。

5.［苏］科瓦略夫：《古代罗马史》，王以铸译，生活·读书·新知三联书店1957年版。

6.［英］理查德·詹金斯编：《罗马的遗产》，晏绍祥、吴舒屏译，上海人民出版社2002年版。

7.［意］莫米利亚诺：《现代史学的古典基础》，冯洁音译，华东师范大学出版社2009年版。

8.［德］穆启乐：《古代希腊罗马和古代中国史学：比较视野

下的探究》，黄洋编校，北京大学出版社 2018 年版。

9.[美]汤普森：《历史著作史（上卷）从上古时代至十七世纪末叶》第一分册，谢德风译，商务印书馆 1988 年版。

10.[德]特奥多尔·蒙森：《罗马史》第三卷，李稼年译，商务印书馆 2005 年版。

11.[美]梯利：《西方哲学史》（上册），葛力译，商务印书馆 1975 年版。

四、中文论文

1. 蔡丽娟：《李维史学探微》，复旦大学 2005 年博士学位论文。

2. 蔡丽娟：《论李维对罗马历史的道德重建》，《湖北大学学报》2005 年第 1 期。

3. 蔡丽娟：《论李维的史料方法》，《历史教学问题》2005 年第 2 期。

4. 蔡丽娟：《论李维的历史方法》，《史学理论研究》2005 年第 3 期。

5. 刘君玲：《李维及其〈建城以来史·卷二、三、四〉的价值（瓦罗纪年公元前 509—前 404 年）》，东北师范大学 1999 年博士学位论文。

6. 王悦：《纪念碑与李维的视觉化叙事策略》，《世界历史》2022 年第 1 期。

后　记

　　本书是在我的博士论文《李维史学研究——以他笔下的第二次布匿战争为例》的基础上修改而成的，今日以《战争与史学家：李维历史书写中的汉尼拔战争》为题出版，我感到万分喜悦。两部研究成果的研究对象和主要观点大体相同，不过从体量扩容、理路创新和拓展阐释上，本书相较从前的博士论文作了崭新的探索，文章结构上的调整在此略作说明：

　　第一章新增《李维的战争主题》一节，旨在统领全书，突出战争史主题在西方古典史学中的重要意义。战争是古典史学最为重要的主题，古典作家通常把战争看作影响世界历史发展的活跃因素。李维高屋建瓴地概括第二次布匿战争，称其是实力均处于巅峰的两个民族之间的较量，战争规模前所未有，作战技术精湛绝伦，是所有发生过的战争中最令人难忘的一场战争。

　　第三章新增《纪念碑与罗马的范例史学》一节，阐述纪念碑与罗马范例史学的密切联系。李维的史书是文本的纪念碑，书中记录下实物的纪念碑，这些纪念碑按照范例的符号系统统一编排，环环相扣，揭示出包括历史书写在内的范例性纪念碑历经时间与空间的变化所发挥的社会性功能。

第四章新增《编年史体例》一节，论述编年史形式的来源、作用及内涵，着力说明编年史体例不仅是罗马历史编纂的重要体例，起到支撑文本结构的应用性价值，而且体现出彰显历史精神的垂训价值。以编年史作为编纂体例不单是史学传统或书写形式的问题，也是历史阐释的问题，在体裁形式和表述风格之外助益了李维治史要旨的实现，在编年史公告的重复中建立起读者与罗马传统风尚之间的链接。

第五章新增《记忆叙事》一节，考察李维对纪念碑的描述和运用。纪念碑既构成文本结构的骨架和节点，也构成一个个具有特殊意义的叙事链条。在这些由纪念碑承载的历史记忆中，当下的记述和过去的记忆结合在一起，形成不可分割的记忆单元，这也是李维范例史学要旨的体现。

第六章重写了《李维的宗教观念》一节，强调了李维宗教观念的探究不可能脱离他的历史叙事，史书中宗教和叙事水乳交融，决定了我们无法孤立分析他的宗教立场。李维宗教观念的展现服从于历史叙事，对宗教的虔敬或质疑都为总体的叙事风格和写作主旨服务。

第七章《将领与罗马道德危机》是全新章节，论述李维对战争将领道德形象的塑造，说明罗马在描绘战争将领时，并非将自身与外族视作泾渭分明的两个群体，罗马人既可以将自身与他者相区别，也可以借鉴外族作为参照。李维对汉尼拔的塑造流露出对外族的偏见，但同时在汉尼拔与西庇阿的平衡叙事中也有对外族品行的由衷赞美和外族经验的反思借鉴。罗马的外族观念自始至终都有着强烈的自我面向，以他者为参照省察自身，传统上所认为的与他者对立仅是罗马认同的一个侧面。

本次修改在叙事内容、结构形式和道德教化三方面的综合融通方面作出了富有创新性的探索，在有关空间、记忆、他者的现代理论方法的具体运用上作出了进一步的尝试。另外，本书删去了原论文附录中《建城以来史·卷廿一》的原文和译文，这部分考虑留作日后与其他成果一起结集出版。

重读从前的博士论文，对过去稚嫩的笔触和简单的思路多有遗憾，我希望把一部更为成熟的著作奉献给读者，修改便成了一个大难题。近些年罗马史研究领域日新月异，研究风向多有变化。在我求学时李维的史料来源和史学方法是 19 世纪以后学者普遍关心的问题，李维在史学方法上的不足也成为众矢之的，当时我便意识到李维的史学方法不仅只有史料方法一种。当现代史家指责李维"剪刀加糨糊"的史料方法时，我认为运用现代史学的科学方法去裁剪李维作为历史学家的多面形象是不恰当的。李维的历史观是求真的、求美的、求善的，这个观点到现在我从没有动摇过，而且近些年随着史学研究成果的推陈出新更加验证了我的看法。

博士论文已经尘封多年，这些年里兜兜转转，却一直没有放弃李维史学研究，博士毕业时我曾在后记中写道："走了很远，路还很长"，这本书的出版见证了我走过的又一段新的旅程。本书的出版要感谢历史系的资助，感谢系领导的大力支持，感谢历史系同仁对书稿出版的关心和鼓励，感谢我的导师张强教授为书

稿的修改指点迷津，感谢母亲永远无私的爱，感谢责任编辑杨清
认真负责的工作。

　　书中讹误疏漏全部由我本人负责，请各位方家不吝赐教。

2024 年 11 月于沪上满香苑

图书在版编目(CIP)数据

战争与史学家：李维历史书写中的汉尼拔战争 / 王
悦著. -- 上海 ：上海人民出版社，2025. -- ISBN 978
- 7-208-19335-2

Ⅰ. K126

中国国家版本馆 CIP 数据核字第 2025264Y3T 号

责任编辑　杨　清
封面设计　人马艺术设计·储　平

战争与史学家:李维历史书写中的汉尼拔战争

王　悦 著

出　　版　上海人民出版社
　　　　　（201101　上海市闵行区号景路 159 弄 C 座）
发　　行　上海人民出版社发行中心
印　　刷　苏州工业园区美柯乐制版印务有限公司
开　　本　890×1240　1/32
印　　张　11.5
插　　页　2
字　　数　242,000
版　　次　2025 年 3 月第 1 版
印　　次　2025 年 3 月第 1 次印刷
ISBN 978 - 7 - 208 - 19335 - 2/E·87
定　　价　58.00 元